アーカイブ基礎資料集

小川千代子・菅　真城　編著

大阪大学出版会

目 次

アーカイブを知る　小川千代子・菅　真城 …………………………………………… iii
  1．アーカイブとは　iii
  2．情報から記録へ　vi
  3．記録の発生から完結まで　v
  4．記録のライフサイクルとアーカイブ　vi
  5．デジタルアーカイブとアーカイブ構築　vii
  6．アーカイブの諸原則　viii
  7．アーカイブ：残すということ　ix
  8．アーカイブに関する法令とその基盤　x

法令編

  1　公文書管理法 ………………………………………………………………… 1
  2　公文書管理法施行令 ………………………………………………………… 13
  3　行政文書の管理に関するガイドライン …………………………………… 27
  4　特定歴史公文書等の保存，利用及び廃棄に関するガイドライン ……… 87
  5　公文書館法 …………………………………………………………………… 113
  6　公文書館法の解釈の要旨 …………………………………………………… 114
  7　国立公文書館法 ……………………………………………………………… 116
  8　情報公開法（抄）…………………………………………………………… 120
  9　個人情報保護法（抄）……………………………………………………… 121
 10　特定秘密保護法（抄）……………………………………………………… 122
 11　著作権法（抄）……………………………………………………………… 127
 12　図書館法（抄）……………………………………………………………… 135
 13　博物館法（抄）……………………………………………………………… 135
 14　札幌市公文書管理条例 …………………………………………………… 136
 15　山口県文書館条例 ………………………………………………………… 147
 16　神奈川県立公文書館条例 ………………………………………………… 149
 17　寒川文書館条例 …………………………………………………………… 152
 18　大阪大学アーカイブズ規程 ……………………………………………… 153

行動規範編
  19　アーキビストの倫理綱領 ……………………………………………… 155
  20　ブルーシールドとハーグ条約—文化財を守る青い盾 ……………… 159
  21　世界アーカイブ宣言 …………………………………………………… 161

《付録》
  1　アーカイブ関連施設　　162
  2　アーカイブ関連法年表　　164
  3　公文書管理条例制定状況　　165

本資料集に収めた国の法律や施行令は，
インターネット上に公表されている http://law.e-gov.jp で始まる URL の内容を底本とした。
同じくガイドラインについては，http://www8.cao.go.jp で始まる URL の内容を底本とした。
（以上2015年4月14日現在）
地方公共団体の条例や大学の規程はそれぞれインターネット上に公表されている内容を底本とした。
国際的ルールについてはそれぞれのところに出典を明記した。

アーカイブを知る

小川千代子
菅　真城

1．アーカイブとは

「必要な時により安全に，より簡単に利用できるよう，可能な限り良い状態で保存する目的で，手紙，紙文書，特許状を観察・検証・整理し，システム化すること。安全に，素早く探し出せるよう保存し，必要なことを全て行うのだ。」『アーカイブとはなにか』の冒頭にある，ジャン・ファビエ（1932-2014，フランスの著名なアーキビストで歴史学者，1979-1994フランス国立文書館長）の言葉である。ファビエの言うように，収集された夥しい分量のアーカイブ資料は，アーカイブ機関に保存され，必要に応じて素早く取り出すことができるように目録が作られるだけでなく，かつては媒体変換としてマイクロフィルム化が，現在はデジタル化も広く行われている。

記録はそれが生まれてから引退するまで，ルールで定められた時間を生き抜くことは当然のことと理解されている。

私たちの周辺には様々なモノがある。人為的に作られたモノ，自然の中で生成されたモノたちは，それが残る段階，または残す段階に到達すると，物体としてそのものが残る（残される）場合と，モノに関する情報が文字や画像などを用いた記録として残される場合に大別される。アーカイブは後者に属する。従って，アーカイブとは伝統的には言語や文字を用いた「記録物」である。

言語や文字を用いた記録物は，印刷技術の出現以来，印刷物と非印刷物に二分されるようになり，図書と文書とほぼ同義とされてきた。だが，20世紀後半のコンピュータとネットワーク技術の出現により，印刷物と非印刷物，あるいは図書と文書の境界が曖昧になってきている。インターネット技術の進歩と普及のおかげで，紙媒体を使うことなく電子情報だけで，原理的には誰もが自ら世界に向けて情報発信することができるようになった。その結果，インターネットの世界には大量の情報が存在し，今も増え続けている。しかし，その「保存」に関しては，インターネット・アーカイブ[1]などの希少なプロジェクトを除けば，あまり注意が払われていない。

---

1) 国立国会図書館 WARP>世界のウェブアーカイブ（おすすめコンテンツ）>Internet Archive "Wayback Machine" によれば，インターネットアーカイブは，1996年に Brewster Kahle 氏が設立した世界中のウェブ情報を代表とするさまざまなデジタル情報をアーカイブしている非営利法人。デジタル形式で保存された歴史資料を，研究者や歴史学者ひいては全世界の人々が将来にわたって利用できるようインターネット上に図書館を作ろうとしている。保存するデータ量は年々増加し，2012年10月には10ペタバイト（約100万ギガバイト）を突破した。当初，インターネットアーカイブはウェブ情報の保存に力を入れていたが，現在は，電子書籍や動画，音源などの保存にも取り組んでいる。http://warp.da.ndl.go.jp/contents/reccommend/world_wa/world_wa02.html　（2014-10-09確認）

アーカイブを考えるとき，何よりも人間の行動の「果実」たる記録物であるところに着眼して，これを考察することが肝要である。図書資料（情報資源）は人間の知識と思想を記録化した果実であるのに対し，アーカイブ資料は人間の組織的活動を誠実かつ率直に記録した果実である。図書の場合は著者の意向により，その知識と思想を研究成果や文芸作品としてフィクション，ノンフィクションの形で取りまとめることもあるのに対し，アーカイブ資料は，組織活動＝事業の推進に用いる情報の記録である。記録された情報は根拠として用いられるので，フィクションが入り込む余地はない。

アーカイブの3つの意味
　アーカイブは英語 archive（s）に由来する。その名詞の場合の意味は，①永久保存記録②公文書館③公文書管理局の3種類がある。

動詞としての「アーカイブ」
　さらに，英語 archive は「保存する」という動詞でもある。アーカイビングは，その動名詞である。

アーカイブの3段階
　「アーカイブ」の語を動詞「保存する」という意味で用いるのは，コンピュータの普及と機を一にしている。コンピュータ用語としてのアーカイブ，アーカイビングは，本来的な永久保存の意味のみならず，入力したデータが消えてしまうのを防ぐために一時的に保存する場合や，ファイルを圧縮して保存することを意味する。①情報から記録へ，②記録から一時的保存記録へ，③一時的保存から永久保存記録へと，アーカイブ，アーカイビングの保存の意味は3段階がある。

　他方，紙ベースの記録を念頭に置いた場合はどうだろう。白紙の上にとどめおきたい情報を書き留めると，そこには記録が発生する。発生した記録であっても必要度合いに応じて短時間のうちに廃棄されるものもあれば，当分は保存されるものもある。当分は保存されることになった記録であっても，所定の時間経過後には大半は廃棄されるのが普通だ。しかし，なお保存を要するものは公文書館に移管され，そこで永久保存とされる。このように，紙の場合は①記録の発生，②現用としての保管・保存，③非現用としての移管保存の3段階がある。

2．情報から記録へ
　アーカイブは，①情報が記録として固定化され，②固定化された記録が保存期間に応じて保管・保存，③その後廃棄または公文書館への移管の3段階の道筋をたどる。この道筋をたどる中で，記録の発生当初にもたらされた情報は，全てが記録として固定化されるかというとそうではない。当初もたらされた情報は，①記録される情報と記録されない（消える）情報，に二分される。記録される情報は，当初もたらされた情報のうち，記録の作成者が必要と考え，且つ記録の作成者が技術的に記録しうるもののみが保存される。消える情報の中には，記録する必要がないと判断された情報だけでなく，記録したくても記録できない情報も含まれる。情報は記録として固定化されると，さらに保存を続けるか否かの判断にさらされ，永久保存

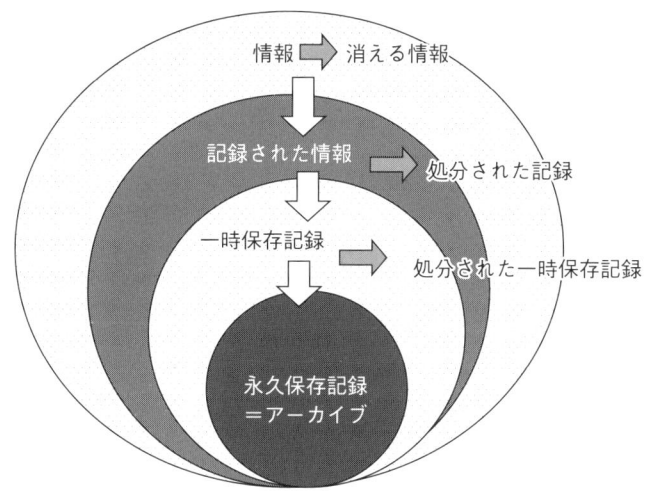

図1　情報からアーカイブへ

記録だけがアーカイブとして保存が続けられる。(図1)。

3．記録の発生から完結まで
記録の発生
　情報が記録として固定化されるのはなぜか。目に見えない，触ることもできない情報を失わないようにするのが目的だ。つまり，忘れないようにするためである。さらに，組織の中では業務を進めるには「文書」を必要とする。文書とは，一般に口頭に対する書面の意味に用いられる記録のことである。複数の人間が共同で業務を行うには，口頭ではなく，記録された情報源である「文書」を用い，誤解や混乱を避けようとするのである。
　文書には，確実性，保存性，伝達性，客観性の4つの特性があることはよく知られている。4つの特性とは，次のとおりである。
　確実性：表示された内容を確実に誤りなく伝えることができる。したがって，多くの事実に関しての証拠力がある。
　保存性：表示された内容を長期にわたって保存できる。
　伝達性：広範囲に，しかも長期間にわたって，表示された内容を伝達できる。
　客観性：表示された内容が，受け取る人の主観に左右されないで，全ての人が同じように受け取ることができる。

文書の定義
　「文書」の定義としてよく引用されるのは，明治43（1910）年9月30日の大審院判例の「文書とは，文字又はこれに代わるべき符号を用い，永続すべき状態においてある物体の上に記載したる意思表示をいう」で，刑法上の文書についての概念定

義である。この判例が,今日も文書の一般的な定義として広く用いられている。
　文書の要件は次の3点に整理される。
　(1)　文字又はこれに代わるべき符号を用いて表示されていること。
　(2)　永続性のある状態で,ある物体の上に表示されていること。
　(3)　特定人の具体的な意思を表示したものであること。
もちろん,全ての事務処理が文書によって行われているとは限らない。緊急やむを得ないときなどには,電話や口頭等で処理することもあるが,その場合でも,口頭処理の後に,定例の手続を執り,文書に記録しておくことで,事務処理を記録に残す必要がある。
　公文書管理法第4条は,文書の作成義務を規定している。但し,軽微なものは除外。この文書作成義務の背景には,国民に対する説明責任の観点も含まれる。

完結文書
　一つの業務が終了し,その業務に関する文書もまたその役割を終えると,文書は「完結文書」となる。完結文書は,その後は文書内容には加筆訂正が行われることはなくなり,保管場所に収納され,定められた期間,保管,保存される。

文書管理,記録管理
　日常の業務遂行を記録するため,組織では文書作成が義務づけられている。従って,文書は次々と作成される。その結果,事務所には日々業務記録の文書が増加し,蓄積する。
　増加する一方の文書は,いつでも必要に応じて素早く取り出すことができるような手立てを講じる必要がある。それがなければ業務の遂行に支障をきたすからである。これを文書管理,または記録管理と呼ぶ。
　公文書管理法第10条は,この手立てを講じる方法として,行政文書管理規則を設けることを各行政機関に義務付けた。行政文書管理規則には,行政文書の作成,整理,保存,行政文書ファイル管理簿,移管又は廃棄,管理状況の報告等に関する事項が記載されることになっている。この規則は内閣総理大臣との協議という手続きを経て決定される。

4．記録のライフサイクルとアーカイブ

　文書は,情報の固定化により発生し,必要性の有無により保管・保存され,最後には業務上の必要性が消滅すると,大半は廃棄されるという経過をたどる。これを記録のライフサイクルと呼ぶ。
　現在は,行政機関では文書にそれぞれ,保存期間を定める。保存期間には,通常1年,3年,5年,7年,10年,30年がある。いずれも保存期間満了までは保存し続けられる。保存期間満了となると廃棄が検討される。これ以前の記録は,実務上用いるものという意味で「現用」と呼ぶ。保存期間満了文書は「非現用」と呼ぶ。「非現用」であっても保存期間満了後も歴史的,文化的価値を認められるものは,直ちに廃棄することなく,長く保存対象とされる。これが,歴史的文化的価値を持つ記録を資料としての「アーカイブ」である。

公文書管理法では，現用段階の早い時期からアーカイブ資料となるべきものを「歴史公文書等」として指定することを定め，行政機関から移管を受け国立公文書館等が保有するアーカイブ資料を「特定歴史公文書等」と定義している。

5．デジタルアーカイブとアーカイブ構築

デジタルアーカイブについて触れておこう。デジタルアーカイブは20世紀末に急激に普及し始めた。公文書館や図書館が所蔵資料をデジタル画像に取り込み，これをウェブに公開するデジタル・アーカイブの取り組みは，国立公文書館アジア歴史資料センターや，国立国会図書館をはじめ，公文書館，図書館，博物館等で広く行われている。こうした取り組みは，貴重ゆえに普及がままならない資料の存在を広く発信するのに役立つものとして，とりわけ遠隔地の資料利用者には歓迎されている。

他方，従来型資料保存機関以外での取り組みも目覚ましい。最も知られているのはNHKアーカイブスである。これは過去の番組（動画）の再利用を可能にし，実際の放送にも多く取り入れられている。

もう一つ，新たに電子的に作成した動画・静止画をウェブに掲示して情報を普及させようとする取り組みも，デジタルアーカイブの仲間である。この活動は，2011年の東日本大震災を契機に爆発的に普及した。これは，3.11東日本大震災後には，その記憶を記録として永遠にとどめおくことが叫ばれたこととともに，電子的に動画，静止画の記録を作り，記録を残すことが手軽に実施できるようになっていたという技術進歩がその背景にある。以来，電子媒体による音声記録や画像情報の記録を「デジタルアーカイブ」としてアーカイブの一種に位置づけることが社会的に浸透している。震災関連のデジタルアーカイブのポータルサイトとしては，国立国会図書館の「ひなぎく　NDL東日本大震災アーカイブ構築プロジェクト」がある[2]。

国立国会図書館のサイトの「アーカイブ構築」を見ておこう。これは，図書館における「情報資源組織化」に似ている。情報資源組織化とは，図書館がその蔵書をどのように取りまとめ使えるように整備するかを意味する。こう考えると，アーカイブ構築とは，単に目の前に広がる風景やモノの画像情報を記録化するだけでなく，

---

[2]　ひなぎく　NDL東日本大震災アーカイブ構築プロジェクトは，国立国会図書館の事業。「復興構想7原則」（東日本大震災復興構想会議平成23年5月10日決定）の「原則1」において，大震災の記録を永遠に残し，広く学術関係者により科学的に分析し，その教訓を次世代に伝承し，国内外に発信することが掲げられ，また，「東日本大震災からの復興の基本方針」（東日本大震災復興対策本部平成23年7月29日決定，8月11日改定）の「5（4）⑥震災に関する学術調査，災害の記録と伝承」において，地震・津波災害，原子力災害の記録・教訓の収集・保存・公開体制の整備を図り，国内外を問わず誰もがアクセス可能な，一元的に活用できる仕組みを構築することが掲げられたことから，国立国会図書館では，この仕組みを「東日本大震災アーカイブ」と呼び，国全体での分散収集・分散保存を基本とした「国立国会図書館東日本大震災記録保存事業」に取り組んでいる。http://kn.ndl.go.jp/static/about/project　（2014-10-09確認）

記録化された情報の中から保存に値するものを選び出し，選び出した記録を利用しやすくするために「整理」（「編成」ともいう）を行うことが必要である。この「整理」には，物理的にその記録物を保存し続けることだけでなく，記録物の目録をはじめとする検索手段を作成し，記録物と検索手段が保持する記録物に関する情報を結びつける方法を物理的技術的に構築することを意味する。アーカイブ構築は，この全体を指している。

6．アーカイブの諸原則

　アーカイブ機関においてアーカイブ資料を取り扱うにあたっては，様々な原則がある。①収集・整理，②利用・閲覧，③保存・修復の分野での，合計10種類（重複があるので実質は8種類）の原則である。全国歴史資料保存利用機関連絡協議会監修『文書館用語集』（大阪大学出版会，1997年）により，それぞれの内容を以下に示す[3]。

①収集・整理　4原則
　(1)　出所原則　出所が同一の記録・資料を，他の出所のそれらと混同させてはならない，という基本原則のこと。
　(2)　原秩序尊重の原則　資料相互の関連性や意味あるいは出所において作られた検索手段の有効性などを保つために，単一の出所を持つ記録・資料の出所において作られた秩序（整理番号を含む）は，保存しなければならない，という原則。
　(3)　原形保存の原則　資料に手を加える際に守るべき保存修復4原則の1つ。保存処置に当たって，資料の原形（簿冊，束，袋などのまとまり，資料の包み方，折り方，結び方）をできる限り変更しないこと。資料を改変するような保存手当て修復措置は最小限にとどめ，できるだけ原形を残す方法・材料を選択すること。
　(4)　記録の原則　資料群の現状に変更を加える場合は記録に残すという原則。資料に何らかの修復処置を施す場合，その原形及び処置の内容を，技法・使用材料・処置前後写真などを含めて詳細に記録に残す，という原則。

②利用・閲覧　2原則
　(1)　平等閲覧原則　国籍その他による差別なく，だれもが簡単な手続で文書館資料を閲覧できるようにしようという考え方。1966年に国際文書館評議会大会で決議された原則。この年は，知る権利と情報公開法が米国で制定された年でもある。
　(2)　30年原則　一般的な記録が発生してから文書館で公開するまでの期間の国際的な目安。1968年の国際文書館評議会大会の決議・勧告において，それまでは発生後約50年であったのを，最長でも30年にすることが盛り込まれている。今日では30年より早期の公開が行われている国も少なくない。

3）　『文書館用語集』で「史料」とある用語は「資料」に置き換えた。

③保存・修復　4原則
 (1) 可逆性の原則　資料に対してとられる保存や修復の処置において，元の状態に戻せなくなる可能性のある方法は一切行うべきではないという原則。
 (2) 安全性の原則　記録や資料の保存・修復を行う際に留意すべき保存修復の4原則の1つ。資料に対して影響が少なく，長期的に安定した非破壊的な保存手当てや修復方法，材料を選択すること。
 (3) 原形保存の原則 ⎫
 (4) 記録の原則　　 ⎬ 収集・整理4原則と共通

7．アーカイブ：残すということ

「アーカイブは民主主義のツール」とはしばしばいわれている。だが，民主主義体制ではない国にもほぼ必ずアーカイブは存在する。それぞれの国のアーカイブの沿革は，その国自体の沿革と表裏一体をなしていることは珍しくない。その国の社会政治体制の如何によらず，あるいはその組織の性質の如何を問わず，国や組織が活動している限り，アーカイブ資料は日々生み出され，蓄積されている。日々蓄積されるアーカイブ資料は，その国や組織の方針・政策・社会的文化的慣習に従って保存され，または廃棄されていく。では，アーカイブ資料はいつまで保存され続けるのだろうか。

日本の場合，国立公文書館は特定歴史公文書等を永久に保存し，利用提供する使命を帯びている。従って，現在国立公文書館が収蔵している特定歴史公文書等は，永久に保存される。

力あるものが記録を残す。これは，民主主義のツールとしてのアーカイブ，という定評を突き崩す目線である。自明のことではあろうが，いかなる種類の権力であれ，その時々の権力こそ，記録を残すチカラを持たなければならない。アーカイブは元来，統治の記録の集積であることを踏まえて，アーカイブ資料，アーカイブ機関，アーカイブそのものについての理解を深める必要がある。

民主主義の世界では，タミ＝民が権力をもつから，タミに公開され，共有される情報源たる記録の存在がキーになる。だからアーカイブが民主主義のツールに見える。しかし，それだけでは民主主義でなかった時代，なぜ記録が作られ，なぜ記録が残ってきたのかは説明できない。例えば，フランス国立文書館の場合。フランス大革命の際に王府の記録がスービーズ宮に集められ，これが近代的なアーカイブの始まり，とされている。だが，それ以前のフランスを統治していた王府もまた，記録を作っていたし，整然と管理することは行われていた。つまり，記録を作成し，管理することは統治のために必要な業務なのである。フランス国立文書館が近代アーカイブの始まりと言われる所以はこれが国民のアクセスを認めたからにほかならない。つまり，記録の作成，保管，保存は，統治を行う権力者にとっては不可欠な営みであり，今日に伝わる様々なアーカイブ資料は，こうした統治に関わる営みが時々に記録され，蓄積されてきたものである。そして，アーカイブ資料となるべき記録はこれからもいかなる社会体制の下でも日々生成蓄積が続くのである。

8．アーカイブに関する法令とその基盤

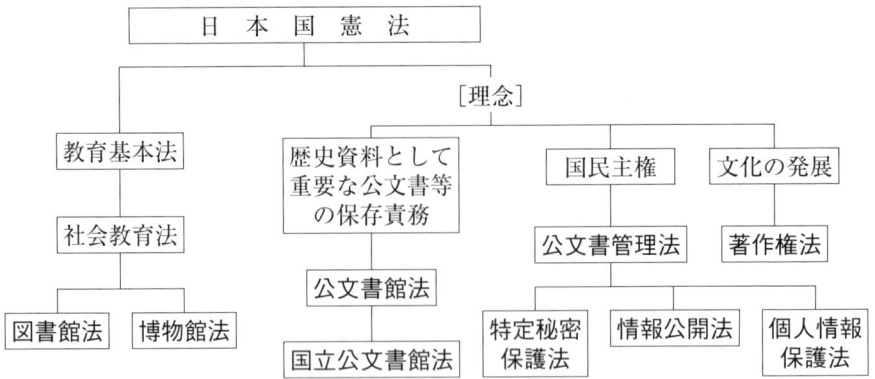

　公文書館法，公文書管理法は，日本のアーカイブ制度の根幹をなす。上図のうち太字で示したものは本書法令編1～18に収録した。
　法令等の正式名称は，資料本文冒頭に掲げられている。
　また，法令とは別にアーカイブの業務を考えるのに欠かせないのが各種行動規範である。これらは行動規範編19～21に示した。

＊巻末《付録》2　アーカイブ関連法年表参照　　　　　　　　　　　（小川・菅作成）

法令編

1　公文書管理法

公文書等の管理に関する法律
（平成21年7月1日法律第66号）
（最終改正：平成26年6月13日法律第69号）

目次
　第1章　総則（第1条―第3条）
　第2章　行政文書の管理
　　第1節　文書の作成（第4条）
　　第2節　行政文書の整理等（第5条―第10条）
　第3章　法人文書の管理（第11条―第13条）
　第4章　歴史公文書等の保存，利用等（第14条―第27条）
　第5章　公文書管理委員会（第28条―第30条）
　第6章　雑則（第31条―第34条）
　附則

　　　第1章　総　　則
　（目的）
第1条　この法律は，国及び独立行政法人等の諸活動や歴史的事実の記録である公文書等が，健全な民主主義の根幹を支える国民共有の知的資源として，主権者である国民が主体的に利用し得るものであることにかんがみ，国民主権の理念にのっとり，公文書等の管理に関する基本的事項を定めること等により，行政文書等の適正な管理，歴史公文書等の適切な保存及び利用等を図り，もって行政が適正かつ効率的に運営されるようにするとともに，国及び独立行政法人等の有するその諸活動を現在及び将来の国民に説明する責務が全うされるようにすることを目的とする。
　（定義）
第2条　この法律において「行政機関」とは，次に掲げる機関をいう。
　一　法律の規定に基づき内閣に置かれる機関（内閣府を除く。）及び内閣の所轄の下に置かれる機関
　二　内閣府，宮内庁並びに内閣府設置法（平成11年法律第89号）第49条第1項及び第2項に規定する機関（これらの機関のうち第4号の政令で定める機関が置かれる機関にあっては，当該政令で定める機関を除く。）
　三　国家行政組織法（昭和23年法律第120号）第3条第2項に規定する機関（第5号の政令で定める機関が置かれる機関にあっては，当該政令で定める機関を除く。）
　四　内閣府設置法第39条及び第55条並びに宮内庁法（昭和22年法律第70号）第16条第2項の機関並びに内閣府設置法第40条及び第56条（宮内庁法第18条第1項において準用する場合を含む。）の特別の機関で，政令で定めるもの
　五　国家行政組織法第8条の2の施設等機関及び同法第8条の3の特別の機関で，政令で定めるもの
　六　会計検査院
2　この法律において「独立行政法人等」とは，独立行政法人通則法（平成11年法律第103号）第2条第1項に規定する独立行政法人及び別表第1に掲げる法人をいう。
3　この法律において「国立公文書館等」とは，次に掲げる施設をいう。
　一　独立行政法人国立公文書館（以下「国立公文書館」という。）の設置する公文書館
　二　行政機関の施設及び独立行政法人等の施設であって，前号に掲げる施設に類する機能を有するものとして政令で定めるもの
4　この法律において「行政文書」とは，行政機関の職員が職務上作成し，又は取得した文書（図画及び電磁的記録（電子的方式，

磁気的方式その他人の知覚によっては認識することができない方式で作られた記録をいう。以下同じ。）を含む。第19条を除き，以下同じ。）であって，当該行政機関の職員が組織的に用いるものとして，当該行政機関が保有しているものをいう。ただし，次に掲げるものを除く。
　一　官報，白書，新聞，雑誌，書籍その他不特定多数の者に販売することを目的として発行されるもの
　二　特定歴史公文書等
　三　政令で定める研究所その他の施設において，政令で定めるところにより，歴史的若しくは文化的な資料又は学術研究用の資料として特別の管理がされているもの（前号に掲げるものを除く。）
5　この法律において「法人文書」とは，独立行政法人等の役員又は職員が職務上作成し，又は取得した文書であって，当該独立行政法人等の役員又は職員が組織的に用いるものとして，当該独立行政法人等が保有しているものをいう。ただし，次に掲げるものを除く。
　一　官報，白書，新聞，雑誌，書籍その他不特定多数の者に販売することを目的として発行されるもの
　二　特定歴史公文書等
　三　政令で定める博物館その他の施設において，政令で定めるところにより，歴史的若しくは文化的な資料又は学術研究用の資料として特別の管理がされているもの（前号に掲げるものを除く。）
　四　別表第2の上欄に掲げる独立行政法人等が保有している文書であって，政令で定めるところにより，専ら同表下欄に掲げる業務に係るものとして，同欄に掲げる業務以外の業務に係るものと区分されるもの
6　この法律において「歴史公文書等」とは，歴史資料として重要な公文書その他の文書をいう。
7　この法律において「特定歴史公文書等」とは，歴史公文書等のうち，次に掲げるものをいう。
　一　第8条第1項の規定により国立公文書館等に移管されたもの
　二　第11条第4項の規定により国立公文書館等に移管されたもの
　三　第14条第4項の規定により国立公文書館の設置する公文書館に移管されたもの
　四　法人その他の団体（国及び独立行政法人等を除く。以下「法人等」という。）又は個人から国立公文書館等に寄贈され，又は寄託されたもの
8　この法律において「公文書等」とは，次に掲げるものをいう。
　一　行政文書
　二　法人文書
　三　特定歴史公文書等
　（他の法令との関係）
第3条　公文書等の管理については，他の法律又はこれに基づく命令に特別の定めがある場合を除くほか，この法律の定めるところによる。

　　　　第2章　行政文書の管理

　　　第1節　文書の作成
第4条　行政機関の職員は，第1条の目的の達成に資するため，当該行政機関における経緯も含めた意思決定に至る過程並びに当該行政機関の事務及び事業の実績を合理的に跡付け，又は検証することができるよう，処理に係る事案が軽微なものである場合を除き，次に掲げる事項その他の事項について，文書を作成しなければならない。
　一　法令の制定又は改廃及びその経緯
　二　前号に定めるもののほか，閣議，関係行政機関の長で構成される会議又は省議（これらに準ずるものを含む。）の決定又は了解及びその経緯
　三　複数の行政機関による申合せ又は他の行政機関若しくは地方公共団体に対して示す基準の設定及びその経緯

四　個人又は法人の権利義務の得喪及びその経緯
五　職員の人事に関する事項

第2節　行政文書の整理等
（整理）
第5条　行政機関の職員が行政文書を作成し、又は取得したときは、当該行政機関の長は、政令で定めるところにより、当該行政文書について分類し、名称を付するとともに、保存期間及び保存期間の満了する日を設定しなければならない。
2　行政機関の長は、能率的な事務又は事業の処理及び行政文書の適切な保存に資するよう、単独で管理することが適当であると認める行政文書を除き、適時に、相互に密接な関連を有する行政文書（保存期間を同じくすることが適当であるものに限る。）を一の集合物（以下「行政文書ファイル」という。）にまとめなければならない。
3　前項の場合において、行政機関の長は、政令で定めるところにより、当該行政文書ファイルについて分類し、名称を付するとともに、保存期間及び保存期間の満了する日を設定しなければならない。
4　行政機関の長は、第1項及び前項の規定により設定した保存期間及び保存期間の満了する日を、政令で定めるところにより、延長することができる。
5　行政機関の長は、行政文書ファイル及び単独で管理している行政文書（以下「行政文書ファイル等」という。）について、保存期間（延長された場合にあっては、延長後の保存期間。以下同じ。）の満了前のできる限り早い時期に、保存期間が満了したときの措置として、歴史公文書等に該当するものにあっては政令で定めるところにより国立公文書館等への移管の措置を、それ以外のものにあっては廃棄の措置をとるべきことを定めなければならない。

（保存）
第6条　行政機関の長は、行政文書ファイル等について、当該行政文書ファイル等の保存期間の満了する日までの間、その内容、時の経過、利用の状況等に応じ、適切な保存及び利用を確保するために必要な場所において、適切な記録媒体により、識別を容易にするための措置を講じた上で保存しなければならない。
2　前項の場合において、行政機関の長は、当該行政文書ファイル等の集中管理の推進に努めなければならない。

（行政文書ファイル管理簿）
第7条　行政機関の長は、行政文書ファイル等の管理を適切に行うため、政令で定めるところにより、行政文書ファイル等の分類、名称、保存期間、保存期間の満了する日、保存期間が満了したときの措置及び保存場所その他の必要な事項（行政機関の保有する情報の公開に関する法律（平成11年法律第42号。以下「行政機関情報公開法」という。）第5条に規定する不開示情報に該当するものを除く。）を帳簿（以下「行政文書ファイル管理簿」という。）に記載しなければならない。ただし、政令で定める期間未満の保存期間が設定された行政文書ファイル等については、この限りでない。
2　行政機関の長は、行政文書ファイル管理簿について、政令で定めるところにより、当該行政機関の事務所に備えて一般の閲覧に供するとともに、電子情報処理組織を使用する方法その他の情報通信の技術を利用する方法により公表しなければならない。

（移管又は廃棄）
第8条　行政機関の長は、保存期間が満了した行政文書ファイル等について、第5条第5項の規定による定めに基づき、国立公文書館等に移管し、又は廃棄しなければならない。
2　行政機関（会計検査院を除く。以下この項、第4項、次条第3項、第10条第3項、第30条及び第31条において同じ。）の長は、前項の規定により、保存期間が満了した行政文書ファイル等を廃棄しようとするとき

は，あらかじめ，内閣総理大臣に協議し，その同意を得なければならない。この場合において，内閣総理大臣の同意が得られないときは，当該行政機関の長は，当該行政文書ファイル等について，新たに保存期間及び保存期間の満了する日を設定しなければならない。
3 行政機関の長は，第1項の規定により国立公文書館等に移管する行政文書ファイル等について，第16条第1項第1号に掲げる場合に該当するものとして国立公文書館等において利用の制限を行うことが適切であると認める場合には，その旨の意見を付さなければならない。
4 内閣総理大臣は，行政文書ファイル等について特に保存の必要があると認める場合には，当該行政文書ファイル等を保有する行政機関の長に対し，当該行政文書ファイル等について，廃棄の措置をとらないように求めることができる。

（管理状況の報告等）
第9条 行政機関の長は，行政文書ファイル管理簿の記載状況その他の行政文書の管理の状況について，毎年度，内閣総理大臣に報告しなければならない。
2 内閣総理大臣は，毎年度，前項の報告を取りまとめ，その概要を公表しなければならない。
3 内閣総理大臣は，第1項に定めるもののほか，行政文書の適正な管理を確保するために必要があると認める場合には，行政機関の長に対し，行政文書の管理について，その状況に関する報告若しくは資料の提出を求め，又は当該職員に実地調査をさせることができる。
4 内閣総理大臣は，前項の場合において歴史公文書等の適切な移管を確保するために必要があると認めるときは，国立公文書館に，当該報告若しくは資料の提出を求めさせ，又は実地調査をさせることができる。

（行政文書管理規則）
第10条 行政機関の長は，行政文書の管理が第4条から前条までの規定に基づき適正に行われることを確保するため，行政文書の管理に関する定め（以下「行政文書管理規則」という。）を設けなければならない。
2 行政文書管理規則には，行政文書に関する次に掲げる事項を記載しなければならない。
一 作成に関する事項
二 整理に関する事項
三 保存に関する事項
四 行政文書ファイル管理簿に関する事項
五 移管又は廃棄に関する事項
六 管理状況の報告に関する事項
七 その他政令で定める事項
3 行政機関の長は，行政文書管理規則を設けようとするときは，あらかじめ，内閣総理大臣に協議し，その同意を得なければならない。これを変更しようとするときも，同様とする。
4 行政機関の長は，行政文書管理規則を設けたときは，遅滞なく，これを公表しなければならない。これを変更したときも，同様とする。

第3章 法人文書の管理

（法人文書の管理に関する原則）
第11条 独立行政法人等は，第4条から第6条までの規定に準じて，法人文書を適正に管理しなければならない。
2 独立行政法人等は，法人文書ファイル等（能率的な事務又は事業の処理及び法人文書の適切な保存に資するよう，相互に密接な関連を有する法人文書を一の集合物にまとめたもの並びに単独で管理している法人文書をいう。以下同じ。）の管理を適切に行うため，政令で定めるところにより，法人文書ファイル等の分類，名称，保存期間，保存期間の満了する日，保存期間が満了したときの措置及び保存場所その他の必要な事項（独立行政法人等の保有する情報の公開に関する法律（平成13年法律第140号）

以下「独立行政法人等情報公開法」という。）第5条に規定する不開示情報に該当するものを除く。）を帳簿（以下「法人文書ファイル管理簿」という。）に記載しなければならない。ただし、政令で定める期間未満の保存期間が設定された法人文書ファイル等については、この限りでない。
3　独立行政法人等は、法人文書ファイル管理簿について、政令で定めるところにより、当該独立行政法人等の事務所に備えて一般の閲覧に供するとともに、電子情報処理組織を使用する方法その他の情報通信の技術を利用する方法により公表しなければならない。
4　独立行政法人等は、保存期間が満了した法人文書ファイル等について、歴史公文書等に該当するものにあっては政令で定めるところにより国立公文書館等に移管し、それ以外のものにあっては廃棄しなければならない。
5　独立行政法人等は、前項の規定により国立公文書館等に移管する法人文書ファイル等について、第16条第1項第2号に掲げる場合に該当するものとして国立公文書館等において利用の制限を行うことが適切であると認める場合には、その旨の意見を付さなければならない。

（管理状況の報告等）
第12条　独立行政法人等は、法人文書ファイル管理簿の記載状況その他の法人文書の管理の状況について、毎年度、内閣総理大臣に報告しなければならない。
2　内閣総理大臣は、毎年度、前項の報告を取りまとめ、その概要を公表しなければならない。

（法人文書管理規則）
第13条　独立行政法人等は、法人文書の管理が前二条の規定に基づき適正に行われることを確保するため、第10条第2項の規定を参酌して、法人文書の管理に関する定め（以下「法人文書管理規則」という。）を設けなければならない。

2　独立行政法人等は、法人文書管理規則を設けたときは、遅滞なく、これを公表しなければならない。これを変更したときも、同様とする。

第4章　歴史公文書等の保存、利用等

（行政機関以外の国の機関が保有する歴史公文書等の保存及び移管）
第14条　国の機関（行政機関を除く。以下この条において同じ。）は、内閣総理大臣と協議して定めるところにより、当該国の機関が保有する歴史公文書等の適切な保存のために必要な措置を講ずるものとする。
2　内閣総理大臣は、前項の協議による定めに基づき、歴史公文書等について、国立公文書館において保存する必要があると認める場合には、当該歴史公文書等を保有する国の機関との合意により、その移管を受けることができる。
3　前項の場合において、必要があると認めるときは、内閣総理大臣は、あらかじめ、国立公文書館の意見を聴くことができる。
4　内閣総理大臣は、第2項の規定により移管を受けた歴史公文書等を国立公文書館の設置する公文書館に移管するものとする。

（特定歴史公文書等の保存等）
第15条　国立公文書館等の長（国立公文書館等が行政機関の施設である場合にあってはその属する行政機関の長、国立公文書館等が独立行政法人等の施設である場合にあってはその施設を設置した独立行政法人等をいう。以下同じ。）は、特定歴史公文書等について、第25条の規定により廃棄されるに至る場合を除き、永久に保存しなければならない。
2　国立公文書館等の長は、特定歴史公文書等について、その内容、保存状態、時の経過、利用の状況等に応じ、適切な保存及び利用を確保するために必要な場所において、適切な記録媒体により、識別を容易にするための措置を講じた上で保存しなけれ

ばならない。
3 国立公文書館等の長は，特定歴史公文書等に個人情報（生存する個人に関する情報であって，当該情報に含まれる氏名，生年月日その他の記述等により特定の個人を識別することができるもの（他の情報と照合することができ，それにより特定の個人を識別することができることとなるものを含む。）をいう。）が記録されている場合には，当該個人情報の漏えいの防止のために必要な措置を講じなければならない。
4 国立公文書館等の長は，政令で定めるところにより，特定歴史公文書等の分類，名称，移管又は寄贈若しくは寄託をした者の名称又は氏名，移管又は寄贈若しくは寄託を受けた時期及び保存場所その他の特定歴史公文書等の適切な保存を行い，及び適切な利用に資するために必要な事項を記載した目録を作成し，公表しなければならない。

（特定歴史公文書等の利用請求及びその取扱い）

第16条 国立公文書館等の長は，当該国立公文書館等において保存されている特定歴史公文書等について前条第4項の目録の記載に従い利用の請求があった場合には，次に掲げる場合を除き，これを利用させなければならない。
 一 当該特定歴史公文書等が行政機関の長から移管されたものであって，当該特定歴史公文書等に次に掲げる情報が記録されている場合
  イ 行政機関情報公開法第5条第1号に掲げる情報
  ロ 行政機関情報公開法第5条第2号又は第6号イ若しくはホに掲げる情報
  ハ 公にすることにより，国の安全が害されるおそれ，他国若しくは国際機関との信頼関係が損なわれるおそれ又は他国若しくは国際機関との交渉上不利益を被るおそれがあると当該特定歴史公文書等を移管した行政機関の長が認めることにつき相当の理由がある情報
  ニ 公にすることにより，犯罪の予防，鎮圧又は捜査，公訴の維持，刑の執行その他の公共の安全と秩序の維持に支障を及ぼすおそれがあると当該特定歴史公文書等を移管した行政機関の長が認めることにつき相当の理由がある情報
 二 当該特定歴史公文書等が独立行政法人等から移管されたものであって，当該特定歴史公文書等に次に掲げる情報が記録されている場合
  イ 独立行政法人等情報公開法第5条第1号に掲げる情報
  ロ 独立行政法人等情報公開法第5条第2号又は第4号イからハまで若しくはトに掲げる情報
 三 当該特定歴史公文書等が国の機関（行政機関を除く。）から移管されたものであって，当該国の機関との合意において利用の制限を行うこととされている場合
 四 当該特定歴史公文書等がその全部又は一部を一定の期間公にしないことを条件に法人等又は個人から寄贈され，又は寄託されたものであって，当該期間が経過していない場合
 五 当該特定歴史公文書等の原本を利用に供することにより当該原本の破損若しくはその汚損を生ずるおそれがある場合又は当該特定歴史公文書等を保存する国立公文書館等において当該原本が現に使用されている場合
2 国立公文書館等の長は，前項に規定する利用の請求（以下「利用請求」という。）に係る特定歴史公文書等が同項第1号又は第2号に該当するか否かについて判断するに当たっては，当該特定歴史公文書等が行政文書又は法人文書として作成又は取得されてからの時の経過を考慮するとともに，当該特定歴史公文書等に第8条第3項又は第11条第5項の規定による意見が付されている場合には，当該意見を参酌しなければならない。

3　国立公文書館等の長は，第１項第１号から第４号までに掲げる場合であっても，同項第１号イからニまで若しくは第２号イ若しくはロに掲げる情報又は同項第３号の制限若しくは同項第４号の条件に係る情報が記録されている部分を容易に区分して除くことができるときは，利用請求をした者に対し，当該部分を除いた部分を利用させなければならない。ただし，当該部分を除いた部分に有意の情報が記録されていないと認められるときは，この限りでない。

（本人情報の取扱い）

第17条　国立公文書館等の長は，前条第１項第１号イ及び第２号イの規定にかかわらず，これらの規定に掲げる情報により識別される特定の個人（以下この条において「本人」という。）から，当該情報が記録されている特定歴史公文書等について利用請求があった場合において，政令で定めるところにより本人であることを示す書類の提示又は提出があったときは，本人の生命，健康，生活又は財産を害するおそれがある情報が記録されている場合を除き，当該特定歴史公文書等につきこれらの規定に掲げる情報が記録されている部分についても，利用させなければならない。

（第三者に対する意見書提出の機会の付与等）

第18条　利用請求に係る特定歴史公文書等に国，独立行政法人等，地方公共団体，地方独立行政法人及び利用請求をした者以外の者（以下この条において「第三者」という。）に関する情報が記録されている場合には，国立公文書館等の長は，当該特定歴史公文書等を利用させるか否かについての決定をするに当たって，当該情報に係る第三者に対し，利用請求に係る特定歴史公文書等の名称その他政令で定める事項を通知して，意見書を提出する機会を与えることができる。

2　国立公文書館等の長は，第三者に関する情報が記録されている特定歴史公文書等の利用をさせようとする場合であって，当該情報が行政機関情報公開法第５条第１号ロ若しくは第２号ただし書に規定する情報又は独立行政法人等情報公開法第５条第１号ロ若しくは第２号ただし書に規定する情報に該当すると認めるときは，利用させる旨の決定に先立ち，当該第三者に対し，利用請求に係る特定歴史公文書等の名称その他政令で定める事項を書面により通知して，意見書を提出する機会を与えなければならない。ただし，当該第三者の所在が判明しない場合は，この限りでない。

3　国立公文書館等の長は，特定歴史公文書等であって第16条第１項第１号ハ又はニに該当するものとして第８条第３項の規定により意見を付されたものを利用させる旨の決定をする場合には，あらかじめ，当該特定歴史公文書等を移管した行政機関の長に対し，利用請求に係る特定歴史公文書等の名称その他政令で定める事項を書面により通知して，意見書を提出する機会を与えなければならない。

4　国立公文書館等の長は，第１項又は第２項の規定により意見書を提出する機会を与えられた第三者が当該特定歴史公文書等を利用させることに反対の意思を表示した意見書を提出した場合において，当該特定歴史公文書等を利用させる旨の決定をするときは，その決定の日と利用させる日との間に少なくとも二週間を置かなければならない。この場合において，国立公文書館等の長は，その決定後直ちに，当該意見書（第21条第２項第二号において「反対意見書」という。）を提出した第三者に対し，利用させる旨の決定をした旨及びその理由並びに利用させる日を書面により通知しなければならない。

（利用の方法）

第19条　国立公文書館等の長が特定歴史公文書等を利用させる場合には，文書又は図画については閲覧又は写しの交付の方法により，電磁的記録についてはその種別，情報

化の進展状況等を勘案して政令で定める方法により行う。ただし，閲覧の方法により特定歴史公文書等を利用させる場合にあっては，当該特定歴史公文書等の保存に支障を生ずるおそれがあると認めるときその他正当な理由があるときに限り，その写しを閲覧させる方法により，これを利用させることができる。

（手数料）

第20条　写しの交付により特定歴史公文書等を利用する者は，政令で定めるところにより，手数料を納めなければならない。

2　前項の手数料の額は，実費の範囲内において，できる限り利用しやすい額とするよう配慮して，国立公文書館等の長が定めるものとする。

（異議申立て及び公文書管理委員会への諮問）

第21条　利用請求に対する処分又は利用請求に係る不作為について不服がある者は，国立公文書館等の長に対し，行政不服審査法（昭和37年法律第160号）による異議申立てをすることができる。

2　前項の異議申立てがあったときは，当該異議申立てを受けた国立公文書館等の長は，次の各号のいずれかに該当する場合を除き，公文書管理委員会に諮問しなければならない。

　一　異議申立てが不適法であり，却下するとき。

　二　決定で，異議申立てに係る利用請求に対する処分を取り消し又は変更し，当該異議申立てに係る特定歴史公文書等の全部を利用させることとするとき。ただし，当該異議申立てに係る特定歴史公文書等の利用について反対意見書が提出されているときを除く。

（独立行政法人等情報公開法及び情報公開・個人情報保護審査会設置法の準用）

第22条　独立行政法人等情報公開法第19条及び第20条並びに情報公開・個人情報保護審査会設置法（平成15年法律第60号）第9条から第16条までの規定は，前条の規定による異議申立てについて準用する。この場合において，独立行政法人等情報公開法第19条中「前条第2項」とあるのは「公文書等の管理に関する法律（以下「公文書管理法」という。）第21条第2項」と，「独立行政法人等」とあるのは「公文書管理法第15条第1項に規定する国立公文書館等の長」と，同条第2号中「開示請求者（開示請求者が」とあるのは「利用請求（公文書管理法第16条第2項に規定する利用請求をいう。以下同じ。）をした者（利用請求をした者が」と，同条第3号中「開示決定等について反対意見書」とあるのは「利用請求に対する処分について公文書管理法第18条第4項に規定する反対意見書」と，独立行政法人等情報公開法第20条中「第14条第3項」とあるのは「公文書管理法第18条第4項」と，同条第1号中「開示決定」とあるのは「利用させる旨の決定」と，同条第2号中「開示決定等」とあるのは「利用請求に対する処分」と，「法人文書を開示する」とあるのは「特定歴史公文書等（公文書管理法第2条第7項に規定する特定歴史公文書等をいう。以下この号において同じ。）を利用させる」と，「法人文書の開示」とあるのは「特定歴史公文書等を利用させること」と，情報公開・個人情報保護審査会設置法第9条から第16条までの規定中「審査会」とあるのは「公文書管理委員会」と，同法第9条第1項中「諮問庁」とあるのは「諮問庁（公文書等の管理に関する法律（以下「公文書管理法」という。）第21条第2項の規定により諮問をした公文書管理法第15条第1項に規定する国立公文書館等の長をいう。以下この条において同じ。）」と，「行政文書等又は保有個人情報の提示」とあるのは「特定歴史公文書等（公文書管理法第2条第7項に規定する特定歴史公文書等をいう。以下同じ。）の提示」と，「行政文書等又は保有個人情報の開示」とあるのは「特定歴史公文書等の開示」と，同条第3項中「行政文書等に

記録されている情報又は保有個人情報に含まれている情報」とあるのは「特定歴史公文書等に記録されている情報」と，同条第4項中「不服申立て」とあるのは「異議申立て」と，「，不服申立人」とあるのは「，異議申立人」と，「不服申立人等」とあるのは「異議申立人等」と，同法第10条から第13条までの規定中「不服申立人等」とあるのは「異議申立人等」と，同法第10条第2項及び第16条中「不服申立人」とあるのは「異議申立人」と，同法第12条中「行政文書等又は保有個人情報」とあるのは「特定歴史公文書等」と読み替えるものとする。

（利用の促進）

第23条　国立公文書館等の長は，特定歴史公文書等（第16条の規定により利用させることができるものに限る。）について，展示その他の方法により積極的に一般の利用に供するよう努めなければならない。

（移管元行政機関等による利用の特例）

第24条　特定歴史公文書等を移管した行政機関の長又は独立行政法人等が国立公文書館等の長に対してそれぞれその所掌事務又は業務を遂行するために必要であるとして当該特定歴史公文書等について利用請求をした場合には，第16条第1項第1号又は第2号の規定は，適用しない。

（特定歴史公文書等の廃棄）

第25条　国立公文書館等の長は，特定歴史公文書等として保存されている文書が歴史資料として重要でなくなったと認める場合には，内閣総理大臣に協議し，その同意を得て，当該文書を廃棄することができる。

（保存及び利用の状況の報告等）

第26条　国立公文書館等の長は，特定歴史公文書等の保存及び利用の状況について，毎年度，内閣総理大臣に報告しなければならない。

2　内閣総理大臣は，毎年度，前項の報告を取りまとめ，その概要を公表しなければならない。

（利用等規則）

第27条　国立公文書館等の長は，特定歴史公文書等の保存，利用及び廃棄が第15条から第20条まで及び第23条から前条までの規定に基づき適切に行われることを確保するため，特定歴史公文書等の保存，利用及び廃棄に関する定め（以下「利用等規則」という。）を設けなければならない。

2　利用等規則には，特定歴史公文書等に関する次に掲げる事項を記載しなければならない。
　一　保存に関する事項
　二　第20条に規定する手数料その他一般の利用に関する事項
　三　特定歴史公文書等を移管した行政機関の長又は独立行政法人等による当該特定歴史公文書等の利用に関する事項
　四　廃棄に関する事項
　五　保存及び利用の状況の報告に関する事項

3　国立公文書館等の長は，利用等規則を設けようとするときは，あらかじめ，内閣総理大臣に協議し，その同意を得なければならない。これを変更しようとするときも，同様とする。

4　国立公文書館等の長は，利用等規則を設けたときは，遅滞なく，これを公表しなければならない。これを変更したときも，同様とする。

第5章　公文書管理委員会

（委員会の設置）

第28条　内閣府に，公文書管理委員会（以下「委員会」という。）を置く。

2　委員会は，この法律の規定によりその権限に属させられた事項を処理する。

3　委員会の委員は，公文書等の管理に関して優れた識見を有する者のうちから，内閣総理大臣が任命する。

4　この法律に規定するもののほか，委員会の組織及び運営に関し必要な事項は，政令

で定める。
（委員会への諮問）
第29条　内閣総理大臣は，次に掲げる場合には，委員会に諮問しなければならない。
一　第2条第1項第四号若しくは第五号，第3項第二号，第4項第三号若しくは第5項第三号若しくは第四号，第5条第1項若しくは第3項から第5項まで，第7条，第10条第2項第七号，第11条第2項から第4項まで，第15条第4項，第17条，第18条第1項から第3項まで，第19条又は第20条第1項の政令の制定又は改廃の立案をしようとするとき。
二　第10条第3項，第25条又は第27条第3項の規定による同意をしようとするとき。
三　第31条の規定による勧告をしようとするとき。
（資料の提出等の求め）
第30条　委員会は，その所掌事務を遂行するため必要があると認める場合には，関係行政機関の長又は国立公文書館等の長に対し，資料の提出，意見の開陳，説明その他必要な協力を求めることができる。

　　　　第6章　雑則

（内閣総理大臣の勧告）
第31条　内閣総理大臣は，この法律を実施するため特に必要があると認める場合には，行政機関の長に対し，公文書等の管理について改善すべき旨の勧告をし，当該勧告の結果とられた措置について報告を求めることができる。
（研修）
第32条　行政機関の長及び独立行政法人等は，それぞれ，当該行政機関又は当該独立行政法人等の職員に対し，公文書等の管理を適正かつ効果的に行うために必要な知識及び技能を習得させ，及び向上させるために必要な研修を行うものとする。
2　国立公文書館は，行政機関及び独立行政法人等の職員に対し，歴史公文書等の適切

な保存及び移管を確保するために必要な知識及び技能を習得させ，及び向上させるために必要な研修を行うものとする。
（組織の見直しに伴う行政文書等の適正な管理のための措置）
第33条　行政機関の長は，当該行政機関について統合，廃止等の組織の見直しが行われる場合には，その管理する行政文書について，統合，廃止等の組織の見直しの後においてこの法律の規定に準じた適正な管理が行われることが確保されるよう必要な措置を講じなければならない。
2　独立行政法人等は，当該独立行政法人等について民営化等の組織の見直しが行われる場合には，その管理する法人文書について，民営化等の組織の見直しの後においてこの法律の規定に準じた適正な管理が行われることが確保されるよう必要な措置を講じなければならない。
（地方公共団体の文書管理）
第34条　地方公共団体は，この法律の趣旨にのっとり，その保有する文書の適正な管理に関して必要な施策を策定し，及びこれを実施するよう努めなければならない。

　　　　附　則　抄

（施行期日）
第1条　この法律は，公布の日から起算して2年を超えない範囲内において政令で定める日から施行する。ただし，次の各号に掲げる規定は，当該各号に定める日から施行する。
一　第5章（第29条第2号及び第3号を除く。）の規定，附則第10条中内閣府設置法第37条第2項の表の改正規定及び附則第11条第3項の規定　公布の日から起算して1年を超えない範囲内において政令で定める日
二　附則第9条の規定　行政不服審査法の施行に伴う関係法律の整備等に関する法律（平成21年法律第　　　号）の公布の日又はこの法律の公布の日のいずれか遅

い日
(特定歴史公文書等に関する経過措置)
第2条　この法律の施行の際現に国立公文書館等が保存する歴史公文書等については，特定歴史公文書等とみなす。
(行政機関以外の国の機関が保有する歴史公文書等の保存及び移管に関する経過措置)
第3条　この法律の施行前に次条の規定による改正前の国立公文書館法(平成11年法律第79号)第15条第1項の規定に基づく協議による国の機関(行政機関を除く。)と内閣総理大臣との定めは，第14条第1項の規定に基づく協議による定めとみなす。
(検　討)
第13条　政府は，この法律の施行後5年を目途として，この法律の施行の状況を勘案しつつ，行政文書及び法人文書の範囲その他の事項について検討を加え，必要があると認めるときは，その結果に基づいて必要な措置を講ずるものとする。
2　国会及び裁判所の文書の管理の在り方については，この法律の趣旨，国会及び裁判所の地位及び権能等を踏まえ，検討が行われるものとする。

附　則　(平成21年7月10日法律第76号) 抄

(施行期日)
第1条　この法律は，公布の日から起算して3年を超えない範囲内において政令で定める日から施行する。ただし，次の各号に掲げる規定は，当該各号に定める日から施行する。
一　次項，次条，附則第4条第2項及び第3項，第13条並びに第22条の規定　公布の日
(調整規定)
第22条　この法律の公布の日が，雇用保険法等の一部を改正する法律(平成21年法律第5号)の公布の日前である場合には，附則第19条の規定の適用については同条中「第155条」とあるのは「第154条」と，「第156条」とあるのは「第155条」と，「第154条」とあるのは「第153条」とし，同法附則第18条の規定の適用については同条中「第154条」とあるのは「第155条」と，「第155条」とあるのは「第156条」とする。

附　則　(平成23年5月2日法律第39号) 抄

(施行期日)
第1条　この法律は，公布の日から施行する。ただし，第5条第1項及び第47条並びに附則第22条から第51条までの規定は，平成24年4月1日から施行する。

附　則　(平成23年5月25日法律第54号) 抄

(施行期日)
第1条　この法律は，公布の日から起算して1年6月を超えない範囲内において政令で定める日から施行する。

附　則　(平成23年8月10日法律第94号) 抄

(施行期日)
第1条　この法律は，公布の日から施行する。

附　則　(平成24年11月26日法律第98号) 抄

(施行期日)
第1条　この法律は，平成27年10月1日から施行する。

附　則　(平成26年5月21日法律第40号) 抄

(施行期日)
第1条　この法律は，公布の日から起算して3月を超えない範囲内において政令で定める日から施行する。

附　則　(平成26年6月13日法律第69号) 抄

(施行期日)
第1条　この法律は，行政不服審査法(平成26年法律第68号)の施行の日から施行する。

別表第1　(第2条関係)

名称	根拠法

沖縄科学技術大学院大学学園	沖縄科学技術大学院大学学園法（平成21年法律第76号）	
沖縄振興開発金融公庫	沖縄振興開発金融公庫法（昭和47年法律第31号）	
株式会社国際協力銀行	株式会社国際協力銀行法（平成23年法律第39号）	
株式会社日本政策金融公庫	株式会社日本政策金融公庫法（平成19年法律第57号）	
原子力損害賠償支援機構	原子力損害賠償支援機構法（平成23年法律第94号）	
国立大学法人	国立大学法人法（平成15年法律第112号）	
新関西国際空港株式会社	関西国際空港及び大阪国際空港の一体的かつ効率的な設置及び管理に関する法律（平成23年法律第54号）	
大学共同利用機関法人	国立大学法人法	
日本銀行	日本銀行法（平成9年法律第89号）	
日本司法支援センター	総合法律支援法（平成16年法律第74号）	
日本私立学校振興・共済事業団	日本私立学校振興・共済事業団法（平成9年法律第48号）	
日本中央競馬会	日本中央競馬会法（昭和29年法律第205号）	
日本年金機構	日本年金機構法（平成19年法律第109号）	
農水産業協同組合貯金保険機構	農水産業協同組合貯金保険法（昭和48年法律第53号）	
放送大学学園	放送大学学園法（平成14年法律第156号）	
預金保険機構	預金保険法（昭和46年法律第34号）	

別表第2　（第2条関係）

新関西国際空港株式会社	一　関西国際空港及び大阪国際空港の一体的かつ効率的な設置及び管理に関する法律（以下この項において「設置管理法」という。）第9条第1項の事業に係る業務のうち関西国際空港に係るものであって、次のいずれかに該当するもの イ　関西国際空港及び設置管理法第9条第1項第2号に規定する施設の設置（これらの建設に係るものを除く。）及び管理の事業に係る業務 ロ　設置管理法第9条第1項第3号の政令で定める施設及び同項第6号に規定する施設の管理の事業に係る業務 ハ　イ又はロに規定する事業に附帯する事業に係る業務 二　設置管理法第9条第1項の事業に係る業務のうち大阪国際空港に係るもの 三　設置管理法第9条第2項に規定する事業に係る業務
日本私立学校振興・共済事業団	一　日本私立学校振興・共済事業団法（以下この項において「事業団法」という。）第23条第1項第6号から第8号までに掲げる業務 二　事業団法第23条第2項に規定する業務 三　事業団法第23条第3項第1号及び第2号に掲げる業務

2　公文書管理法施行令

公文書等の管理に関する法律施行令
（平成22年12月22日政令第250号）
（最終改正：平成26年5月29日政令第195号）

　（法第2条第1項第4号及び第5号の政令で定める機関）
第1条　公文書等の管理に関する法律（以下「法」という。）第2条第1項第4号の政令で定める特別の機関は、警察庁とする。
2　法第2条第1項第5号の政令で定める特別の機関は、検察庁とする。
　（法第2条第3項第2号の政令で定める施設）
第2条　法第2条第3項第2号の政令で定める施設は、次に掲げる施設とする。
　一　宮内庁の施設であって、法第15条から第27条までの規定による特定歴史公文書等の管理を行う施設として宮内庁長官が指定したもの
　二　外務省の施設であって、法第15条から第27条までの規定による特定歴史公文書等の管理を行う施設として外務大臣が指定したもの
　三　独立行政法人等の施設であって、法第15条から第27条までの規定による特定歴史公文書等の適切な管理を行うために必要な設備及び体制が整備されていることにより法第2条第3項第1号に掲げる施設に類する機能を有するものとして内閣総理大臣が指定したもの
2　宮内庁長官、外務大臣又は内閣総理大臣は、それぞれ前項第1号から第3号までの規定により指定をしたときは、当該指定をした施設の名称及び所在地を官報で公示するものとする。公示した事項に変更があったとき又は指定を取り消したときも、同様とする。
　（法第2条第4項第3号の政令で定める施設）
第3条　法第2条第4項第3号の政令で定める施設は、研究所、博物館、美術館、図書館その他これらに類する施設であって、保有する歴史的若しくは文化的な資料又は学術研究用の資料について次条の規定による適切な管理を行うものとして内閣総理大臣が指定したものとする。
2　内閣総理大臣は、前項の規定により指定をしたときは、当該指定をした施設の名称及び所在地を官報で公示するものとする。公示した事項に変更があったとき又は指定を取り消したときも、同様とする。
　（法第2条第4項第3号の歴史的な資料等の範囲）
第4条　法第2条第4項第3号の歴史的若しくは文化的な資料又は学術研究用の資料は、次に掲げる方法により、特別の管理がされているものとする。
　一　当該資料が専用の場所において適切に保存されていること。
　二　当該資料の目録が作成され、かつ、当該目録が一般の閲覧に供されていること。
　三　次に掲げるものを除き、一般の利用の制限が行われていないこと。
　　イ　当該資料に行政機関の保有する情報の公開に関する法律（平成11年法律第42号。以下「行政機関情報公開法」という。）第5条第1号及び第2号に掲げる情報が記録されていると認められる場合にあっては、当該資料（当該情報が記録されている部分に限る。）の一般の利用を制限すること。
　　ロ　当該資料の全部又は一部を一定の期間公にしないことを条件に法第2条第7項第4号に規定する法人その他の団体（以下「法人等」という。）又は個人から寄贈又は寄託を受けている場合

にあっては，当該期間が経過するまでの間，当該資料の全部又は一部の一般の利用を制限すること。
　ハ　当該資料の原本を利用させることにより当該原本の破損若しくはその汚損を生ずるおそれがある場合又は当該資料を保有する施設において当該原本が現に使用されている場合にあっては，当該原本の一般の利用の方法又は期間を制限すること。
四　当該資料の利用の方法及び期間に関する定めがあり，かつ，当該定めが一般の閲覧に供されていること。
五　当該資料に個人情報（生存する個人に関する情報であって，当該情報に含まれる氏名，生年月日その他の記述等により特定の個人を識別することができるもの（他の情報と照合することができ，それにより特定の個人を識別することができることとなるものを含む。）をいう。以下同じ。）が記録されている場合にあっては，当該個人情報の漏えいの防止のために必要な措置を講じていること。

（法第2条第5項第3号の政令で定める施設）
第5条　法第2条第5項第3号の政令で定める施設は，次に掲げる施設とする。
一　独立行政法人国立文化財機構の設置する博物館
二　独立行政法人国立科学博物館の設置する博物館
三　独立行政法人国立美術館の設置する美術館
四　前3号に掲げるもののほか，博物館，美術館，図書館その他これらに類する施設であって，保有する歴史的若しくは文化的な資料又は学術研究用の資料について次条の規定による適切な管理を行うものとして内閣総理大臣が指定したもの
2　内閣総理大臣は，前項第4号の規定により指定をしたときは，当該指定をした施設の名称及び所在地を官報で公示するものとする。公示した事項に変更があったとき又は指定を取り消したときも，同様とする。

（法第2条第5項第3号の歴史的な資料等の範囲）
第6条　法第2条第5項第3号の歴史的若しくは文化的な資料又は学術研究用の資料は，次に掲げる方法により，特別の管理がされているものとする。
一　当該資料が専用の場所において適切に保存されていること。
二　当該資料の目録が作成され，かつ，当該目録が一般の閲覧に供されていること。
三　次に掲げるものを除き，一般の利用の制限が行われていないこと。
　イ　当該資料に独立行政法人等の保有する情報の公開に関する法律（平成13年法律第140号）第5条第1号及び第2号に掲げる情報が記録されていると認められる場合にあっては，当該資料（当該情報が記録されている部分に限る。）の一般の利用を制限すること。
　ロ　当該資料の全部又は一部を一定の期間公にしないことを条件に法人等又は個人から寄贈又は寄託を受けている場合にあっては，当該期間が経過するまでの間，当該資料の全部又は一部の一般の利用を制限すること。
　ハ　当該資料の原本を利用させることにより当該原本の破損若しくはその汚損を生ずるおそれがある場合又は当該資料を保有する施設において当該原本が現に使用されている場合にあっては，当該原本の一般の利用の方法又は期間を制限すること。
四　当該資料の利用の方法及び期間に関する定めがあり，かつ，当該定めが一般の閲覧に供されていること。
五　当該資料に個人情報が記録されている場合にあっては，当該個人情報の漏えいの防止のために必要な措置を講じていること。

（法第2条第5項第4号の区分の方法）
第7条　法第2条第5項第4号の別表第2の下欄に掲げる業務に係る文書（同条第4項に規定する文書をいう。以下同じ。）と同欄に掲げる業務以外の業務に係る文書との区分の方法は，専ら同欄に掲げる業務に係る文書が，同欄に掲げる業務以外の業務に係る文書とは別の文書ファイル（相互に密接な関連を有する文書の集合物であって，能率的な事務又は事業の処理及び文書の適切な保存に資するようまとめられたものをいう。）に保存されていることとする。

（行政文書ファイル等の分類，名称及び保存期間）
第8条　行政機関の長は，当該行政機関における能率的な事務及び事業の処理に資するとともに，国の有する諸活動を現在及び将来の国民に説明する責務が全うされるよう，法第5条第1項及び第3項の規定により，行政文書及び行政文書ファイルについて，当該行政機関の事務及び事業の性質，内容等に応じて系統的に分類し，分かりやすい名称を付さなければならない。

2　法第5条第1項の保存期間は，次の各号に掲げる行政文書の区分に応じ，それぞれ当該各号に定める期間とする。
　一　別表の上欄に掲げる行政文書（次号に掲げるものを除く。）　同表の下欄に掲げる期間
　二　他の法律又はこれに基づく命令による保存期間の定めがある行政文書　当該法律又はこれに基づく命令で定める期間
　三　前2号に掲げる行政文書以外のもの　別表の規定を参酌し，行政機関の事務及び事業の性質，内容等に応じて行政機関の長が定める期間

3　行政機関の長は，別表の上欄に掲げる行政文書以外の行政文書が歴史公文書等に該当する場合には，1年以上の保存期間を設定しなければならない。

4　法第5条第1項の保存期間の起算日は，行政文書を作成し，又は取得した日（以下「文書作成取得日」という。）の属する年度の翌年度の4月1日とする。ただし，文書作成取得日から1年以内の日であって4月1日以外の日を起算日とすることが行政文書の適切な管理に資すると行政機関の長が認める場合にあっては，その日とする。

5　法第5条第3項の保存期間は，行政文書ファイルにまとめられた行政文書の保存期間とする。

6　法第5条第3項の保存期間の起算日は，行政文書を行政文書ファイルにまとめた日のうち最も早い日（以下この項及び第11条第1項において「ファイル作成日」という。）の属する年度の翌年度の4月1日とする。ただし，ファイル作成日から1年以内の日であって4月1日以外の日を起算日とすることが行政文書の適切な管理に資すると行政機関の長が認める場合にあっては，その日とする。

7　第4項及び前項の規定は，文書作成取得日においては不確定である期間を保存期間とする行政文書及び当該行政文書がまとめられた行政文書ファイルについては，適用しない。

（保存期間の延長）
第9条　行政機関の長は，法第5条第4項の規定に基づき，次の各号に掲げる行政文書ファイル等について保存期間を延長する場合は，当該行政文書ファイル等の区分に応じ，それぞれ当該各号に定める期間が経過する日までの間，当該行政文書ファイル等を保存しなければならない。この場合において，一の区分に該当する行政文書ファイル等が他の区分にも該当するときは，それぞれの期間が経過する日のいずれか遅い日までの間，保存しなければならない。
　一　現に監査，検査等の対象になっているもの　当該監査，検査等が終了するまでの間
　二　現に係属している訴訟における手続上の行為をするために必要とされるもの　当該訴訟が終結するまでの間

三　現に係属している不服申立てにおける手続上の行為をするために必要とされるもの　当該不服申立てに対する裁決又は決定の日の翌日から起算して1年間
四　行政機関情報公開法第4条に規定する開示請求があったもの　行政機関情報公開法第9条各項の決定の日の翌日から起算して1年間
2　行政機関の長は，保存期間が満了した行政文書ファイル等について，その職務の遂行上必要があると認めるときには，その必要な限度において，一定の期間を定めて行政文書ファイル等の保存期間を延長することができる。この場合において，当該行政機関の長は，法第9条第1項の報告において，延長する期間及び延長の理由を内閣総理大臣に報告しなければならない。
　（行政文書ファイル等の移管の措置）
第10条　法第5条第5項の移管の措置は，国立公文書館の設置する公文書館への移管の措置とする。ただし，宮内庁長官による移管の措置は第2条第1項第1号の規定により宮内庁長官が指定した施設への移管の措置とし，外務大臣による移管の措置は同項第2号の規定により外務大臣が指定した施設への移管の措置とする。
　（行政文書ファイル管理簿の記載事項等）
第11条　法第7条第1項の規定により行政文書ファイル管理簿に記載しなければならない事項は，次に掲げる事項とする。
一　分類
二　名称
三　保存期間
四　保存期間の満了する日
五　保存期間が満了したときの措置
六　保存場所
七　文書作成取得日（行政文書ファイルにあっては，ファイル作成日）の属する年度その他これに準ずる期間
八　前号の日における文書管理者（行政文書ファイル等を現に管理すべき者として行政機関の長が定める者をいう。第11号において同じ。）
九　保存期間の起算日
十　媒体の種別
十一　行政文書ファイル等に係る文書管理者
2　行政機関の長は，行政文書ファイル管理簿を磁気ディスク（これに準ずる方法により一定の事項を確実に記録しておくことができる物を含む。第15条第2項において同じ。）をもって調製しなければならない。
　（法第7条第1項ただし書の政令で定める期間）
第12条　法第7条第1項ただし書の政令で定める期間は，1年とする。
　（行政文書ファイル管理簿の閲覧場所の公表）
第13条　行政機関の長は，法第7条第2項の事務所の場所について，官報で公示しなければならない。公示した事務所の場所を変更したときも，同様とする。
　（行政文書管理規則の記載事項）
第14条　法第10条第2項第7号の政令で定める事項は，行政文書に関する次に掲げる事項とする。
一　管理体制の整備に関する事項
二　点検に関する事項
三　監査に関する事項
四　職員の研修に関する事項
五　前各号に掲げるもののほか，行政文書の管理が適正に行われることを確保するために必要な事項
　（法人文書ファイル管理簿の記載事項等）
第15条　法第11条第2項の規定により法人文書ファイル管理簿に記載しなければならない事項は，次に掲げる事項とする。
一　分類
二　名称
三　保存期間
四　保存期間の満了する日
五　保存期間が満了したときの措置
六　保存場所
七　法人文書を作成し，又は取得した日（法

第11条第２項の規定に基づき法人文書を一の集合物にまとめた場合にあっては，当該集合物に法人文書をまとめた日のうち最も早い日）の属する年度その他これに準ずる期間
- 八　前号の日における文書管理者（法人文書ファイル等を現に管理すべき者として独立行政法人等が定める者をいう。第11号において同じ。）
- 九　保存期間の起算日
- 十　媒体の種別
- 十一　法人文書ファイル等に係る文書管理者

２　独立行政法人等は，法人文書ファイル管理簿を磁気ディスクをもって調製しなければならない。

（法第11条第２項ただし書の政令で定める期間）

第16条　法第11条第２項ただし書の政令で定める期間は，１年とする。

（法人文書ファイル管理簿の閲覧場所の公表）

第17条　独立行政法人等は，法第11条第３項の事務所の場所について，官報で公示しなければならない。公示した事務所の場所を変更したときも，同様とする。

（法人文書ファイル等の移管）

第18条　法第11条第４項の移管は，国立公文書館の設置する公文書館への移管とする。ただし，第２条第１項第３号の指定を受けた施設を設置した独立行政法人等にあっては，当該施設への移管とする。

（目録の作成及び公表）

第19条　法第15条第４項の必要な事項は，次に掲げる事項（法第16条第１項第１号イからニまで若しくは第２号イ若しくはロに掲げる情報又は同項第３号の制限若しくは同項第４号の条件に係る情報に該当するものを除く。）とする。
- 一　分類
- 二　名称
- 三　移管又は寄贈若しくは寄託をした者の名称又は氏名
- 四　移管又は寄贈若しくは寄託を受けた時期
- 五　保存場所
- 六　媒体の種別

２　国立公文書館等の長は，法第15条第４項の目録について，当該国立公文書館等に備えて一般の閲覧に供するとともに，インターネットの利用その他の情報通信の技術を利用する方法により公表しなければならない。

（本人であることを示す書類）

第20条　法第17条の利用請求をする者は，国立公文書館等の長に対し，次の各号に掲げる書類のいずれかを提示し，又は提出しなければならない。
- 一　利用請求をする者の氏名及び住所又は居所と同一の氏名及び住所又は居所が記載されている運転免許証，健康保険の被保険者証，住民基本台帳法（昭和42年法律第81号）第30条の44第１項に規定する住民基本台帳カード，出入国管理及び難民認定法（昭和26年政令第319号）第19条の３に規定する在留カード，日本国との平和条約に基づき日本の国籍を離脱した者等の出入国管理に関する特例法（平成３年法律第71号）第７条第１項に規定する特別永住者証明書その他法律又はこれに基づく命令の規定により交付された書類であって，当該利用請求をする者が本人であることを確認するに足りるもの
- 二　前号に掲げる書類をやむを得ない理由により提示し，又は提出することができない場合にあっては，当該利用請求をする者が本人であることを確認するため国立公文書館等の長が適当と認める書類

２　利用等規則（法第27条第１項に規定する利用等規則をいう。第24条及び第25条において同じ。）に定める書類を国立公文書館等の長に送付して法第17条の利用請求をする場合には，当該利用請求をする者は，前項の規定にかかわらず，同項各号に掲げる

書類のいずれかを複写機により複写したもの及びその者の住民票の写しその他のその者が当該複写したものに記載された本人であることを示すものとして国立公文書館等の長が適当と認める書類（利用請求をする日前30日以内に作成されたものに限る。）を国立公文書館等の長に提出すれば足りる。
　（法第18条第1項の政令で定める事項）
第21条　法第18条第1項の政令で定める事項は，次に掲げる事項とする。
　一　利用請求の年月日
　二　利用請求に係る特定歴史公文書等に記録されている当該第三者に関する情報の内容
　三　意見書を提出する場合の提出先及び提出期限
　（法第18条第2項の政令で定める事項）
第22条　法第18条第2項の政令で定める事項は，次に掲げる事項とする。
　一　利用請求の年月日
　二　利用請求に係る特定歴史公文書等の利用をさせようとする理由
　三　利用請求に係る特定歴史公文書等に記録されている当該第三者に関する情報の内容
　四　意見書を提出する場合の提出先及び提出期限
　（法第18条第3項の政令で定める事項）
第23条　法第18条第3項の政令で定める事項は，次に掲げる事項とする。
　一　利用請求の年月日
　二　利用請求に係る特定歴史公文書等の利用をさせようとする理由
　三　利用請求に係る特定歴史公文書等に付されている法第8条第3項の規定による意見の内容
　四　意見書を提出する場合の提出先及び提出期限
　（電磁的記録の利用の方法）
第24条　法第19条の政令で定める方法は，次に掲げる方法のうち国立公文書館等の長が利用等規則で定める方法とする。

　一　電磁的記録を専用機器により再生又は映写したものの閲覧，視聴又は聴取
　二　電磁的記録を用紙に出力したものの閲覧又は交付
　三　電磁的記録を電磁的記録媒体に複写したものの交付
　（手数料の納付の方法）
第25条　法第20条第1項の手数料は，第2条第1項第1号及び第2号に規定する施設において写しの交付を求める場合にあっては当該施設の属する行政機関の長が利用等規則で定める書面に当該手数料の額に相当する額の収入印紙をはることにより，その他の施設において写しの交付を求める場合にあっては当該施設を設置した独立行政法人等が利用等規則で定めるところにより納付しなければならない。ただし，同項第1号及び第2号に規定する施設において写しの交付を求める場合に納付するものにあっては，当該施設の属する行政機関の長が，当該施設において手数料の納付を現金ですることが可能である旨を利用等規則で定める場合には，当該施設において現金をもって納めることができる。

　　　附　則　抄

　（施行期日）
第1条　この政令は，法の施行の日（平成23年4月1日）から施行する。
　（行政文書ファイル管理簿に関する経過措置）
第2条　この政令の施行の際現にある附則第6条の規定による改正前の行政機関の保有する情報の公開に関する法律施行令（平成12年政令第41号。附則第4条第1項において「旧行政機関情報公開法施行令」という。）第16条第1項第10号の規定により調製された帳簿は，行政文書ファイル管理簿とみなす。
2　前項の場合において，同項の帳簿に記載されている事項であって第11条第1項各号に掲げる事項に相当するものは，同項の規

定により記載されたものとみなす。
第３条　行政機関の長は、行政文書ファイル管理簿（前条第１項の規定により行政文書ファイル管理簿とみなされるものを含む。以下この条において同じ。）に係る情報システムの整備に相当の期間を要する場合その他の第11条第１項第７号から第11号までに掲げる事項を行政文書ファイル管理簿に記載することが困難である場合には、これらの規定にかかわらず、当分の間、その記載することが困難な事項を記載しないことができる。この場合において、当該行政機関の長は、法第９条第１項の報告において、記載しない事項、当該事項を記載することが困難である理由及び当該事項の記載を予定する日を内閣総理大臣に報告しなければならない。

　（法人文書ファイル管理簿に関する経過措置）
第４条　この政令の施行の際現にある法附則第６条の規定による改正前の独立行政法人等の保有する情報の公開に関する法律第23条第２項の規定に基づき旧行政機関情報公開法施行令第16条第１項第10号の規定を参酌して調製された帳簿（第11条第２項に規定する磁気ディスクに相当するものをもって調製されたものに限る。次項において「旧法人文書ファイル管理簿」という。）は、法人文書ファイル管理簿とみなす。
２　前項の場合において、旧法人文書ファイル管理簿に記載されている事項であって第15条第１項各号に掲げる事項に相当するものは、同項の規定により記載されたものとみなす。
第５条　独立行政法人等は、法人文書ファイル管理簿（前条第１項の規定により法人文書ファイル管理簿とみなされるものを含む。以下この条において同じ。）に係る情報システムの整備に相当の期間を要する場合その他の第15条第１項第７号から第11号までに掲げる事項を法人文書ファイル管理簿に記載することが困難である場合には、これらの規定にかかわらず、当分の間、その記載することが困難な事項を記載しないことができる。この場合において、当該独立行政法人等は、法第12条第１項の報告において、記載しない事項、当該事項を記載することが困難である理由及び当該記載を予定する日を内閣総理大臣に報告しなければならない。

　　附　則　（平成23年12月26日政令第421号）抄

　（施行期日）
第１条　この政令は、改正法施行日（平成24年７月９日）から施行する。
　（経過措置）
第２条　第11条及び第13条から第15条までの規定による改正後の次に掲げる政令の規定の適用については、中長期在留者が所持する旧外国人登録法に規定する外国人登録証明書は在留カードとみなし、特別永住者が所持する旧外国人登録法に規定する外国人登録証明書は特別永住者証明書とみなす。
　一　風俗営業等の規制及び業務の適正化等に関する法律施行令第９条の２第１号
　二　行政機関の保有する個人情報の保護に関する法律施行令第11条第１項第１号及び第２項第１号（これらの規定を同令第20条において準用する場合を含む。）
　三　独立行政法人等の保有する個人情報の保護に関する法律施行令第６条第１項第１号及び第２項第１号（これらの規定を同令第14条において準用する場合を含む。）
　四　公文書等の管理に関する法律施行令第20条第１項第１号
２　前項の規定により、旧外国人登録法に規定する外国人登録証明書が在留カードとみなされる期間は改正法附則第15条第２項各号に定める期間とし、特別永住者証明書とみなされる期間は改正法附則第28条第２項各号に定める期間とする。

　　附　則　（平成26年５月29日政令第195号）抄

（施行期日）
第1条　この政令は，法の施行の日（平成26年5月30日）から施行する。
（処分等の効力）
第4条　この政令の施行前にこの政令による改正前のそれぞれの政令(次条において「旧政令」という。）の規定によってした処分，手続その他の行為であって，この政令による改正後のそれぞれの政令（以下この条及び次条において「新政令」という。）の規定に相当の規定があるものは，別段の定めがあるものを除き，新政令の相当の規定によってしたものとみなす。
（命令の効力）
第5条　この政令の施行の際現に効力を有する旧政令の規定により発せられた内閣府令又は総務省令で，新政令の規定により内閣官房令で定めるべき事項を定めているものは，別段の定めがあるものを除き，この政令の施行後は，内閣官房令としての効力を有するものとする。

別表　（第8条関係）

行政文書名		保存期間
法令の制定又は改廃及びその経緯		
1	法律，政令，内閣官房令，内閣府令，省令その他の規則に関する次に掲げる文書 　イ　立案基礎文書並びに立案の検討に関する審議会等文書及び調査研究文書 　ロ　法律案又は政令案の審査の過程が記録された文書 　ハ　意見公募手続文書及び行政機関協議文書 　ニ　閣議を求めるための決裁文書及び閣議に提出された文書 　ホ　内閣官房令，内閣府令，省令その他の規則の制定又は改廃のための決裁文書 　ヘ　国会審議文書 　ト　官報公示に関する文書その他の公布に関する文書 　チ　解釈又は運用の基準の設定のための決裁文書及び調査研究文書	30年
2	条約その他の国際約束に関する次に掲げる文書 　イ　外国（本邦の域外にある国又は地域をいう。）との交渉に関する文書 　ロ　他の行政機関の質問若しくは意見又はこれらに対する回答に関する文書その他の他の行政機関への連絡及び当該行政機関との調整に関する文書 　ハ　条約案その他の国際約束の案の検討に関する調査研究文書及び当該案の審査の過程が記録された文書 　ニ　1の項ニ及びへからチまでに掲げる文書 　ホ　条約書，批准書その他これらに類する文書	30年

閣議,関係行政機関の長で構成される会議又は省議(これらに準ずるものを含む。)の決定又は了解及びその経緯

3	予算又は決算に関する次に掲げる文書 　イ　閣議を求めるための決裁文書及び閣議に提出された文書 　ロ　決算に関し,会計検査院に送付した文書及びその検査を経た文書 　ハ　予算,歳入歳出決算その他国会に提出された文書	30年
4	質問主意書に対する答弁に関する次に掲げる文書 　イ　答弁の案の作成の過程が記録された文書 　ロ　閣議を求めるための決裁文書及び閣議に提出された文書 　ハ　答弁が記録された文書	30年
5	基本方針,基本計画その他の閣議にかけられた案件に関する次に掲げる文書(1の項から4の項までに掲げるものを除く。) 　イ　立案基礎文書並びに立案の検討に関する審議会等文書及び調査研究文書 　ロ　行政機関協議文書 　ハ　閣議を求めるための決裁文書及び閣議に提出された文書	30年
6	2以上の行政機関の大臣等(国務大臣,副大臣,	10年

大臣政務官その他これらに準ずる職員をいう。7の項において同じ。)で構成される会議の決定又は了解に関する次に掲げる文書
　イ　会議の決定又は了解に係る案の立案基礎文書並びに当該案の検討に関する調査研究文書及び行政機関協議文書
　ロ　会議に検討のための資料として提出された文書
　ハ　会議の決定又は了解の内容が記録された文書

7	省議(1の行政機関の大臣等で構成される会議をいう。以下同じ。)の決定又は了解に関する次に掲げる文書 　イ　省議の決定又は了解に係る案の立案基礎文書及び当該案の検討に関する調査研究文書 　ロ　省議に検討のための資料として提出された文書 　ハ　省議の決定又は了解の内容が記録された文書	10年

複数の行政機関による申合せ又は他の行政機関若しくは地方公共団体に対して示す基準の設定及びその経緯

8	複数の行政機関による申合せに関する次に掲げる文書 　イ　申合せに係る案の	10年

	立案基礎文書並びに当該案の検討に関する調査研究文書及び行政機関協議文書 ロ　他の行政機関との会議に検討のための資料として提出された文書及び当該会議の議事が記録された文書その他申合せに至る過程が記録された文書 ハ　申合せの内容が記録された文書	
9	他の行政機関又は地方公共団体に対して示す基準の設定及びその経緯に関する次に掲げる文書（1の項チ及び2の項ニに掲げるものを除く。） イ　立案基礎文書並びに立案の検討に関する審議会等文書及び調査研究文書 ロ　基準を設定するための決裁文書その他基準の設定に至る過程が記録された文書 ハ　基準を他の行政機関又は地方公共団体に通知した文書	10年
個人又は法人の権利義務の得喪及びその経緯		
10	行政手続法（平成5年法律第88号）第2条第8号ロの審査基準，同号ハの処分基準，同号ニの行政指導指針及び同法第6条の標準的な期間を定めるための決裁文書並びにこれらの立案の検討に関す	10年

	る審議会等文書，調査研究文書及び意見公募手続文書	
11	行政手続法第2条第3号の許認可等（以下この項において「許認可等」という。）をするための決裁文書その他許認可等に至る過程が記録された文書	許認可等の効力が消滅する日に係る特定日以後5年
12	行政手続法第2条第4号の不利益処分をするための決裁文書その他当該処分に至る過程が記録された文書	5年
13	補助金等に係る予算の執行の適正化に関する法律（昭和30年法律第179号）第2条第1項の補助金等の交付に関する次に掲げる文書 イ　交付の要件に関する文書 ロ　交付のための決裁文書その他交付に至る過程が記録された文書 ハ　補助事業等実績報告書	交付に係る事業が終了する日に係る特定日以後5年
14	不服申立てに関する次に掲げる文書 イ　不服申立書又は口頭による不服申立てにおける陳述の内容を録取した文書 ロ　審議会等文書 ハ　裁決，決定その他の処分をするための決裁文書その他当該処分に至る過程が記	裁決，決定その他の処分がされる日に係る特定日以後10年

	録された文書 ニ　裁決書又は決定書	
15	国又は行政機関を当事者とする訴訟に関する次に掲げる文書 イ　訴訟の提起に関する文書 ロ　訴訟における主張又は立証に関する文書 ハ　判決書又は和解調書	訴訟が終結する日に係る特定日以後10年

職員の人事に関する事項

16	人事評価実施規程の制定又は変更に関する次に掲げる文書 イ　立案の検討に関する調査研究文書 ロ　制定又は変更のための決裁文書 ハ　制定又は変更についての協議案，回答書その他の内閣総理大臣との協議に関する文書 ニ　軽微な変更についての内閣総理大臣に対する報告に関する文書	10年
17	職員の研修の実施に関する計画を制定又は改廃するための決裁文書及び当該計画の立案に関する調査研究文書並びに職員の研修の実施状況が記録された文書	3年
18	職員の兼業の許可の申請書及び当該申請に対する許可に関する文書	3年
19	退職手当の支給に関する	支給制限そ

	決定の内容が記録された文書及び当該決定に至る過程が記録された文書	の他の支給に関する処分を行うことができる期間又は5年のいずれか長い期間

その他の事項

20	告示，訓令及び通達に関する次に掲げる文書（1の項から19の項までに掲げるものを除く。） イ　立案の検討に関する審議会等文書及び調査研究文書並びに意見公募手続文書 ロ　制定又は改廃のための決裁文書 ハ　官報公示に関する文書	10年
21	予算に関する次に掲げる文書（3の項及び5の項に掲げるものを除く。） イ　歳入，歳出，継続費，繰越明許費及び国庫債務負担行為の見積りに関する書類並びにその作製の基礎となった意思決定及び当該意思決定に至る過程が記録された文書 ロ　財政法（昭和22年法律第34号）第20条第2項の予定経費要求書等並びにその作製の基礎となった意思決定及び当該意思決定に至る過程が記録された文書 ハ　イ及びロに掲げる	10年

	ものほか,予算の成立に至る過程が記録された文書 ニ 歳入歳出予算,継続費及び国庫債務負担行為の配賦に関する文書	
22	決算に関する次に掲げる文書(3の項及び5の項に掲げるものを除く。) イ 歳入及び歳出の決算報告書並びにその作製の基礎となった意思決定及び当該意思決定に至る過程が記録された文書 ロ 会計検査院に提出又は送付した計算書及び証拠書類 ハ 会計検査院の検査を受けた結果に関する文書 ニ イからハまでに掲げるもののほか,決算の提出に至る過程が記録された文書 ホ 国会における決算の審査に関する文書	5年
23	機構及び定員の要求に関する文書並びにその基礎となった意思決定及び当該意思決定に至る過程が記録された文書	10年
24	独立行政法人通則法(平成11年法律第103号)その他の法律の規定による独立行政法人等の中期目標の制定又は変更に関する次に掲げる文書 イ 立案の検討に関する調査研究文書	10年

	ロ 評価委員会に検討のための資料として提出された文書,評価委員会における議事が記録された文書及び評価委員会の決定又は了解に至る過程が記録された文書 ハ 制定又は変更のための決裁文書 ニ 中期計画,事業報告書その他の中期目標の達成に関し法律の規定に基づき独立行政法人等により提出され,又は公表された文書	
25	独立行政法人通則法その他の法律の規定による独立行政法人等に対する報告及び検査その他の指導監督に関する次に掲げる文書 イ 指導監督をするための決裁文書その他指導監督に至る過程が記録された文書 ロ 違法行為等の是正のため必要な措置その他の指導監督の結果の内容が記録された文書	5年
26	行政機関が行う政策の評価に関する法律(平成13年法律第86号。以下この項及び27の項において「政策評価法」という。)による政策評価の実施に関する次に掲げる文書 イ 政策評価法第6条の基本計画又は政策	10年

	評価法第7条第1項の実施計画の制定又は変更のための決裁文書及び当該制定又は変更の通知に関する文書並びに当該制定又は変更に係る審議会等文書その他当該制定又は変更に至る過程が記録された文書 ロ　評価書及びその要旨の作成のための決裁文書並びにこれらの通知に関する文書その他当該作成の過程が記録された文書（27の項に掲げるものを除く。） ハ　政策評価の結果の政策への反映状況の作成に係る決裁文書及び当該反映状況の通知に関する文書その他当該作成の過程が記録された文書			めの決裁文書 ニ　事業の経費積算が記録された文書その他の入札及び契約に関する文書 ホ　工事誌，事業完了報告書その他の事業の施工に関する文書 ヘ　政策評価法による事前評価及び事後評価に関する文書	
27	直轄事業として実施される公共事業に関する次に掲げる文書 イ　立案基礎文書並びに立案の検討に関する審議会等文書及び調査研究文書 ロ　公共事業の事業計画及び実施に関する事項についての関係行政機関，地方公共団体その他の関係者との協議又は調整に関する文書 ハ　事業を実施するた	事業終了の日に係る特定日以後5年又は事後評価終了の日に係る特定日以後10年のいずれか長い期間	28	栄典又は表彰の授与又ははく奪のための決裁文書及び伝達の文書（5の項に掲げるものを除く。）	10年
			29	国会審議文書及び審議会等文書（1の項から28の項までに掲げるものを除く。）	10年
			30	行政文書ファイル管理簿その他の業務に常時利用するものとして継続的に保存すべき行政文書	無期限
			31	取得した文書の管理を行うための帳簿	5年
			32	決裁文書の管理を行うための帳簿	30年
			33	行政文書ファイル等の移管又は廃棄の状況が記録された帳簿	30年
			備考　この表における次に掲げる用語の意義は，それぞれ次に定めるとおりとする。 　1　立案基礎文書　立案の基礎となった国政に関する基本方針，国政上の重要な事項に係る意思決定又は条約その他の国際約束が記録された文書 　2　審議会等文書　審議会その他の合議制の機関又は専門的知識を有する者等		

を構成員とする懇談会その他の会合に検討のための資料として提出された文書及び当該機関又は当該会合の議事，答申，建議，報告若しくは意見が記録された文書その他当該機関若しくは当該会合における決定若しくは了解又はこれらに至る過程が記録された文書

3　調査研究文書　調査又は研究の結果及び当該結果に至る過程が記録された文書

4　決裁文書　行政機関の意思決定の権限を有する者が押印，署名又はこれらに類する行為を行うことにより，その内容を行政機関の意思として決定し，又は確認した行政文書

5　意見公募手続文書　意見公募手続の実施及び結果の公示に関する決裁文書

6　行政機関協議文書　他の行政機関への協議に係る案，当該協議に関する他の行政機関の質問若しくは意見又はこれらに対する回答が記録された文書その他の当該協議に関する文書

7　国会審議文書　国会における議案の趣旨の説明又は審議の内容が記録された文書，国会において想定される質問に対する回答に関する文書その他の国会審議に関する文書

8　特定日　第8条第7項の保存期間が確定することとなる日（27の項にあっては，事業終了の日又は事後評価終了の日）の属する年度の翌年度の4月1日（当該確定することとなる日から1年以内の日であって，4月1日以外の日を特定日とすることが行政文書の適切な管理に資すると行政機関の長が認める場合にあっては，その日）

3　行政文書の管理に関するガイドライン

行政文書の管理に関するガイドライン
（平成23年4月1日内閣総理大臣決定）
最終改正：平成27年3月13日

```
○○省行政文書管理規則
目次
　第1　総則
　第2　管理体制
　第3　作成
　第4　整理
　第5　保存
　第6　行政文書ファイル管理簿
　第7　移管，廃棄又は保存期間の延長
　第8　点検・監査及び管理状況の報告等
　第9　研修
　第10　公表しないこととされている情報
　　　が記録された行政文書の管理
　第11　補則
```

　公文書等の管理に関する法律（平成21年法律第66号。以下「法」という。）第1条に規定されているとおり，国の諸活動や歴史的事実の記録である公文書等は，健全な民主主義の根幹を支える国民共有の知的資源として，主権者である国民が主体的に利用し得るものであり，このような公文書等の管理を適切に行うことにより，行政が適正かつ効率的に運営されるようにするとともに，国の有するその諸活動を現在及び将来の国民に説明する責務が全うされるようにする必要がある。

　このような法の目的を踏まえ，法第10条第1項の規定に基づく行政文書の管理に関する定め（以下「規則」という。）は設けられる必要がある。

　本ガイドラインにおいては，第1（総則）から第11（補則）までの各セグメントの冒頭で規則の規定例を示すとともに，留意事項として当該規定の趣旨・意義や職員が文書管理を行う際の実務上の留意点について，記している。

　規則の制定に当たっては，本ガイドラインを踏まえるとともに，各行政機関の業務内容や取り扱う文書の性格は多岐にわたっていることから，当該行政機関における文書管理の実効性を確保するため，各行政機関それぞれの業務内容や取り扱う文書の性格，組織体制等を考慮する必要がある。

　また，規則の運用に当たっては，職員一人ひとりが，本ガイドラインの内容を十分に理解し，その趣旨を踏まえた適切な運用が図られるよう，各々の組織体制やオフィスのファイリング用具，事務机，ファイリングキャビネット，書棚，書庫の状況等も踏まえ，創意工夫することが必要である。

第1　総則
1　目的
　　この訓令は，公文書等の管理に関する法律（平成21年法律第66号。以下「法」という。）第10条第1項の規定に基づき，○○省における行政文書の管理について必要な事項を定めることを目的とする。
2　定義
　　この訓令における用語の定義は，次のとおりとする。
　(1)　「行政文書」とは，○○省の職員が職務上作成し，又は取得した文書（図画及び電磁的記録（電子的方式，磁気的方式その他人の知覚によっては認識することができない方式で作られた記録をいう。）を含む。以下同じ。）であって，○○省の職員が組織的に用いるものとして，○○省が保有しているものをいう。ただし，法第2条第4項各号に掲げるものを除く。
　(2)　「行政文書ファイル等」とは，○○

省における能率的な事務又は事業の処理及び行政文書の適切な保存に資するよう，相互に密接な関連を有する行政文書（保存期間を同じくすることが適当であるものに限る。）を一の集合物にまとめたもの（以下「行政文書ファイル」という。）及び単独で管理している行政文書をいう。
(3) 「行政文書ファイル管理簿」とは，○○省における行政文書ファイル等の管理を適切に行うために，行政文書ファイル等の分類，名称，保存期間，保存期間の満了する日，保存期間が満了したときの措置及び保存場所その他の必要な事項を記載した帳簿をいう。
(4) 「文書管理システム」とは，総務省が文書管理業務の業務・システム最適化計画（平成19年4月13日各府省情報化統括責任者（CIO）連絡会議決定）に基づき整備した政府全体で利用可能な一元的な文書管理システムをいう。

≪留意事項≫
○ 目的規定において，本訓令が，法第10条第1項に基づく「行政文書の管理に関する定め」であることを明らかにしている。
○ 定義規定において，法の定義規定等に従い，本訓令で用いる用語の定義を行う。
○ 「文書管理システム」については，第1－2－(4)の業務・システム最適化計画に基づき，各行政機関において，遅くとも平成24年度までに導入する必要がある。なお，同システム導入までは，最適化前のシステムを利用することができる。
○ なお，一般的に情報システムは利用者からの改善要望等を踏まえ，不断の見直しを図る必要があり，文書管理システムについても，法の具体的運用状況等を踏まえた適切な見直しを行い，その結果をシステム更新時における改修等に反映させるものとする。

第2　管理体制
1　総括文書管理者
(1) ○○省に総括文書管理者1名を置く。
(2) 総括文書管理者は，官房長をもって充てる。
(3) 総括文書管理者は，次に掲げる事務を行うものとする。
　① 行政文書ファイル管理簿及び移管・廃棄簿の調製
　② 行政文書の管理に関する内閣府との調整及び必要な改善措置の実施
　③ 行政文書の管理に関する研修の実施
　④ 組織の新設・改正・廃止に伴う必要な措置
　⑤ 行政文書ファイル保存要領その他この訓令の施行に関し必要な細則の整備
　⑥ その他行政文書の管理に関する事務の総括
2　副総括文書管理者
(1) ○○省に副総括文書管理者1名を置く。
(2) 副総括文書管理者は，○○課長をもって充てる。
(3) 副総括文書管理者は，1—(3)—①～⑥に掲げる事務について総括文書管理者を補佐するものとする。
3　文書管理者
(1) 総括文書管理者は，所掌事務に関する文書管理の実施責任者として，文書管理者を指名する。
(2) 文書管理者は，その管理する行政文書について，次に掲げる事務を行うものとする。
　① 保存
　② 保存期間が満了したときの措置の設定
　③ 行政文書ファイル管理簿への記載
　④ 移管又は廃棄（移管・廃棄簿への記載を含む。）等
　⑤ 管理状況の点検等

⑥ 行政文書の作成（第3），標準文書保存期間基準の作成（第4－3－(1)）等による行政文書の整理その他行政文書の管理に関する職員の指導
4 監査責任者
(1) ○○省に監査責任者1名を置く。
(2) 監査責任者は，○○課長をもって充てる。
(3) 監査責任者は，行政文書の管理の状況について監査を行うものとする。
5 職員の責務
　職員は，法の趣旨にのっとり，関連する法令及び訓令等並びに総括文書管理者及び文書管理者の指示に従い，行政文書を適正に管理しなければならない。

≪留意事項≫
<管理体制の意義>
　文書管理は，行政機関内の各々の組織の所掌事務の一環として行われるため，事務体制と同様の体制により行われることが基本であるが，規則に基づく各々の事務に係る管理体制を明確にすることにより，適正な文書管理を確保しようとするものである。
<総括文書管理者>
○ 「総括文書管理者」は，法第2条で定める行政機関単位で設置する。
○ 「総括文書管理者」は，行政機関の長を補佐し，当該行政機関全体を総括する立場で文書管理に当たる者として適当と判断される者（官房長等）を充てる。
○ 「総括文書管理者」は，当該行政機関の文書管理を総括する立場から，行政文書ファイル管理簿及び移管・廃棄簿の調製，行政文書の管理に関する内閣府との調整及び必要な改善措置の実施，行政文書の管理に関する研修の実施，組織の新設・改正・廃止に伴う必要な措置，行政文書ファイル保存要領その他この訓令の施行に関し必要となる細則の整備等を行う。
<副総括文書管理者>
○ 「副総括文書管理者」は，当該行政機関全体の文書管理を総括する総括文書管理者を補佐する。
○ 「副総括文書管理者」には，当該行政機関における文書管理の専門部署の課長を充てることを原則とする。
○ 当該行政機関全体の適正な文書管理を確保する観点から，「総括文書管理者」及び「副総括文書管理者」の実務的な補佐体制（例：総括文書管理担当者）を置くことも考えられる。
<文書管理者>
○ 行政文書の管理に関する責任の所在を明確にし，適正な文書管理を確保するため，文書管理の実施責任者として，「文書管理者」を位置付ける。具体的には，各課長（参事官，室長を含む。）を「文書管理者」とすることを原則とするが，組織の規模，業務内容，行政機関の保有する個人情報の保護に関する法律（平成15年法律第58号）第6条に基づく個人情報保護に関する管理体制や「政府機関の情報セキュリティ対策の強化に関する基本方針」（平成17年9月15日情報セキュリティ政策会議決定）に基づく情報セキュリティ対策に関する体制，執務室の状況等を踏まえ，文書管理者に求められる任務を適切に果たし得る職員を総括文書管理者が指名する。
○ 総括文書管理者は，組織の新設・改正・廃止等に応じて，適正な文書管理を確保する観点から，文書管理者の指名について見直す。
○ なお，総括文書管理者が文書管理者の指名を行うに当たっては，各部局長の意見を聴くこともできる。
○ 適正な文書管理を確保する観点から，「文書管理者」の実務的な補佐体制（例：文書管理担当者）を置くことも考えられる。
<監査責任者>
○ 「監査責任者」は，文書管理に関するコンプライアンスを確保するため，各文書管理者における法令及び訓令等の遵守状況を把握し改善を図るための「監査」を実施す

る。
○ 「監査責任者」には，当該行政機関における業務監査等の専門部署の課長を充てることを原則とする。
○ 「監査責任者」は，監査責任者としての立場で「監査」を企画・実施し，総括文書管理者に監査結果を報告（第8─1─(2)）する。また，外部監査を実施する場合においても，外部監査実施者の報告先を監査責任者とすることに留意する。
○ 適正な監査を確保する観点から，「監査責任者」の実務的な補佐体制（例：監査担当者）を置くことも考えられる。
<職員>
○ 全ての職員は，法の趣旨にのっとり，関連する法令及び訓令等並びに総括文書管理者及び文書管理者の指示に従い，行政文書を適正に管理しなければならない。
<その他>
○ 適正な文書管理を確保する観点から，必要に応じて，各部局における文書管理の推進体制（例：主任文書管理者）や部局間の連絡調整を行う会議体等を置くことも考えられる。
○ 文書管理に関する専門家（レコードマネージャー，アーキビスト等）を積極的に活用し，専門的，技術的な視点から職員を支援することも考えられる。
○ なお，国家公務員法（昭和22年法律第120号）第82条において，法令や職務上の義務に違反したり職務を怠った場合の懲戒処分について規定されており，また，刑法（明治40年法律第45号）第258条において，公用文書等毀棄罪が規定されている。このようなことを踏まえ，職員は文書管理を行う必要がある。

第3　作成
1　文書主義の原則
　職員は，文書管理者の指示に従い，法第4条の規定に基づき，法第1条の目的の達成に資するため，○○省における経緯も含めた意思決定に至る過程並びに○○省の事務及び事業の実績を合理的に跡付け，又は検証することができるよう，処理に係る事案が軽微なものである場合を除き，文書を作成しなければならない。
2　別表第1の業務に係る文書作成
　別表第1に掲げられた業務については，当該業務の経緯に応じ，同表の行政文書の類型を参酌して，文書を作成するものとする。
3　適切・効率的な文書作成
(1)　文書の作成に当たって反復利用が可能な様式，資料等の情報については，電子掲示板等を活用し職員の利用に供するものとする。
(2)　文書の作成に当たっては，常用漢字表（平成22年内閣告示第2号），現代仮名遣い（昭和61年内閣告示第1号），送り仮名の付け方（昭和48年内閣告示第2号）及び外来語の表記（平成3年内閣告示第2号）等により，分かりやすい用字用語で的確かつ簡潔に記載しなければならない。

≪留意事項≫
<文書主義の原則>
○ 行政機関の意思決定及び事務事業の実績に関する文書主義については，行政機関の諸活動における正確性の確保，責任の明確化等の観点から重要であり，行政の適正かつ効率的な運営にとって必要である。このため，法第4条に基づき，第3─1において，行政機関の意思決定及び事務事業の実績に関する文書主義の原則を明確にしている。これに基づき作成された文書は「行政文書」となる。
○ 「意思決定に関する文書作成」については，①法第4条に基づき必要な意思決定に至る経緯・過程に関する文書が作成されるとともに，②最終的には行政機関の意思決定の権限を有する者が文書に押印，署名又

3 行政文書の管理に関するガイドライン

はこれらに類する行為を行うことにより，その内容を当該行政機関の意思として決定することが必要である。このように行政機関の意思決定に当たっては文書を作成して行うことが原則であるが，当該意思決定と同時に文書を作成することが困難であるときは，事後に文書を作成することが必要である。

○　例えば，法令の制定や閣議案件については，最終的には行政機関の長が決定するが，その立案経緯・過程に応じ，最終的な決定内容のみならず，主管局長や主管課長における経緯・過程について，文書を作成することが必要である。また，法第4条第3号で「複数の行政機関による申合せ…及びその経緯」の作成義務が定められているが，各行政機関に事務を分担管理させている我が国の行政システムにおいて，行政機関間でなされた協議を外部から事後的に検証できるようにすることが必要であることから，当該申合せに関し，実際に協議を行った職員の役職にかかわらず，文書の作成が必要である。

○　「事務及び事業の実績に関する文書作成」については，行政機関の諸活動の成果である事務及び事業の実績を適当と認める段階で文書化することが必要である。例えば，同一日に同一人から断続的に行われた相談への対応について，最後の相談が終了した後に文書を作成することなどが考えられる。

○　行政機関の職員は，当該職員に割り当てられた事務を遂行する立場で，法第4条の作成義務を果たす。本作成義務を果たすに際しては，①法第1条の目的の達成に資するため，当該行政機関における経緯も含めた意思決定に至る過程並びに当該行政機関の事務及び事業の実績を合理的に跡付け，又は検証することができるようにすること，②処理に係る事案が軽微なものである場合を除くことについて，適切に判断する必要がある。

○　各職員が，文書作成に関し上記の判断を適切に行うことができるよう，日常的な文書管理の実施についての実質的な責任者である「文書管理者の指示に従い」，行うこととしている。文書管理者は，法第1条の目的が達成できるよう，個々の文書の作成について，職員に日常的に指示する必要がある。

○　「処理に係る事案が軽微なものである場合」は，法第1条の目的を踏まえ，厳格かつ限定的に解される必要がある。すなわち，事後に確認が必要とされるものではなく，文書を作成しなくとも職務上支障が生じず，かつ当該事案が歴史的価値を有さないような場合であり，例えば，所掌事務に関する単なる照会・問い合わせに対する応答，行政機関内部における日常的業務の連絡・打合せなどが考えられる。当該事案が政策判断や国民の権利義務に影響を及ぼすような場合は含まれない。

○　職員が自己の執務の便宜のために保有している写し（正本・原本は別途管理）は行政文書には当たらないが，このような個人的な執務の参考資料は必要最小限のものとすべきである（本書41頁参照）。また，職員が起案の下書きをしている段階のメモも，一般的には行政文書には当たらないが，当該メモに行政機関における法律立案の基礎となった国政上の重要な事項に係る意思決定が記録されている場合などについては，行政文書として適切に保存すべきである。

○　また，一般的には職員の個人的な手紙や個人的にツイッターで発信した内容が記録された媒体が，直ちに行政文書に当たるとはいえない。もっとも，例えば，ツイッターの記載内容について，行政機関において起案し，当該行政機関のパソコンから送信するなど当該行政機関の組織的な広報活動として，ツイッターを用いている場合などは，当該ツイッターの内容について，適切な媒体により行政文書として適切に保存することが必要である。

○ また，例えば，他の行政機関に対する連絡，審議会等や懇談会等のメンバーに対する連絡を電子メールを用いて行った場合は，当該電子メールの内容について，適切な媒体により行政文書として適切に保存することが必要である。

<別表第1の業務に係る文書作成>
○ 公文書等の管理に関する法律施行令（平成22年政令第250号。以下「施行令」という。）別表においては，一連の業務プロセスに係る文書が同一の保存期間で保存されるよう，法第4条各号により作成が義務付けられている文書など，各行政機関に共通する業務等に関し，当該業務プロセスに係る文書を類型化（ガイドライン別表第1において具体例を記載）した上で，その保存期間基準を定めている。各行政機関においては，ガイドライン別表第1に，各行政機関の事務及び事業の性質，内容等に応じた当該行政機関を通じた保存期間基準を加えて，規則の別表第1とするものとするとされており（本書38頁参照），第3－2では，規則の別表第1に掲げられた業務については，当該業務の経緯に応じ，同表の行政文書の類型を参酌（併せて，文書管理者が作成する標準文書保存期間基準を参酌。当該業務の経緯に応じて，同表に列挙された行政文書の類型が当てはまらない場合もあり得ることから「参酌」としている。）して，文書を作成することを明確にしている。

○ なお，審議会等や懇談会等については，法第1条の目的の達成に資するため，当該行政機関における経緯も含めた意思決定に至る過程並びに当該行政機関の事務及び事業の実績を合理的に跡付け，又は検証することができるよう，開催日時，開催場所，出席者，議題，発言者及び発言内容を記載した議事の記録を作成するものとする。

<国務大臣を構成員とする会議又は省議における議事の記録の作成>
○ 国務大臣を構成員とする会議又は省議については，法第1条の目的の達成に資するため，当該行政機関における経緯も含めた意思決定に至る過程並びに当該行政機関の事務及び事業の実績を合理的に跡付け，又は検証することができるよう，開催日時，開催場所，出席者，議題，発言者及び発言内容を記載した議事の記録を作成するものとする。

<歴史的緊急事態に対応する会議等における記録の作成の確保>
○ 国家・社会として記録を共有すべき歴史的に重要な政策事項であって，社会的な影響が大きく政府全体として対応し，その教訓が将来に生かされるようなもののうち，国民の生命，身体，財産に大規模かつ重大な被害が生じ，又は生じるおそれがある緊急事態（以下「歴史的緊急事態」という。）に政府全体として対応する会議その他の会合（第3及び第8の留意事項において「会議等」という。）については，将来の教訓として極めて重要であり，以下のとおり，会議等の性格に応じて記録を作成するものとする。

なお，個別の事態が歴史的緊急事態に該当するか否かについては，公文書管理を担当する大臣が閣議等の場で了解を得て判断する。

① 政策の決定又は了解を行う会議等
国民の生命，身体，財産に大規模かつ重大な被害が生じ，又は生じるおそれがある緊急事態に政府全体として対応するため，政策の決定又は了解を行う会議等
（作成すべき記録）
開催日時，開催場所，出席者，議題，発言者及び発言内容を記載した議事の記録，決定又は了解を記録した文書，配布資料　等

② 政策の決定又は了解を行わない会議等
国民の生命，身体，財産に大規模かつ重大な被害が生じ，又は生じるおそれがある緊急事態に関する各行政機関の対応を円滑に行うため，政府全体として情報交換を行う会議等であり，政策の決定又

は了解を行わないもの
（作成すべき記録）
　活動期間，活動場所，チームの構成員，その時々の活動の進捗状況や確認事項（共有された確認事項，確認事項に対して構成員等が具体的に採った対応等）を記載した文書，配布資料　等
○　なお，設置又は開催当初は政策の決定又は了解を行わない会議等であっても，その後，政策の決定又は了解を行うこととなった場合には，上記①の記録を作成するものとする。
○　このため，歴史的緊急事態に対応する行政機関においては，当該事態に対応する会議等について，事前にマニュアル等を整備又は改正し，作成すべき記録，事後作成の場合の方法・期限（原則3か月以内とし，3か月を超えても作成することが困難であることが想定される場合は，事後作成に支障を来さないようにするための措置を講ずることを明確にする。），記録の作成の責任体制，記録の作成も含めた訓練等を行うことを明確化する等の措置を講ずる必要がある。なお，事後の点検等については，第8の留意事項を参照すること。

＜適切・効率的な文書作成＞
○　効率的な文書作成に資するため，文書の作成に当たって反復利用が可能な様式，資料等の情報については，電子掲示板等を活用し職員の利用に供するものとしている。
○　適切に文書を作成するため，第3-3-(2)のほか，公用文の統一性を保持するための基準である「公用文改善の趣旨徹底について（依命通知）」（昭和27年4月4日付け内閣閣甲第16号），「公用文における漢字使用等について」（平成22年内閣訓令第1号）等により，分かりやすい用字用語での的確かつ簡潔に記載することが重要である。

＜取得＞
○　文書の取得については，各行政機関の実情に応じ，適宜定めるものとするが，以下のことに留意する必要がある。

○　「行政文書」の要件である「取得」の時点は，行政機関の職員が実質的に取得した時点で判断されるものであり，必ずしも，受領印の押印や文書管理システムへの登録などの手続的な要件を満たした段階ではない。しかしながら，その一方で，適正な文書管理を確保する観点（例えば，許認可等の申請書は，行政手続法（平成5年法律第88号）第7条を踏まえ遅滞なく処理する必要がある。）から，受領印の押印や文書管理システムへの登録などの受付手続については，適切に行う必要がある。
○　文書の受付については，各府省統一の基準として，「一元的な文書管理システムの導入に伴う文書管理規則等の改正のガイドライン」（平成20年3月31日文書管理業務・システム最適化関係府省連絡会議申合せ）があり，外部から文書を受け付ける場合には，部署ごとの文書受付簿や受領印ではなく，原則として文書管理システムにおいて，件名，差出人，宛先等を登録することとされている。
○　他の行政機関等から取得した文書は，必要に応じ，関係各課への配布や供覧を行うことが想定されるが，この場合，当該行政機関の中で，責任をもって正本・原本を管理する文書管理者を明確にするものとする。
○　委託事業に関し，説明責務を果たすために必要な文書（例：報告書に記載された推計に使用されたデータ）については，仕様書に明記するなどして，委託元の行政機関において適切に取得し，行政文書として適切に管理することが必要である。

＜決裁・進達・施行＞
○　文書の決裁，進達及び施行については，各行政機関の実情に応じ，適宜定めるものとするが，以下のことに留意する必要がある。
○　「決裁」とは，行政機関の意思決定の権限を有する者が押印，署名又はこれらに類する行為を行うことにより，その内容を行政機関の意思として決定し，又は確認する

行為をいう。
○　「進達」とは，下級の機関から上級の機関に一定の事項を通知し，又は一定の書類を届けることをいう。
○　「施行」とは，文書の効力を現実に一般的に発動させることをいう。
○　行政文書であるか否かは，法第１条の政府の説明責務が全うされるために必要十分なものとするため，業務上の必要性に基づき保有している文書であるかどうかを実質的に判断するものである。したがって，上記の「決裁」を行う際に使用される文書に限られるものではない。
○　決裁の記録については，各府省統一の基準である「一元的な文書管理システムの導入に伴う文書管理規則等の改正のガイドライン」において，決裁・供覧の起案及び処理は原則として文書管理システムで行うこととされており，部署ごとの決裁文書件名簿・伺い文等は設けないこととされている。
○　文書の施行については，施行文書件名簿等ではなく，各府省統一の基準である「一元的な文書管理システムの導入に伴う文書管理規則等の改正のガイドライン」において，原則として文書管理システムに施行先，施行日等を登録することとされている。

第４　整理
１　職員の整理義務
　　職員は，下記２及び３に従い，次に掲げる整理を行わなければならない。
(1)　作成又は取得した行政文書について分類し，名称を付するとともに，保存期間及び保存期間の満了する日を設定すること。
(2)　相互に密接な関連を有する行政文書を一の集合物（行政文書ファイル）にまとめること。
(3)　(2)の行政文書ファイルについて分類し，名称を付するとともに，保存期間及び保存期間の満了する日を設定すること。
２　分類・名称
　　行政文書ファイル等は，当該行政機関の事務及び事業の性質，内容等に応じて系統的（三段階の階層構造）に分類（別表第１に掲げられた業務については，同表を参酌して分類）し，分かりやすい名称を付さなければならない。
３　保存期間
(1)　文書管理者は，別表第１に基づき，標準文書保存期間基準を定めなければならない。
(2)　１―(1)の保存期間の設定については，(1)の標準文書保存期間基準に従い，行うものとする。
(3)　(1)の基準及び(2)の保存期間の設定においては，法第２条第６項の歴史公文書等に該当するとされた行政文書にあっては，１年以上の保存期間を定めるものとする。
(4)　１―(1)の保存期間の起算日は，行政文書を作成し，又は取得した日（以下「文書作成取得日」という。）の属する年度の翌年度の４月１日とする。ただし，文書作成取得日から１年以内の日であって４月１日以外の日を起算日とすることが行政文書の適切な管理に資すると文書管理者が認める場合にあっては，その日とする。
(5)　１―(3)の保存期間は，行政文書ファイルにまとめられた行政文書の保存期間とする。
(6)　１―(3)の保存期間の起算日は，行政文書を行政文書ファイルにまとめた日のうち最も早い日（以下「ファイル作成日」という。）の属する年度の翌年度の４月１日とする。ただし，ファイル作成日から１年以内の日であって４月１日以外の日を起算日とすることが行政文書の適切な管理に資すると文書管理者が認める場合にあっては，その日とする。

(7) (4)及び(6)の規定は，文書作成取得日においては不確定である期間を保存期間とする行政文書及び当該行政文書がまとめられた行政文書ファイルについては，適用しない。

≪留意事項≫
<職員の整理義務>
○ 行政機関の各々の職員は，日々作成・取得した行政文書について，相互に密接な関連を有するものを一の集合物（行政文書ファイル）にまとめるとともに，行政文書ファイル等の適切な管理を行うため，一定の基準に従い，分類し名称を付するとともに，保存期間及び保存期間の満了する日を設定しなければならない。

<分類の意義・方法>
○ 行政文書を適切に分類することは，必要な文書を迅速に取り出し，事務効率を高めるために重要である。すなわち，検索の手段として行政文書を分類することは，職員の思考の整理と事務の整理に資する。適正な分類なくして，事務の効率化や情報の活用を図ることはできず，最適な意思決定は望めない。このように，行政文書の分類は，事務執行管理の中心に位置付けられるものであり，全職員がこれらの意義を踏まえ，適切に分類に取り組む必要がある。このように行政文書の分類を適切に行うことは，国の有するその諸活動を現在及び将来の国民に説明する責務が全うされることにも資する。

○ 具体的な分類の方法としては，各々の職員は，自ら現物の行政文書を確認しながら三段階の階層構造の分類を行うものとする。すなわち，①まず，相互に密接な関連を有する行政文書を一の集合物（行政文書ファイル）にまとめて小分類とし，②次にその小分類をまとめて中分類とし，③さらにその中分類をまとめて大分類としていくものとする。

○ 規則の別表第1に掲げられた業務については，同表を参酌（併せて，文書管理者が作成する標準文書保存期間基準を参酌）して分類する。

○ 分類に当たっては，行政文書の枚数や分類の項目数の目途を示すことも考えられる。例えば，紙フォルダを用いる場合は，①小分類は行政文書の枚数にして100枚±50枚程度，②中分類は小分類の項目数にして10項目±5項目程度，③大分類は中分類の項目数にして5項目±3項目程度とするなどである。

○ 組織としての文書の検索性を高めるために，各職員ごとに文書を保存するのではなく，組織内の文書の共有化を図るとともに，分類の配列（行政文書ファイル管理簿への記載順序やファイリングキャビネットの中の並べ方等）を工夫することが望ましい。配列の例は以下のとおりである。

① 仕事の進行順序や月日の順序
・計画　→　実施　→　まとめ
・設計　→　施工　→　検査
・発注　→　納品　→　支払
・4月　→　5月　→　6月

② 全般・共通・総括から個別への順序，通例・通常・普通から特例・特殊・特別への順序
・定期調査　→　特別調査
・人事全般　→　任免

<行政文書ファイル（小分類）>
○ 「行政文書ファイル」は，迅速な所在検索や効率的な整理・保存の観点から，年度ごとにまとめることを原則とする。ただし，これにより難い場合は，その他の期間（暦年，事業年度，事業の始まりから終わりまで等）でまとめることができる。

○ 一つの行政文書ファイルは必ずしも一つのファイリング用具に格納されているわけではない。このため，一つの行政文書ファイルを複数のファイリング用具を用いてまとめる場合は，文書管理を適切に実施する観点から，文書管理者はその個数を適切に把握する（例：背表紙における分冊表示

（1/3，2/3，3/3等）。また，複数の行政文書ファイルを一つのファイリング用具に格納する場合は，行政文書ファイルごとに区分けするなどして，明確に識別できるようにしておく。
○ ファイル化の方式は，「行政文書ファイル」にまとめるタイミングにより，以下のとおり「随時ファイル方式」と「事案完結時ファイル方式」とに大別される。
　① 随時ファイル方式
　　文書を作成又は取得した段階で随時ファイル化する方式である。
　　具体的には，各々の職員が自ら分担している事務に係る文書を自ら直ちに分類するもので，分類の名称（行政文書ファイル（小分類）の名称を含む。），保存期間及び保存期間の満了する日をあらかじめ記載した紙フォルダ，バインダー，保存箱などのファイリング用具（必要に応じ新たなファイリング用具に分類の名称等を記載し追加）に，個々の行政文書を作成又は取得後直ちに随時格納することによりファイル化する方式である。
　　※ この場合，紙フォルダ等に格納することにより，第4－1－(1)～(3)（法第5条第1項～第3項）の整理を同時に行うこととなる（ただし，第4－1－(1)の名称は個々の行政文書の件名）。なお，進行中の事務に係る文書は，仮分類での整理となる場合もある。
　　※ 電子文書について，あらかじめ，分類の名称，保存期間及び保存期間の満了する日を文書管理システムに登録した行政文書ファイルに個々の行政文書を格納することも，これに該当する。
　　※ 迅速な所在検索や効率的な整理・保存の観点から，本方式の方が望ましい。
　② 事案完結時ファイル方式
　　一定の事案処理が完結した段階でファイル化する方式である。
　　ⅰ）第4－1－(1)（法第5条第1項）の整理
　　　事案完結時ファイル方式においては，まず，第4－1－(1)（法第5条第1項）の整理について，個々の行政文書に名称，保存期間，保存期間の満了する日を設定することとなる（設定例は以下のとおり）。

（設定例①）個々の行政文書を作成した際，件名（名称）を付するとともに，ヘッダーに保存期間及び保存期間の満了する日を設定。

```
                                        保存期間：1年←《保存期間》
                                        保存期間満了日：2014. 3. 31
                                                （平成26年3月31日）
                                                        ↑
                                              《保存期間の満了する日》
                                              事 務 連 絡
                                              2012年6月1日
                                              （平成24年6月1日）

○○○○　殿
                                              ○○省○○局○○課長
                          ○○会議の開催について←《名称》
```

(設定例②) 他の行政機関等から行政文書を取得した場合，以下のようなラベルを貼付（名称は，①と同様，個々の取得文書の件名）。

> 保存期間：1年
> 保存期間満了日：2014.3.31
> 　　　　（平成26年3月31日）

(設定例③) 電子文書で作成又は取得し保存する場合，作成又は取得した段階で，原則，文書管理システムに名称，保存期間，保存期間の満了する日を登録。

※　なお，「単独で管理することが適当であると認める行政文書」については，下記ⅱ）のファイル化がなされることなく，「行政文書」の単位で適切に管理（保存，行政文書ファイル管理簿への記載，移管又は廃棄等）することとなる。

ⅱ）第4－1－(2)（法第5条第2項）の整理

一定の事案処理が完結した後，相互に密接な関連を有する行政文書について，紙文書の場合は，紙フォルダ，バインダー，保存箱などのファイリング用具により，また，電子文書の場合は文書管理システムにより，一の集合物にまとめる。

ⅲ）第4－1－(3)（法第5条第3項）の整理

一定の事案処理が完結した後，ⅱ）により「行政文書ファイル」にまとめた場合は，当該行政文書ファイルとして，改めて（小分類の）名称，保存期間及び保存期間の満了する日を設定することとなる。

<名称の設定>

○　第4－1－(1)（法第5条第1項）に基づく，「行政文書」の名称の設定については，当該行政文書の内容を端的に示すような，分かりやすい名称とする。

○　第4－1－(3)（法第5条第3項）に基づく，「行政文書ファイル」の名称（小分類）の設定については，以下の点に留意する。

①　「行政文書ファイル」や「当該行政文書ファイルに含まれる行政文書」を容易に検索することができるよう，行政文書ファイルの内容を端的に示す（複数の）キーワード（例：「配付資料」（※大分類は「公文書管理有識者会議」，中分類は「第○回会議」））を記載する。

②　特定の担当者しか分からない表現・用語（例：「Yプロジェクト関係文書」「○月○日に電話連絡があった件」「OSP会議の配付資料」）は使用せず，具体的なプロジェクト名や地域名を盛り込むなどして，他の職員や一般の国民も容易に理解できる表現・用語とする。

③　あまり意味をもたない用語（例：「～文書」，「～書類」，「～ファイル」，「～綴り」，「～雑件」，「～関係資料」，「その他～」）はできる限り用いない。

<保存期間基準>

○　法第4条において，「当該行政機関における経緯も含めた意思決定に至る過程並びに当該行政機関の事務及び事業の実績を合理的に跡付け，又は検証することができるよう」文書を作成しなければならないとされており，同条に基づき作成された行政文書について，適切な保存期間を設定する必要がある。このため，ガイドライン別表第1においては，法第4条の趣旨を踏まえ施行令別表に掲げられた行政文書の類型について，その業務の区分及び文書の具体例並びにこれに対応する保存期間を示している。例えば，「行政手続法第2条第3号の許認可等をするための決裁文書その他許認

可等に至る過程が記録された文書」とは，許認可等の決定に至る過程を合理的に跡付け，又は検証することができるよう，対応する業務の区分である「許認可等に関する重要な経緯」を記録した文書を指し，この保存期間について「許認可等の効力が消滅する日に係る特定日以後5年」としている。
○ 各行政機関においては，ガイドライン別表第1に，各行政機関の事務及び事業の性質，内容等に応じた当該行政機関を通じた保存期間基準を加えて，規則の別表第1とするものとする。当該行政機関を通じた保存期間基準は，原則として業務プロセスに係る文書を類型化して記載するものとする。
○ 文書管理者は，規則の別表第1に基づき当該文書管理者が管理する行政文書について，職員が適切に保存期間の設定ができるよう，具体的な業務及び文書に即して，「○○課標準文書保存期間基準」を定めるものとする（例：「公文書管理法施行令の制定及び改廃及びその経緯／立案の検討／公文書管理委員会／議事録」→30年）。
○ 歴史公文書等に該当するとされたものにあっては，1年以上の保存期間を設定する必要がある。
○ 行政機関内の複数の部署で同じ行政文書（例：閣議決定文書）を保有する場合，責任をもって正本・原本を管理する文書管理者（例：当該閣議決定に係る主管課長）を明確にした上で，正本・原本以外の写しの文書については，その業務の必要性に応じ，例えば，正本・原本より短い保存期間とすることができる。
○ 行政文書ファイル管理簿など，事案の発生や変更等に伴い，記載事項が随時，追記・更新される台帳や，法令の制定又は改廃等に伴い，随時，追記・更新される法令集など，職員が業務に常時利用するものとして継続的に保存すべき行政文書（常用文書）の保存期間については，施行令別表の三十の項により，期限のない保存期間とされている。なお，これらの常用文書であっても行政文書ファイル管理簿への記載が必要である（保存期間欄は，例えば「常用」や「無期限」と記載）。

＜保存期間の設定＞
○ 「保存期間」は，文書管理者が定める標準文書保存期間基準に従い，設定する。
○ なお，法に基づく基準による保存期間の設定は，法第5条第1項又は第3項に基づき，施行後，行政文書を作成・取得したとき，行政文書ファイルにまとめたときにすべきものであるため，本法施行前に作成・取得され又はまとめられた行政文書ファイル等にまで及ぶものではない。しかしながら，このような行政文書ファイル等についても適正な文書管理の観点から，随時，新基準に従い，保存期間を変更することが望ましい。

＜保存期間の満了する日の設定＞
○ 「保存期間の満了する日」は，「保存期間の起算日」から起算して，上記により設定した「保存期間」が満了する日を設定する。
○ 「保存期間の起算日」は，迅速な所在検索や効率的な整理・保存の観点から，翌年度の4月1日起算を原則とする。ただし，これにより難い場合は，その他の日（7月1日等（ただし，文書作成取得日又はファイル作成日から1年以内の日））を起算日とすることができる。
○ 起算日及び保存期間満了日の例は，以下のとおりである。

【保存期間10　年の行政文書ファイルの起算日及び保存期間満了日の例】

①原則（４月１日起算）

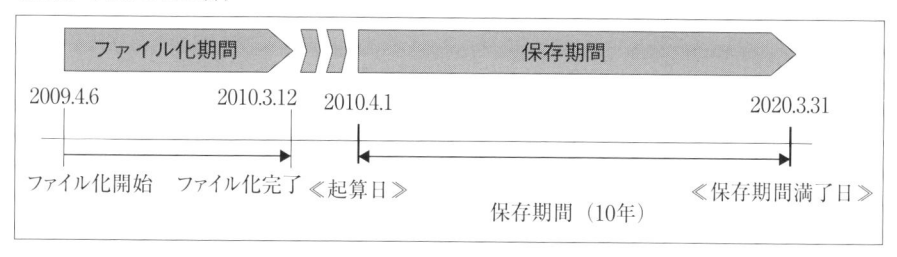

ファイル化期間	保存期間
2009.4.6　　2010.3.12	2010.4.1　　　　　　　　　　2020.3.31
ファイル化開始　ファイル化完了 ＜起算日＞	保存期間（10年）　　　＜保存期間満了日＞

②暦年

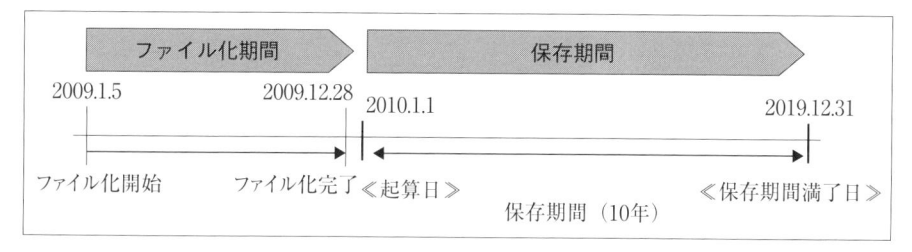

ファイル化期間	保存期間
2009.1.5　　2009.12.28	2010.1.1　　　　　　　　　　2019.12.31
ファイル化開始　ファイル化完了 ＜起算日＞	保存期間（10年）　　　＜保存期間満了日＞

③事業年度

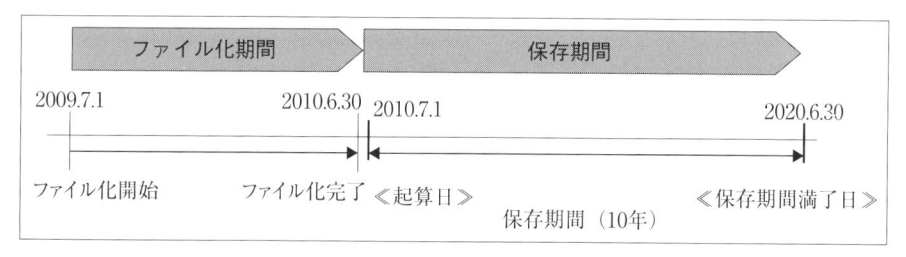

ファイル化期間	保存期間
2009.7.1　　2010.6.30	2010.7.1　　　　　　　　　　2020.6.30
ファイル化開始　ファイル化完了 ＜起算日＞	保存期間（10年）　　　＜保存期間満了日＞

○　ただし，第４―３―(7)において，例えば，保存期間が「許認可等の効力が消滅する日に係る特定日以後５年」の文書や常用文書など，文書作成取得日においては不確定である期間を保存期間とする行政文書及び当該行政文書がまとめられた行政文書ファイルについては，起算日を翌年度の４月１日又は文書作成取得日・ファイル作成日から１年以内の日とする規定（第４―３―(4)又は第４―３―(6)）を適用しないこととしている。

○　この場合の起算日及び保存期間満了日の設定については，具体的には，以下のとおりである。

①　別表第１の備考一の10　に規定する「特定日」が含まれた保存期間が設定された行政文書・行政文書ファイル

　起算日は当初「未定」としておき，具体的に保存すべき期間が確定した段階で特定日（＝起算日）を具体的に設定する。例えば「許認可等の効力が消滅する日に係る特定日以後５年」の文書であれば，具体的に保存すべき期間が許認可等の効力が消滅する日に確定し，その日の翌年度の４月１日（４月１日を特定日とすることが難しい場合は１年以内の日）を特

39

定日（＝起算日）として設定することとなる。
保存期間満了日についても当初「未定」としておき，上記起算日が具体的に設定された段階で具体的に設定する。
② 常用文書など保存期間に「特定日」が含まれない行政文書・行政文書ファイル
例えば，常用文書については，台帳作成日の翌日など起算日とみなすことが適当な日を起算日として設定し，保存期間満了日は常用の間は「未定」と設定する。

＜行政文書ファイル管理簿への記載＞
○ 各々の職員は行政文書ファイルをまとめたときは，分類の名称等を随時，行政文書ファイル管理簿の様式に仮記載（進行中の事務に係るものは仮分類での整理となる場合もある。）しておく。「行政文書ファイル」は年度ごとにまとめることを原則としていることから，文書管理者は年度末の時点で保有している行政文書ファイル等（単独管理の行政文書を含む。）の現況が法令及び訓令等に従い正確に行政文書ファイル管理簿の様式に記載されているかを確認し，その内容を確定する。
○ 上記により確定した行政文書ファイル管理簿の記載内容を活用し，次年度のファイリング用具に分類の名称等をあらかじめ記載するなどして，次年度の整理を円滑に行うことができるよう準備することが望ましい。

＜その他＞
○ 整理に当たっては，各府省庁の情報セキュリティポリシーにおける情報の格付け（機密性，完全性，可用性。表記方法は各府省庁のポリシーに従う。）及び取扱制限について留意する必要がある。

第5 保存
1 行政文書ファイル保存要領
(1) 総括文書管理者は，行政文書ファイル等の適切な保存に資するよう，行政文書ファイル保存要領を作成するものとする。
(2) 行政文書ファイル保存要領には，次に掲げる事項を記載しなければならない。
① 紙文書の保存場所・方法
② 電子文書の保存場所・方法
③ 引継手続
④ その他適切な保存を確保するための措置
2 保存
文書管理者は，行政文書ファイル保存要領に従い，行政文書ファイル等について，当該行政文書ファイル等の保存期間の満了する日までの間，適切に保存しなければならない。ただし，他の文書管理者等に引き継いだ場合は，この限りでない。
3 集中管理の推進
○○省における行政文書ファイル等の集中管理については，総括文書管理者が定めるところにより，推進するものとする。

≪留意事項≫
＜行政文書ファイル保存要領＞
○ 総括文書管理者は，各行政機関の組織体制やオフィスのファイリング用具，事務机，ファイリングキャビネット，書棚，書庫の状況等も踏まえ，保存期間満了日までの適切な保存を行うための要領（行政文書ファイル保存要領）を作成することとしている。本要領については，第8―3―(1)の管理状況の報告事項とすることを予定している。
本要領の具体的な記載事項は，以下のとおりである。

＜紙文書の保存場所・方法＞
○ 行政文書ファイル等の内容，時の経過，利用の状況等に応じ，適切な保存及び利用を確保するために必要な保存場所・方法を記載する。
○ 例えば，時の経過や利用の状況に応じた

3 行政文書の管理に関するガイドライン

○ 保存場所の変更（事務室→書庫等）や，集中管理に伴う保存場所の変更について記載する。

○ また，検索性の向上の観点から，ファイリングキャビネットや書棚等における行政文書ファイル等の配列や，ファイリング用具（例：紙フォルダ，バインダー，保存箱等）の見出しや背表紙等の表示（例：色分け等）の様式や所在管理についての考え方・方法（例：所在管理のための識別番号の付与）を記載する。

○ 一般的に，行政文書ファイル等の利用頻度は，作成・取得してからの時の経過に伴い，減少する傾向にある。このため，作成・取得から一定期間が経過した行政文書ファイル等（ただし，規則その他の規程により特別の管理が必要となる行政文書が含まれる行政文書ファイル等や継続的に利用する行政文書ファイル等は除く。）については，原則として事務室から書庫に移動するようにすべきである。

○ また，個人的な執務の参考資料は，共用のファイリングキャビネットや書棚等には置かず，職員各自の机の周辺のみに置くことを徹底する必要がある。なお，将来，利用する可能性があるとして，膨大な量の文書を個人的に所持している場合（例：勤務先の異動にもかかわらず，これまでの業務に係る文書を段ボールに梱包して机の周辺に置いている場合，机の上に膨大な量の文書を積み重ねている場合等）は，組織内の文書の共有化等を図ることにより改善すべきである。

<電子文書の保存場所・方法>

○ 電子文書について，①改ざん，漏えい等の不適切な取扱いを防止，②一定期間経過後の集中管理，③移管のための長期保存フォーマットへの変換など，時の経過，利用の状況等に応じ，適切な保存及び利用を確保するための場所，記録媒体等についての考え方を記載する。なお，記載に当たっては，各府省庁の情報セキュリティポリシーに留意する。

<引継手続>

○ ①文書管理者の異動の場合，②組織の新設・改正・廃止の場合，③集中管理に伴う副総括文書管理者への引継ぎの場合の行政文書ファイル等の引継手続について記載する（行政文書ファイル管理簿の管理者欄の更新等）。

○ 府省の枠を超えたプロジェクトチームの文書については，とりわけ散逸のおそれが高いことから，チームの解散後，管理主体を明確にした上で（当該プロジェクトチームが置かれた行政機関が引き続き管理するか，あるいは，業務上最も関係の深い行政機関に移管するかなど），独立行政法人国立公文書館が運営する中間書庫（国立公文書館法（平成11年法律第79号）第11条第1項第2号又は同条第3項第2号に基づき，独立行政法人国立公文書館が行政機関からの委託を受けて行政文書の保存を行う書庫）に引き継ぐことも考えられる。

<その他適切な保存を確保するための措置>

○ ファイリング用具（例：紙フォルダ，バインダー，保存箱等）の見出しや背表紙等の表示内容（例：管理者，保存期間満了日，保存期間満了時の措置等）について，誤廃棄や散逸防止等の観点から，行政文書ファイル管理簿の記載内容と齟齬が生じないよう，十分に確認することが必要である。

○ なお，「行政文書ファイル保存要領」の記載例を示すと以下のとおりである。

○○省行政文書ファイル保存要領（例）
1 紙文書の保存場所・方法
 (1) 事務室における保存
  ・ 年度ごとにまとめられた行政文書ファイル等（保存期間が○年以上のもの）について，事務室においては，「①現年度の行政文書ファイル等」と「②前年度の行政文書ファイル等」とを区分して保存する。この場合，

①の保存場所を職員にとってより使いやすい場所（例：ファイリングキャビネットの上段等）とするよう配意する。
・　年度末においては，新年度の行政文書ファイル等の保存スペースを空けるために，行政文書ファイル等の移動を行う（例：ファイリングキャビネットの上段から下段への移動等）。ただし，「継続的に利用する行政文書ファイル等」にあっては，現年度の保存場所で保存することができる。
・　個人的な執務の参考資料の収納場所は，職員各自の机の周辺のみとする。
(2)　書庫における保存
・　「前々年度以前の行政文書ファイル等」については，副総括文書管理者に引き継ぎ，書庫で保存する。ただし，「継続的に利用する行政文書ファイル等」にあっては，事務室で保存することができる。
・　「継続的に利用する行政文書ファイル等」として継続して事務室で保存されている行政文書ファイル等については，年度末に，文書管理者が利用状況等を勘案し，書庫への移動を再検討する。
・　個人的な執務の参考資料は書庫に置いてはならない。
(3)　ファイリング用具及び書棚の表示と所在管理
・　ファイリング用具（バインダー，保存箱等）の見出しや背表紙の表示については，別添様式のとおりとする。
・　書棚は，行政文書ファイル等の所在を明らかにするため，棚番号を付すとともに，行政文書ファイル等にも同一の番号を付し，所在管理を行う。
2　電子文書の保存場所・方法
・　電子文書の正本・原本は，文書の改ざんや漏えい等の防止等の観点から，文書管理システムで保存する。

・　保存期間が○年を経過した電子文書については，副総括文書管理者が管理する。
・　保存期間満了時の措置を移管としたもので，電子文書で移管するものは，適切な方式で保存する。
・　文書管理システム以外で保存する電子文書がある場合には，適切なアクセス制限を行う。
・　長期に保存する電子文書については，国際標準化機構（ISO）が制定している長期保存フォーマットの国際標準等で保存するなど，利活用が可能な状態で保存する。
・　電子文書は，情報セキュリティポリシーの規定に従い，必要に応じ，電子署名の付与を行うとともに，バックアップを保存する。
3　引継手続
・　文書管理者の異動の場合の行政文書ファイル等の引継手続については…
・　組織の新設・改正・廃止の場合の行政文書ファイル等の引継手続については…
・　上記1(2)及び2の副総括文書管理者への引継ぎの場合の行政文書ファイル等の引継手続については…
4　その他適切な保存を確保するための措置
・　ファイリング用具の見出しや背表紙等の表示内容について，行政文書ファイル管理簿の記載内容と齟齬が生じないよう，少なくとも毎年度一回，文書管理者が確認する。

＜集中管理の推進＞
○　作成又は取得から一定期間が経過した行政文書ファイル等の集中管理の推進は，文書の劣化や散逸の防止，移管業務の円滑化に資するものである。
○　このため，法第6条第2項を踏まえ，各行政機関において，各々の組織体制や書庫

3　行政文書の管理に関するガイドライン

の状況等も勘案した上で，行政文書ファイル等の集中管理の推進に関する方針（当該行政機関における集中管理の具体的措置とその実施時期を記載）を定め，当該方針に基づき行政文書ファイル等の集中管理を推進するものとしている。
○　集中管理の具体的措置としては，一定期間以上の保存期間の行政文書ファイル等（ただし，規則その他の規程により特別の管理が必要となる行政文書が含まれる行政文書ファイル等や継続的に利用する行政文書ファイル等は除く。）については，一定期間経過後は，副総括文書管理者等に自動的に引き継がれる分かりやすい仕組み（例：10年以上保存文書について，6年目以降は副総括文書管理者において集中管理）を導入することが望ましい。集中管理を行う管理者（副総括文書管理者等）においては，業務に必要な場合の行政文書ファイル等の円滑な利用を確保するほか，円滑な移管に資するよう，歴史公文書等の評価・選別のチェックを行うことを想定している。

第6　行政文書ファイル管理簿
1　行政文書ファイル管理簿の調製及び公表
(1)　総括文書管理者は，○○省の行政文書ファイル管理簿について，公文書等の管理に関する法律施行令（平成22年政令第250号。以下「施行令」という。）第11条に基づき，文書管理システムをもって調製するものとする。
(2)　行政文書ファイル管理簿は，あらかじめ定めた事務所に備えて一般の閲覧に供するとともに，インターネットで公表しなければならない。
(3)　行政文書ファイル管理簿を一般の閲覧に供する事務所を定め，又は変更した場合には，当該事務所の場所を官報で公示しなければならない。
2　行政文書ファイル管理簿への記載

(1)　文書管理者は，少なくとも毎年度一回，管理する行政文書ファイル等（保存期間が1年以上のものに限る。）の現況について，施行令第11条第1項各号に掲げる事項を行政文書ファイル管理簿に記載しなければならない。
(2)　(1)の記載に当たっては，行政機関の保有する情報の公開に関する法律（平成11年法律第42号）第5条各号に規定する不開示情報に該当する場合には，当該不開示情報を明示しないようにしなければならない。
(3)　文書管理者は，保存期間が満了した行政文書ファイル等について，国立公文書館等に移管し，又は廃棄した場合は，当該行政文書ファイル等に関する行政文書ファイル管理簿の記載を削除するとともに，その名称，移管日又は廃棄日等について，総括文書管理者が調製した移管・廃棄簿に記載しなければならない。

≪留意事項≫
＜行政文書ファイル管理簿の意義と機能＞
○　「行政文書ファイル管理簿」は，法第1条に定める「国の諸活動や歴史的事実の記録である公文書等が，健全な民主主義の根幹を支える国民共有の知的資源として，主権者である国民が主体的に利用し得る」ために必要不可欠なツールであるとともに，行政機関の職員が適正かつ効率的に業務を行うための管理ツールとして調製するものである。
○　「行政文書ファイル管理簿」の主な機能は次のとおりである。
・　国民と行政機関との情報共有化ツール
・　行政文書の作成・取得から移管・廃棄までの現況の管理ツール
・　意思決定の判断材料である情報の検索データベース
・　行政文書の管理状況の監査及び実地調査等における検証ツール

- 国立公文書館等への移管予定又は廃棄予定に関するデータベース

＜行政文書ファイル管理簿の調製・公表＞
○ 総括文書管理者は、当該行政機関における行政文書ファイル管理簿を文書管理システムで調製し、あらかじめ定めた事務所及びインターネットで公表する。
○ 「あらかじめ定めた事務所」とは、行政機関の保有する情報の公開に関する法律（平成11年法律第42号）に基づく開示請求の提出先とされている機関の事務所を想定しており、本省庁のみならず、地方支分部局等の開示請求の提出先も含む。

＜行政文書ファイル管理簿への記載＞
○ 法第9条第1項により、毎年度、行政文書ファイル管理簿の記載状況について内閣府に報告することとされているほか、整理との関係から年度末時点の現況を管理簿に記載する必要があることから、第6−2−(1)において、少なくとも毎年度一回は、管理簿に記載しなければならないこととしている。
○ 具体的には、各々の職員は行政文書ファイルをまとめたときは、分類等を行政文書ファイル管理簿の様式に仮記載（進行中の事務に係るものは仮分類での整理となる場合もある。本書40頁参照）し、「行政文書ファイル」は年度ごとにまとめることを原則としていることから、文書管理者は、年度末の時点で保有している行政文書ファイル等（単独管理の行政文書を含む。）について、正確に行政文書ファイル管理簿の様式に反映されていることを確認し、その記載内容を確定することとなる。
※ なお、上記のとおり、行政文書ファイル管理簿は、行政文書ファイル等の現況を明らかにするための帳簿であることから、移管又は廃棄した行政文書ファイル等については記載しないこととし、別に「移管・廃棄簿」を設け、当該帳簿に記載することとしている。
○ 法第7条の規定に基づき、行政文書ファイル等の名称等をそのまま記載すれば不開示情報が含まれることとなる場合には、名称を一般化（例：「○○氏のカルテ」→「平成○年度初診内科カルテ」）するなど、行政文書ファイル管理簿に不開示情報を明示しないよう記載を適宜工夫する必要がある。

＜行政文書ファイル管理簿の様式＞
○ 行政文書ファイル管理簿の様式例は、次のとおりである。

【様式例】

作成・取得年度等	分類 大分類	分類 中分類	名称（小分類）	作成・取得者	起算日	保存期間
2012年度	○年度行政文書管理状況報告	全般	公表資料	大臣官房公文書管理課長	2013年4月1日	10年
2012年度	○年度行政文書管理状況報告	全般	報告要領・通知	大臣官房公文書管理課長	2013年4月1日	10年
2012年度	○年度行政文書管理状況報告	全般	各省確認	大臣官房公文書管理課長	2013年4月1日	10年
2012年度	○年度行政文書管理状況報告	各省報告	内閣官房報告	大臣官房公文書管理課長	2013年4月1日	10年
2012年度	○年度行政文書管理状況報告	各省報告	内閣府報告	大臣官房公文書管理課長	2013年4月1日	10年
2012年度	○年度行政文書管理状況報告	各省報告	総務省報告	大臣官房公文書管理課長	2013年4月1日	10年

保存期間満了日	媒体の種別	保存場所	管理者	保存期間満了時の措置	備考
2023年3月31日	紙	事務室	大臣官房公文書管理課長	移管	
(以下省略)					

<作成・取得年度等欄>（施行令第11条第1項第7号）
○ 行政文書については文書作成取得日（第4―3―(4)参照）の属する年度，行政文書ファイルについてはファイル作成日（第4―3―(6)参照）の属する年度を記載する。なお，その他年度に準ずる時間単位（例：暦年，事業年度）で文書を管理している場合は，それらの単位を用いて記載することもできる。この場合，「2012年」，「2012事業年度」などと当該単位を明確に記載する。

<分類欄及び名称欄>（施行令第11条第1項第1号，第2号）
○ 「分類」は，所在検索の手掛かりにするため，大分類，中分類，小分類の三段階の階層構造とする。小分類は行政文書ファイル等の名称とし，「名称」欄に当該名称を記載する（35頁参照）。行政文書ファイル等の名称の設定については，当該行政文書ファイル等の内容を端的に示すような，分かりやすい名称とする。
○ 部局名等の組織名は管理者欄に記載されていることから，分類欄が効果的な所在検索の手掛かりとなるよう，分類名が組織名と重複しないよう留意する。
○ あまり意味をもたない用語（例：「～文書」，「～書類」，「～ファイル」，「～綴り」，「～雑件」，「～関係資料」，「その他～」）はできる限り用いない（本書37頁参照）。

<作成・取得者欄>（施行令第11条第1項第8号）
○ 「作成・取得者」欄は，行政文書については文書作成取得日における文書管理者，行政文書ファイルについてはファイル作成日における文書管理者を記載（例：○○局○○課長）する。

<起算日欄>（施行令第11条第1項第9号）

○ 「起算日」欄は，当該行政文書ファイル等の保存期間の始期の年月日を記載する（本書38～39頁参照。ただし，第4―3―(7)に係る行政文書ファイル等については本書39～40頁参照）。

<保存期間欄>（施行令第11条第1項第3号）
○ 「保存期間」欄は，当該行政文書ファイル等に設定された保存期間を記載する。
○ 保存期間が，例えば「許認可等の効力が消滅する日に係る特定日以後5年」など，当初不確定である期間が設定されたものについては，具体的に保存すべき期間が確定した後に，「5年」という具体的な年数を記載することも考えられる。

<保存期間満了日欄>（施行令第11条第1項第4号）
○ 「保存期間満了日」欄は，当該行政文書ファイル等に設定された保存期間の満了する日を記載する（本書38～39頁参照。ただし，第4―3―(7)に係る行政文書ファイル等については本書39～40頁参照）。

<媒体の種別欄>（施行令第11条第1項第10号）
○ 「媒体の種別」欄は，当該行政文書ファイル等の保存媒体の種別（紙，電子等）を記載する。長期保存の観点等から媒体変換を行った場合は，適切に記載を更新する。

<保存場所欄>（施行令第11条第1項第6号）
○ 「保存場所」欄は，当該行政文書ファイル等の所在検索の目安となる程度に「事務室」，「書庫」，「文書管理システム」等の別で記載する。集中管理に伴い保存場所の変更を行った場合は，適切に記載を更新する。

<管理者欄>（施行令第11条第1項第11号）
○ 「管理者」欄は，当該行政文書ファイル等を現に管理している文書管理者名を記載（例：○○局○○課長）する。集中管理に

伴い文書管理者の変更を行った場合は，適切に記載を更新する。

＜保存期間満了時の措置欄＞（施行令第11条第１項第５号）
○ 「保存期間満了時の措置」欄は，法第５条第５項に基づき定められた行政文書ファイル等の保存期間が満了したときの措置（移管又は廃棄）を記載する。本措置は，第７―１―(2)により総括文書管理者の同意を得た上で記載する（本書47頁参照）。

＜備考欄＞
○ 行政文書ファイル等の保存期間を延長する場合は，行政文書ファイル管理簿の「備考」欄に当初の保存期間満了日及び延長期間を記載するとともに，「保存期間」欄を通算の保存期間に，「保存期間満了日」欄を新たな保存期間満了日に更新するものとする。

【１年間の延長の場合の更新例】
（更新前）

起算日	保存期間	保存期間満了日	備考
2010年４月１日	１年	2011年３月31日	

（更新後）

起算日	保存期間	保存期間満了日	備考
2010年４月１日	２年	2012年３月31日	当初の保存期間満了日：2011年３月31日 延長期間：１年

○ 「備考」欄は，上記のほか適宜参考となる事項を記載する。例えば，行政文書ファイル等の中に未公表著作物がある場合の開示に関する著作者の意思表示の有無等，文書管理や開示事務を行う上で参考となる事項を記載する。

＜その他＞
○ 行政文書ファイル管理簿の様式に，記載項目を付加（例：保存場所の詳細（○○課６階事務室Ａ書棚第２段））して，行政機関内部で利用することも考えられる。
○ 行政文書ファイル管理簿が膨大なものになることも想定されることから，「分類（大分類・中分類）」のみを記載した管理簿総括表を調製し，管理簿の検索性の向上に資することも考えられる。
○ なお，施行令附則第２条及び第３条において，行政文書ファイル管理簿に関する経過措置が規定されている。

第７　移管，廃棄又は保存期間の延長
１　保存期間が満了したときの措置
(1) 文書管理者は，行政文書ファイル等について，別表第２に基づき，保存期間の満了前のできる限り早い時期に，法第５条第５項の保存期間が満了したときの措置を定めなければならない。
(2) 第６―２―(1)の行政文書ファイル等については，総括文書管理者の同意を得た上で，行政文書ファイル管理簿への記載により，(1)の措置を定めるものとする。
(3) 総括文書管理者は，(2)の同意に当たっては，必要に応じ，独立行政法人国立公文書館の専門的技術的助言を求めることができる。
２　移管又は廃棄
(1) 文書管理者は，総括文書管理者の指示に従い，保存期間が満了した行政文

3 行政文書の管理に関するガイドライン

書ファイル等について，第7―1―(1)の規定による定めに基づき，独立行政法人国立公文書館に移管し，又は廃棄しなければならない。
(2) 文書管理者は，(1)の規定により，保存期間が満了した行政文書ファイル等を廃棄しようとするときは，あらかじめ，総括文書管理者を通じ内閣府に協議し，その同意を得なければならない。この場合において，内閣府の同意が得られないときは，当該文書管理者は，総括文書管理者を通じ内閣府と協議の上，当該行政文書ファイル等について，新たに保存期間及び保存期間の満了する日を設定しなければならない。
(3) 文書管理者は，(1)の規定により移管する行政文書ファイル等に，法第16条第1項第1号に掲げる場合に該当するものとして独立行政法人国立公文書館において利用の制限を行うことが適切であると認める場合には，総括文書管理者の同意を得た上で，独立行政法人国立公文書館に意見を提出しなければならない。
(4) 総括文書管理者は，内閣府から，法第8条第4項の規定により，行政文書ファイル等について廃棄の措置をとらないように求められた場合には，必要な措置を講じるものとする。
3 保存期間の延長
(1) 文書管理者は，施行令第9条第1項に掲げる場合にあっては，同項に定めるところにより，保存期間及び保存期間の満了する日を延長しなければならない。
(2) 文書管理者は，施行令第9条第2項に基づき，保存期間及び保存期間の満了する日を延長した場合は，延長する期間及び延長の理由を総括文書管理者を通じ，内閣府に報告しなければならない。

≪留意事項≫
＜保存期間が満了したときの措置＞
○ 各行政機関においては，ガイドライン別表第2に，各行政機関の事務及び事業の性質，内容等に応じた当該行政機関を通じた「保存期間満了時の措置の設定基準」を加えて，規則の別表第2とするものとする。
○ 文書管理者は，行政文書ファイル等について，規則の別表第2に基づき，保存期間の満了前のできる限り早い時期に，法第5条第5項の保存期間が満了したときの措置を定めなければならないとし，第6―2―(1)の行政文書ファイル等については，総括文書管理者の同意を得た上で，行政文書ファイル管理簿への記載により，第7―1―(1)の措置を定めるものとしている。なお，第6―2―(1)の行政文書ファイル等以外のもの（歴史公文書等に該当しないもの）の措置の定めについては，例えば，行政文書ファイル等の名称等の設定時に廃棄の措置の定めを行うことを想定している。
○ 本措置の定めについては，必要に応じ，独立行政法人国立公文書館の専門的技術的助言を求めることができるとしている。
○ 規則の別表第2に基づき定められた「保存期間満了時の措置（移管又は廃棄）」については，第8―3―(1)（法第9条）により，毎年度，内閣府に報告することとされており，内閣府において，各行政機関における一次的な評価・選別のチェックを行うこととなる。
○ 法施行前に作成・取得した行政文書ファイル等についての保存期間満了時の措置は，できるだけ早期に設定するよう努めるものとする。

＜移管又は廃棄＞
○ 文書管理者は，総括文書管理者の指示に従い，保存期間が満了した行政文書ファイル等について，第7―1―(1)の規定による定めに基づき，独立行政法人国立公文書館（施行令第10条ただし書において他の施設に移管することとされている行政機関につ

いては当該施設）に移管し，又は廃棄しなければならない。
○ 内閣府においては，第8―3―(1)の報告（法第9条）により，歴史公文書等に該当するか否かについての各行政機関における評価・選別をチェックしているが，歴史公文書等の独立行政法人国立公文書館（施行令第10条ただし書において他の施設に移管することとされている行政機関については当該施設）への確実な移管を確保するため，第7―2―(2)において，廃棄に当たっての内閣府の事前同意の仕組みを設けている。
○ 第7―2―(3)の意見の提出に係る様式例は，次のとおりである。

【様式例】

行政文書ファイル等の名称	該当条項（第16条第1項）	該当する理由
○○○○	イ	個人が識別されるおそれがあるため。 ※識別される箇所を具体的に記述。
	ロ	法人等に関する情報であり，利用されると…との理由から，当該法人の競争上の地位を害するおそれがあるため。 ※…は，法的保護に値する蓋然性が判断できるよう具体的に記述。

○ 第7―2―(4)においては，法第8条第4項に基づき，内閣府から，行政文書ファイル等について廃棄の措置をとらないように求められた場合には，必要な措置を講じることを明記している。

＜保存期間の延長＞
○ 施行令第9条第1項において，以下の場合は，括弧書で記載した期間が経過する日までの間，保存期間を延長しなければならないとしている。
① 現に監査，検査等の対象になっているもの（当該監査，検査等が終了するまでの間）
② 現に係属している訴訟における手続上の行為をするために必要とされるもの（当該訴訟が終結するまでの間）
③ 現に係属している不服申立てにおける手続上の行為をするために必要とされるもの（当該不服申立てに対する裁決又は決定の日の翌日から起算して1年間）
④ 開示請求があったもの（開示決定等の日の翌日から起算して1年間）
○ 文書管理者は，施行令第9条第2項に基づき，職務の遂行上必要があると認めるときは，その必要な限度において，一定の期間を定めて当該保存期間を延長することができるが，この場合において，延長する期間及び延長の理由を，第8―3―(1)の報告（法第9条）に明確に記載して，総括文書管理者を通じ，内閣府に報告しなければならない。内閣府は，例えば，職務遂行上の必要性が乏しいにもかかわらず，当該保存期間を延長した場合の延長後の保存期間が通算で60年を超える場合など，その延長期間・理由に合理性がないと考えられる場合は，改善を求めることができる。
○ 内閣府においては，法第9条第2項に基づく報告概要の公表の中で，延長する期間及び延長の理由を公表することを予定している。

【報告例】

行政文書ファイル等の名称	保存期間	延長期間	延長理由
○○○○	30年	3年	○○法の改正を検討するために必要なファイルである

			ことから，引き続き保存し，利用する必要があるため。
○○○○	10年	1年	○○災害への対応に必要なファイルであることから，引き続き保存し，利用する必要があるため。

第8　点検・監査及び管理状況の報告等
1　点検・監査
(1)　文書管理者は，自ら管理責任を有する行政文書の管理状況について，少なくとも毎年度一回，点検を行い，その結果を総括文書管理者に報告しなければならない。
(2)　監査責任者は，行政文書の管理状況について，少なくとも毎年度一回，監査を行い，その結果を総括文書管理者に報告しなければならない。
(3)　総括文書管理者は，点検又は監査の結果等を踏まえ，行政文書の管理について必要な措置を講じるものとする。
2　紛失等への対応
(1)　文書管理者は，行政文書ファイル等の紛失及び誤廃棄が明らかとなった場合は，直ちに総括文書管理者に報告しなければならない。
(2)　総括文書管理者は，(1)の報告を受けたときは，速やかに被害の拡大防止等のために必要な措置を講じるものとする。
3　管理状況の報告等
(1)　総括文書管理者は，行政文書ファイル管理簿の記載状況その他の行政文書の管理状況について，毎年度，内閣府に報告するものとする。
(2)　総括文書管理者は，法第9条第3項の規定による求め及び実地調査が行われる場合には，必要な協力を行うものとする。

3　行政文書の管理に関するガイドライン

(3)　総括文書管理者は，内閣府から法第31条の規定による勧告があった場合には，必要な措置を講じるものとする。

≪留意事項≫
＜点検・監査の意義＞
○　文書管理に関するコンプライアンスを確保し，適正な文書管理を，組織及び職員一人ひとりに根付かせ維持するためには，点検・監査の効果的な実施が必要である。このため，少なくとも毎年度一回，点検・監査を実施し，その中で，具体的な指導を継続することにより，組織としての文書管理レベルの向上と職員一人ひとりの文書管理スキルの向上を図ることとしている。
＜点検・監査＞
○　文書管理に関するコンプライアンスを確保するため，第8−1−(1)において文書管理者が自ら管理責任を有する行政文書の管理状況をチェックし改善を図るための「点検」について定め，第8−1−(2)において監査責任者が各文書管理者における法令及び訓令等の遵守状況を把握し改善を図るための「監査」について定めている。
○　点検については，総括文書管理者が点検項目や点検時期を示すなど，文書管理者における効果的な点検の実施を促すことが望ましい。
【点検項目の例】
・　作成すべき行政文書が適切に作成されているか。
・　文書管理者は，行政文書ファイル等の保存場所を的確に把握しているか。
・　行政文書ファイル等の保存場所は適切か。
・　個人的な執務の参考資料は，職員各自の机の周辺のみに置かれているか（共用のファイリングキャビネットや書棚に置かれていないか）。
・　行政文書ファイル等は，識別を容易にするための措置が講じられているか。
・　行政文書ファイル等の分類，名称，保

存期間，保存期間満了日及び保存場所等が行政文書ファイル管理簿に適切に記載されているか。
・ 移管すべき行政文書ファイル等が適切に移管されているか。
・ 廃棄するとされた行政文書ファイル等は適切に廃棄されているか。
・ 誤廃棄を防止する措置は採られているか。
・ 職員に対する日常的指導は適切になされているか。
・ 異動や組織の新設・改正・廃止に伴う事務引継の際，適切に行政文書ファイル等が引き継がれているか。

○ 監査については，監査責任者が監査計画，監査要領や監査マニュアルを作成するとともに，文書管理者の点検結果等を十分に活用することにより，計画的かつ効果的に実施することが重要である。また，監査実施後は，監査報告書を作成し，文書管理者における必要な改善を促すとともに，監査手法の有効性の検証や評価を行うことが重要である。

【監査の実施例】
① 当該行政機関の業務全体の監査に関する基本計画の中に文書管理の監査を記載。業務監査担当課が業務全体の監査の一環と位置付けて実施。
② 監査における指摘事項を確実に改善するため，監査で指摘を受けた職員が自ら改善することができるよう，監査とフォローアップ監査の実施時期の間隔を人事異動の間隔よりも短い1年以内に設定。
③ 一定期間（例：3年）内に，地方支分部局も含めすべての部局について監査できるよう，監査計画を策定。

○ 監査に民間の専門的知見を活用することも考えられる。監査責任者は，このような外部監査を実施する場合においても，外部監査実施者に文書管理者の点検結果等の情報提供を行うなど，計画的かつ効果的に監査を実施することが重要である。また，外部監査実施後は，外部監査実施者の報告内容を十分分析し，総括文書管理者に報告することが必要である。

○ 総括文書管理者は，点検又は監査の結果等を踏まえ，行政文書の管理について必要な改善措置を講じることとしている。

○ 上記の点検・監査に加え，歴史的緊急事態が発生した場合には，当該事態に対応する会議等の記録の作成の責任を負う行政機関においては，事後作成のための資料の保存状況や文書の作成・保存状況を適時点検するなど，マニュアル等に沿った対応がなされているか，マニュアル等で想定されていない事態が発生した場合には，関係する行政機関において記録の作成の責任体制を明確にした上で，当該事態に応じた必要な文書が適切に作成・保存されているか確認する必要がある。

<紛失等への対応>
○ 行政文書ファイル等の紛失及び誤廃棄については，被害の拡大防止や業務への影響の最小化等の観点から，組織的に対応すべき重大な事態であることから，紛失及び誤廃棄が明らかとなった場合は，直ちに総括文書管理者に報告することとしている。

○ 総括文書管理者は，上記報告を受けたときは，速やかに被害の拡大防止等のために，必要な措置を講じることとしている。

○ なお，各行政機関における行政文書ファイル等の紛失及び誤廃棄の状況については，第8－3－(1)の管理状況の報告事項とすることを予定している。

<管理状況の報告・実地調査・改善勧告>
○ 法第9条第1項に基づき，総括文書管理者は，行政文書ファイル管理簿の記載状況その他の行政文書の管理の状況について，毎年度，内閣府に報告する必要がある。

○ また，内閣府は，第三者的観点から，このような定期報告に加え，法第9条第3項に基づき，文書管理上の問題発生時や，制度運営上，特定の行政文書の取扱いについて検討の必要が生じたときなどに，報告や関係資料の提出を求め，又は，実地調査を

することができる。このような場合，総括文書管理者が必要な協力を行うことを第8―3―(2)で明記している。なお，法第8条第4項に基づき，歴史公文書等に関し専門的知見を有する独立行政法人国立公文書館に報告・資料提出の求めや実地調査をさせることができる。

○ さらに，内閣府は法第31条に基づき，法を実施するため特に必要があると認める場合には，公文書管理委員会の調査審議を経た上で，各行政機関に対し，公文書等の管理について改善すべき旨の勧告をし，当該勧告の結果採られた措置について報告を求めることができるとされており，このような場合，総括文書管理者は，必要な措置を講じることを第8―3―(3)で明記している。

○ なお，歴史的緊急事態に対応する会議等における記録の作成・保存について，第3及び第8の留意事項に基づく各行政機関の取組のみでは対応が不十分又はそのおそれがある場合には，内閣府において，法第9条第3項及び第31条に基づく権限を背景に，文書の作成・保存状況の調査を行った上で，さらに必要がある場合には文書の作成・保存を求める。

第9　研修
1　研修の実施
　　総括文書管理者は，職員に対し，行政文書の管理を適正かつ効果的に行うために必要な知識及び技能を習得させ，又は向上させるために必要な研修を行うものとする。
2　研修への参加
　　文書管理者は，総括文書管理者及び独立行政法人国立公文書館その他の機関が実施する研修に職員を積極的に参加させなければならない。

≪留意事項≫
<研修の意義>
○ 適正な文書管理は，業務の効率化や円滑

3　行政文書の管理に関するガイドライン

な行政運営に資するとともに，現在及び将来の国民に説明する責務を全うするための基本インフラである。このため，行政機関の職員一人ひとりが職責を明確に自覚し，誇りを持って文書を作成し，文書に愛着を持って適切な管理を行い，堂々と後世に残していくという意識を醸成する必要がある。

○ 各職員が高い意識の下，法に基づき適正な文書管理を行うためには，文書管理に関する知識及び技能を習得させ，又は向上させるための研修の実施が不可欠である。

<総括文書管理者・文書管理者の役割>

○ 総括文書管理者は，法第32条第1項に基づき，職員に対し，行政文書の管理を適正かつ効果的に行うために必要な知識及び技能を習得させ，又は向上させるために必要な研修を行うことを第9－1で明記している。総括文書管理者においては，文書管理に関する専門的知識を有する人材の計画的育成の観点からも，研修の実施後，当該研修の効果を把握するなどして，体系的・計画的な研修の実施に留意する必要がある。

○ 第9－2において，文書管理者は，職員を研修に積極的に参加させなければならないとしている。

<研修の効果的実施>

○ 研修の実施に当たっては，職員それぞれの職責やレベルに応じた研修を行うことが効果的である。

【実施例】
① 新規採用職員研修
　　採用後直ちに，職員として必要な文書管理に係る基本的な知識及び技能を習得するための研修
　　（内容例）
　　法制度の目的・概要，規則の内容，ファイリングの手法，行政文書ファイル管理簿の意義・機能，文書管理システムの利用方法，歴史公文書等の評価・選別等
② 新任の管理職職員（文書管理者）研修
　　初めて管理職職員になる際，文書管理者の職務と責任の遂行に必要な知識及び

技能を習得するための研修
　　（内容例）
　　　①の内容例のほか，文書管理に関する職員の指導方法，管理状況の点検方法等
○　行政機関内部や独立行政法人国立公文書館における研修だけでなく，民間の専門的知見を有する者による外部研修を活用することにより，多様な知識・技能等を習得させ研修効果を高めることも考えられる。
○　また，情報セキュリティ対策に関する研修，個人情報保護に関する研修等と併せて実施することも考えられる。

第10　公表しないこととされている情報が記録された行政文書の管理
１　特定秘密である情報を記録する行政文書の管理
　　　特定秘密（特定秘密の保護に関する法律（平成25年法律第108号）第３条第１項に規定する特定秘密をいう。以下同じ。）である情報を記録する行政文書については，この訓令に定めるもののほか，同法，特定秘密の保護に関する法律施行令（平成26年政令第336号），特定秘密の指定及びその解除並びに適性評価の実施に関し統一的な運用を図るための基準（平成26年10月14日閣議決定）及び同令第12条第１項の規定に基づき定められた○○省特定秘密保護規程に基づき管理するものとする。
２　特定秘密以外の公表しないこととされている情報が記録された行政文書のうち秘密保全を要する行政文書（特定秘密である情報を記録する行政文書を除く。以下「秘密文書」という。）の管理
　(1)　秘密文書は，次の種類に区分し，指定する。
　　　極秘文書　秘密保全の必要が高く，その漏えいが国の安全，利益に損害を与えるおそれのある情報を含む行政文書
　　　秘文書　極秘文書に次ぐ程度の秘密であって，関係者以外には知らせてはならない情報を含む極秘文書以外の行政文書
　(2)　秘密文書の指定は，極秘文書については各部局長が，秘文書については各課長が期間（極秘文書については５年を超えない範囲内の期間とする。(3)において同じ。）を定めてそれぞれ行うものとし（以下これらの指定をする者を「指定者」という。），その指定は必要最小限にとどめるものとする。
　(3)　指定者は，秘密文書の指定期間（この規定により延長した指定期間を含む。以下同じ。）が満了する時において，満了後も引き続き秘密文書として管理を要すると認めるときは，期間を定めてその指定期間を延長するものとする。また，指定期間は，通じて当該行政文書の保存期間を超えることができないものとする。
　(4)　秘密文書は，その指定期間が満了したときは，当該指定は，解除されたものとし，また，その期間中，指定者が秘密文書に指定する必要がなくなったと認めるときは，指定者は，速やかに秘密文書の指定を解除するものとする。
　(5)　指定者は，秘密文書の管理について責任を負うものを秘密文書管理責任者として指名するものとする。
　(6)　秘密文書は，秘密文書を管理するための簿冊において管理するものとする。
　(7)　秘密文書には，秘密文書と確認できる表示を付すものとする。
　(8)　総括文書管理者は，秘密文書の管理状況について，毎年度，○○大臣に報告するものとする。
　(9)　他の行政機関に秘密文書を提供する場合には，あらかじめ当該秘密文書の管理について提供先の行政機関と協議した上で行うものとする。
　(10)　総括文書管理者は，この訓令の定め

> を踏まえ，秘密文書の管理に関し必要な事項の細則を規定する秘密文書の管理に関する要領を定めるものとする。

《留意事項》
〈特定秘密である情報を記録する行政文書の管理〉
○ 特定秘密（特定秘密の保護に関する法律（平成25年法律第108号。以下「特定秘密保護法」という。）第3条第1項に規定する特定秘密をいう。以下同じ。）である情報を記録する行政文書については，他の行政文書と同様に法の適用を受け，規則に基づき管理されることとなるが，このほか，特定秘密保護法，特定秘密の保護に関する法律施行令（平成26年政令第336号。以下「特定秘密保護法施行令」という。），特定秘密の指定及びその解除並びに適性評価の実施に関し統一的な運用を図るための基準（平成26年10月14日閣議決定。以下「運用基準」という。）及び特定秘密保護法施行令第12条第1項の規定に基づき各行政機関において定められた特定秘密保護規程に基づき管理を行う必要があることについて明らかにしている。

〈特定秘密以外の公表しないこととされている情報が記録された行政文書のうち秘密保全を要する行政文書の管理〉
○ 特定秘密以外の公表しないこととされている情報が記録された行政文書のうち秘密保全を要する行政文書（特定秘密である情報を記録する行政文書を除く。以下「秘密文書」という。）は，原則として，極秘文書及び秘密文書の2つに区分し指定する。
○ 秘密文書は，原則として，極秘文書については当該行政機関の官房長，局長又はこれらに準ずる者，秘密文書については当該行政機関の課長又はこれに準ずる者が，それぞれ期間（極秘文書については5年を超えない範囲内の期間とする。秘密文書の指定期間の延長において同じ。）を定めて指定するものとし（以下これらの指定をする者

を「指定者」という。），その指定は必要最小限でなければならない。
○ 極秘文書については，その秘密保全の必要性の高さを踏まえ，定期的にその管理の状況を確認するという観点から，5年を超えない範囲内の期間を定めて指定及び指定期間の延長をすることとしている。
○ なお，指定した秘密文書のうち，特に重要なものについては，各行政機関の長（○○大臣等）にその指定について報告を行うものとする。
○ 秘密文書の指定期間（第10―2―(3)の規定により延長した指定期間を含む。以下同じ。）が満了する時において，指定者が満了後も引き続き秘密文書として管理を要すると認める場合には，秘密文書の指定の期間がいたずらに長期にわたることを防止する観点から，期間を定めてその指定期間を延長するものとする。
○ また，秘密文書の指定は，当該行政文書の秘密保全の必要性を踏まえ，保存期間中における適正な管理を確保するために行われるものであるため，秘密文書の指定期間は，通じて当該行政文書の保存期間を超えることはできない。
○ 秘密文書の指定期間が満了したときは何らかの措置をとるまでもなく当然に当該指定は解除されるものとしている。また，秘密文書の指定期間中であっても指定者が秘密文書に指定する必要がなくなったと認めるときは，指定者は，速やかに秘密文書の指定を解除することとしている。
○ 各行政機関の指定者は，秘密文書の管理について責任を負うものを秘密文書管理責任者として指名するものとしている。なお，秘密文書管理責任者は，原則として課長又はこれに準ずる者とする。
○ 秘密文書は，原則として，秘密文書管理責任者が備える秘密文書を管理するための簿冊（以下「秘密文書管理簿」という。）において管理するものとする。秘密文書管理簿には，秘密文書の件名，指定区分，指

定区分ごとの登録番号，指定期間満了年月日，提供先等秘密文書の適正な管理を図るために必要な事項を記載するものとする。
○　秘密文書には，秘密文書であることを明らかにするため，秘密文書と確認できる表示（以下「秘密文書表示」という。）を付すものとしている。
○　各行政機関の長が秘密文書の管理状況について把握することができるよう，総括文書管理者は，当該文書の管理状況について，毎年度，各行政機関の長（○○大臣等）に報告するものとしている。なお，当該報告は，各行政機関における文書管理及び秘密保全の業務の分担の状況等に照らして適切と認められる者が行うこともできる。秘密文書の管理状況については，第8―3―(1)の管理状況の報告事項とすることを予定している。
○　秘密文書の管理に当たり，秘密文書に含まれる情報の不必要な拡散を防止するため，秘密文書を取り扱う者は必要最小限とすべきであることに留意が必要である。
○　他の行政機関に秘密文書を提供する場合には，あらかじめ当該秘密文書の管理について提供先の行政機関と協議した上で行うものとしている。提供先の行政機関においては，当該協議に当たって，政府における秘密文書の統一的な管理を図る観点から，可能な限り対象となる秘密文書について両行政機関で同程度の管理が行われるよう努めるものとする。
○　各行政機関において，国会より秘密文書の提供を求められたときは，秘密文書に指定されていることのみを理由にその提供を拒むことはできないことに留意するとともに，その提供に当たっては，国会の秘密文書に係る保護措置等を踏まえ，適切な対応を行うものとする。
○　秘密文書について行政機関の保有する情報の公開に関する法律に基づく開示請求がされたときは，秘密文書に指定されていることのみを理由に不開示とすることはできないことに留意するとともに，その都度個別に同法に基づき，開示・不開示の決定を行う必要がある。
○　総括文書管理者は，規則に定める秘密文書の管理に係る基本的な事項を踏まえ，秘密文書の管理に関し必要な事項の細則を規定する秘密文書の管理に関する要領（以下「秘密文書管理要領」という。）を定めるものとしている。なお，秘密文書管理要領は，各行政機関における文書管理及び秘密保全の業務の分担の状況等に照らして適切と認められる者が定めることもできる。
○　秘密文書については，規則及び各行政機関の秘密文書管理要領にのっとり管理するとともに，「政府機関の情報セキュリティ対策のための統一基準」の適用対象となる秘密文書については，同基準に規定された「機密性3情報」が記録された行政文書に該当することに留意して，各府省庁の情報セキュリティポリシーにのっとり，適正な管理を併せて行うものとする。
○　情報の保護に関する国際約束に基づき提供された情報が記録された秘密文書の管理に当たっては，規則のほか，当該国際約束の規定に基づき管理することに留意するものとする。

〈秘密文書管理要領〉
○　秘密文書管理要領を定めるに当たっては，法の趣旨を踏まえるとともに，各行政機関における秘密文書の管理の実効性を確保するため，各行政機関それぞれの業務内容や取り扱う秘密文書の性格，組織体制等を考慮するものとする。本要領については，第8―3―(1)の管理状況の報告事項とすることを予定している。
○　秘密文書管理要領には，規則において定めた指定区分，指定者，秘密文書管理簿，秘密文書表示，行政機関の長への報告等のほか，秘密文書の保存，提供及び送達並びに複製等，秘密文書であった行政文書の廃棄，秘密文書の管理の適正に関する通報等の詳細について記載する。

○ 従前の秘密文書の取扱いに関する規程に基づき「極秘」又は「秘」に指定されていた行政文書については，各行政機関において規則及び秘密文書管理要領に基づき適正に管理されるよう，平成29年度末を目途に必要な措置を完了するよう努めるものとする。
○ 政府における秘密文書の統一的な管理及び各行政機関における秘密文書管理要領の作成に資するため，以下のとおり秘密文書の管理に関するモデル要領を示す。

秘密文書の管理に関するモデル要領
第1　目的
　本要領は，○○省が保有する特定秘密（特定秘密の保護に関する法律（平成25年法律第108号）第3条第1項に規定する特定秘密をいう。以下同じ。）以外の公表しないこととされている情報が記録された行政文書のうち秘密保全を要する行政文書（特定秘密である情報を記録する行政文書を除く。以下「秘密文書」という。）の管理に関し，○○省行政文書管理規則に定めるもののほか，必要な事項の細則を定めるものである。
第2　秘密文書の指定及び指定者
　1　指定区分
　　秘密文書は，次の種類に区分し，指定するものとする。
　　　極秘文書　秘密保全の必要が高く，その漏えいが国の安全，利益に損害を与えるおそれのある情報を含む行政文書
　　　秘文書　極秘文書に次ぐ程度の秘密であって，関係者以外には知らせてはならない情報を含む極秘文書以外の行政文書
　2　指定者
　　秘密文書の指定は，極秘文書は各部局長が，秘文書は各課長が，期間（極秘文書については5年を超えない範囲内の期間とする。第3－1において同じ。）を定めてそれぞれ行う（以下これらの指定をする者を「指定者」という。）。
第3　秘密文書の指定期間の延長及び指定の解除
　1　秘密文書の指定期間の延長
　　指定者は，秘密文書の指定期間（この規定により延長した指定期間を含む。以下同じ。）が満了する時において，満了後も引き続き秘密文書として管理を要すると認めるときは，その指定期間を，期間を定めて延長するものとし，当該秘密文書の提供先に，延長を行った旨及び延長後の指定期間を通知すること。また，指定期間は，通じて当該行政文書の保存期間を超えることができない。
　2　秘密文書の指定の解除
　(1)　秘密文書は，その指定期間が満了したときは，当該指定は，解除されたものとし，また，その期間中，指定者が秘密文書に指定する必要がなくなったと認めるときは，指定者は，速やかに秘密文書の指定を解除すること。
　(2)　秘密文書の指定が解除された場合は，当該秘密文書の提供先に秘密文書の指定を解除した旨を通知すること。
第4　秘密文書であることの表示等
　1　秘密文書表示
　　秘密文書であることの表示（以下「秘密文書表示」という。）は，以下のとおりとする。
　(1)　秘密文書が紙文書である場合
　　秘密文書の見やすい箇所に，印刷，押印その他これらに準ずる確実な方法により，秘密文書の指定区分の文字（例：「極秘文書」，「秘文書」）を表示すること。
　(2)　秘密文書が電子文書である場合

秘密文書を保存する際に，その文書名の先頭に指定区分を記す（例：「【極秘文書】〇〇基本計画」）とともに，当該秘密文書を電子計算機の映像面上において視覚により認識することができる状態にしたときに，秘密文書の指定区分の文字を容易な操作により認識することができるよう表示すること。

2　秘密文書の指定の解除の表示

秘密文書の指定が解除された場合には，秘密文書表示に代わって「秘密文書指定解除」の表示を行うこと。

第5　秘密文書管理責任者等

1　指定者は，秘密文書の管理について責任を負うものを秘密文書管理責任者として指名する。

2　秘密文書は必要最小限の者で取り扱う。

第6　秘密文書管理簿

1　秘密文書管理責任者は，秘密文書の件名，指定区分，指定区分ごとの登録番号，指定期間満了年月日，提供先等を記載した秘密文書を管理するための簿冊（以下「秘密文書管理簿」という。）を備える。

2　秘密文書管理責任者は秘密文書の指定期間が延長された場合又は指定が解除された場合は，秘密文書管理簿の記載を変更する。

第7　秘密文書の保存

秘密文書の保存については，以下のとおりとする。

(1)　秘密文書が紙文書である場合

極秘文書については，金庫又は鋼鉄製の施錠のできる書庫等に保存すること。

秘文書については，施錠のできる書庫等に保存すること。

(2)　秘密文書が電子文書である場合

秘密文書については，インターネットに接続していない電子計算機又は媒体等に保存し，暗号化等による保護を行うとともに，当該秘密文書を記録する電子計算機，媒体等について，保存を金庫で行うなどにより物理的な盗難防止措置を施すこと。

秘文書については，インターネットからの侵入に対する多重防御による情報セキュリティ対策が施された電子計算機でも保存することができる。

第8　秘密文書の提供及び送達

1　秘密文書の提供に当たっては，指定者の承認を得るものとする。

2　秘密文書の送達については，以下のとおりとする。

(1)　秘密文書が紙文書である場合

極秘文書を送達する際は，秘密文書管理責任者又は秘密文書管理責任者の指定する者が，封筒に入れて携行すること。

秘文書を送達する際は，秘密文書管理責任者が指定する方法により行うこと。

(2)　秘密文書が電子文書である場合

極秘文書を送達する際は，暗号化措置等を施した上で，秘密文書管理責任者が指定する方法（インターネットによるものを除く。）により送達すること。

秘文書を送達する際は，暗号化措置等を施した上で，秘密文書管理責任者が指定する方法により送達すること。

第9　秘密文書の複製等

1　秘密文書の複製，翻訳並びに電磁的記録の書き出し及び印刷（以下「複製等」という。）を行い作成した文書は，秘密文書として管理すること。

2　秘密文書の複製等は必要最小限にとどめること。

第10　秘密文書であった行政文書の廃棄

1　秘密文書であった行政文書の廃棄に当たっては，歴史公文書等を廃棄することのないよう留意すること。

2　秘密文書であった行政文書の廃棄は，焼却，粉砕，細断，溶解，破壊等

の復元不可能な方法により確実に行わなければならない。
第11　行政機関の長への報告
　1　各部局長は，当該部局における秘密文書の管理状況について把握し，総括文書管理者に報告するものとする。
　2　総括文書管理者は，秘密文書の管理状況について，毎年度，○○大臣に報告するものとする。
第12　行政機関間における秘密文書の管理
　1　他の行政機関に秘密文書を提供する場合には，あらかじめ当該秘密文書の管理について提供先の行政機関と協議した上で行うものとする。
　2　管理に疑義が生じた場合は，速やかに当該行政機関と協議を行うものとする。
第13　秘密文書の管理の適正に関する通報
　1　秘密文書の管理が本要領に従って行われていないと思料した者は，○○（例：法令遵守対応窓口等）に通報できる。
　2　○○に通報又は相談をしたことを理由として，通報者又は相談者に対し不利益な取扱いをしてはならない。
第14　秘密文書の指定前の管理
　　文書の作成者は，当該文書が極秘文書又は秘密文書に該当すると考えられる場合には，それぞれに準じた管理を開始するとともに，指定の要否について，速やかに指定者の判断を仰ぐものとする。

〈特定秘密以外の公表しないこととされている情報が記録された行政文書のうち秘密文書に該当しない行政文書の管理〉
○　特定秘密以外の公表しないこととされている情報が記録された行政文書のうち秘密文書に該当しない行政文書（特定秘密である情報を記録する行政文書を除く。）については，各府省庁の情報セキュリティポリシー等にのっとり，各行政機関において，必要に応じて，施錠のできる書庫・保管庫に保存し，復元不可能な方法により廃棄するなど取扱いに注意して適正に管理するものとする。

第11　補則
　1　特別の定め
　　　○○法第○条の規定により，…と定められている事項については，当該規定の定めるところによる。
　2　細則
　　　この訓令の施行に関し必要な事項は，別に総括文書管理者が定める。

≪留意事項≫
○　法第3条に基づき，公文書等の管理について，当該行政機関を規律する他の法律又はこれに基づく命令に特別の定めがある場合は，当該特別の定めによることとなる。
○　各行政機関の必要性等に応じ，国民への閲覧，非常時(災害発生時)における行政文書の取扱い等について，定めるものとする。
○　また，本訓令の施行に関し必要な細則について，総括文書管理者が定めることができる。

別表第1　行政文書の保存期間基準

事項	業務の区分	当該業務に係る行政文書の類型（施行令別表の該当項）	保存期間	具体例
法令の制定又は改廃及びその経緯					
1　法律の制定又は改	(1)立案の検討	①立案基礎文書（1の項イ）	30年	・基本方針 ・基本計画

	廃及びその経緯			・条約その他の国際約束 ・大臣指示 ・政務三役会議の決定
		②立案の検討に関する審議会等文書（1の項イ）		・開催経緯 ・諮問 ・議事の記録 ・配付資料 ・中間答申，最終答申，中間報告，最終報告，建議，提言
		③立案の検討に関する調査研究文書（1の項イ）		・外国・自治体・民間企業の状況調査 ・関係団体・関係者のヒアリング
	(2)法律案の審査	法律案の審査の過程が記録された文書（1の項ロ）		・法制局提出資料 ・審査録
	(3)他の行政機関への協議	行政機関協議文書（1の項ハ）		・各省への協議案 ・各省からの質問・意見 ・各省からの質問・意見に対する回答
	(4)閣議	閣議を求めるための決裁文書及び閣議に提出された文書（1の項ニ）		・5点セット（要綱，法律案，理由，新旧対照条文，参照条文） ・閣議請議書 ・案件表 ・配付資料
	(5)国会審議	国会審議文書（1の項ヘ）		・議員への説明 ・趣旨説明 ・想定問答 ・答弁書 ・国会審議録 ・内閣意見案 ・同案の閣議請議書
	(6)官報公示その他の公布	官報公示に関する文書その他の公布に関する文書（1の項ト）		・官報の写し ・公布裁可書（御署名原本）
	(7)解釈又は運用の基準の設定	①解釈又は運用の基準の設定のための調査研究文書（1の項チ）		・外国・自治体・民間企業の状況調査 ・関係団体・関係者のヒ

3　行政文書の管理に関するガイドライン

			②解釈又は運用の基準の設定のための決裁文書（1の項チ）		アリング ・逐条解説 ・ガイドライン ・訓令，通達又は告示 ・運用の手引
2	条約その他の国際約束の締結及びその経緯	(1)締結の検討	①外国（本邦の域外にある国又は地域をいう。）との交渉に関する文書及び解釈又は運用の基準の設定のための決裁文書（2の項イ及びニ）	30年	・交渉開始の契機 ・交渉方針 ・想定問答 ・逐条解説
			②他の行政機関の質問若しくは意見又はこれらに対する回答に関する文書その他の他の行政機関への連絡及び当該行政機関との調整に関する文書（2の項ロ）		・各省への協議案 ・各省からの質問・意見 ・各省からの質問・意見に対する回答
			③条約案その他の国際約束の案の検討に関する調査研究文書及び解釈又は運用の基準の設定のための調査研究文書（2の項ハ及びニ）		・外国・自治体・民間企業の状況調査 ・関係団体・関係者のヒアリング ・情報収集・分析
		(2)条約案の審査	条約案その他の国際約束の案の審査の過程が記録された文書（2の項ハ）		・法制局提出資料 ・審査録
		(3)閣議	閣議を求めるための決裁文書及び閣議に提出された文書（2の項ニ）		・閣議請議書 ・案件表 ・配付資料
		(4)国会審議	国会審議文書（2の項ニ）		・議員への説明 ・趣旨説明 ・想定問答 ・答弁書 ・国会審議録
		(5)締結	条約書，批准書その他これらに類する文書（2の項ホ）		・条約書・署名本書 ・調印書

59

					・批准・受諾書 ・批准書の寄託に関する文書
		(6)官報公示その他の公布	官報公示に関する文書その他の公布に関する文書（2の項ニ）		・官報の写し ・公布裁可書（御署名原本）
3	政令の制定又は改廃及びその経緯	(1)立案の検討	①立案基礎文書（1の項イ）	30年	・基本方針 ・基本計画 ・条約その他の国際約束 ・大臣指示 ・政務三役会議の決定
			②立案の検討に関する審議会等文書（1の項イ）		・開催経緯 ・諮問 ・議事の記録 ・配付資料 ・中間答申，最終答申，中間報告，最終報告，建議，提言
			③立案の検討に関する調査研究文書（1の項イ）		・外国・自治体・民間企業の状況調査 ・関係団体・関係者のヒアリング
		(2)政令案の審査	政令案の審査の過程が記録された文書（1の項ロ）		・法制局提出資料 ・審査録
		(3)意見公募手続	意見公募手続文書（1の項ハ）		・政令案 ・趣旨，要約，新旧対照条文，参照条文 ・意見公募要領 ・提出意見 ・提出意見を考慮した結果及びその理由
		(4)他の行政機関への協議	行政機関協議文書（1の項ハ）		・各省への協議案 ・各省からの質問・意見 ・各省からの質問・意見に対する回答
		(5)閣議	閣議を求めるための決裁文書及び閣議に提出された文書（1の項ニ）		・5点セット（要綱，政令案，理由，新旧対照条文，参照条文） ・閣議請議書

3　行政文書の管理に関するガイドライン

					・案件表 ・配付資料
		(6)官報公示その他の公布	官報公示に関する文書その他の公布に関する文書（1の項ト）		・官報の写し ・公布裁可書（御署名原本）
		(7)解釈又は運用の基準の設定	①解釈又は運用の基準の設定のための調査研究文書（1の項チ）		・外国・自治体・民間企業の状況調査 ・関係団体・関係者のヒアリング
			②解釈又は運用の基準の設定のための決裁文書（1の項チ）		・逐条解説 ・ガイドライン ・訓令，通達又は告示 ・運用の手引
4	内閣官房令，内閣府令，省令その他の規則の制定又は改廃及びその経緯	(1)立案の検討	①立案基礎文書（1の項イ）	30年	・基本方針 ・基本計画 ・条約その他の国際約束 ・大臣指示 ・政務三役会議の決定
			②立案の検討に関する審議会等文書（1の項イ）		・開催経緯 ・諮問 ・議事の記録 ・配付資料 ・中間報告，最終報告，提言
			③立案の検討に関する調査研究文書（1の項イ）		・外国・自治体・民間企業の状況調査 ・関係団体・関係者のヒアリング
		(2)意見公募手続	意見公募手続文書（1の項ハ）		・官房令案・府令案・省令案・規則案 ・趣旨，要約，新旧対照条文，参照条文 ・意見公募要領 ・提出意見 ・提出意見を考慮した結果及びその理由
		(3)制定又は改廃	内閣官房令，内閣府令，省令その他の規則の制定又は改廃のための決裁文書（1		・官房令案・府令案・省令案・規則案 ・理由，新旧対照条文，

61

					参照条文
		(4)官報公示	官報公示に関する文書（1の項ト）		・官報の写し
		(5)解釈又は運用の基準の設定	①解釈又は運用の基準の設定のための調査研究文書（1の項チ）		・外国・自治体・民間企業の状況調査 ・関係団体・関係者のヒアリング
			②解釈又は運用の基準の設定のための決裁文書（1の項チ）		・逐条解説 ・ガイドライン ・訓令，通達又は告示 ・運用の手引

閣議，関係行政機関の長で構成される会議又は省議（これらに準ずるものを含む。）の決定又は了解及びその経緯

5	閣議の決定又は了解及びその経緯	(1)予算に関する閣議の求め及び予算の国会提出その他の重要な経緯	①閣議を求めるための決裁文書及び閣議に提出された文書（3の項イ）	30年	・歳入歳出概算 ・予算書（一般会計・特別会計・政府関係機関） ・概算要求基準等 ・閣議請議書 ・案件表 ・配付資料
			②予算その他国会に提出された文書（3の項ハ）		・予算書（一般会計・特別会計・政府関係機関） ・予算参考資料
		(2)決算に関する閣議の求め及び決算の国会提出その他の重要な経緯	①閣議を求めるための決裁文書及び閣議に提出された文書（3の項イ）		・決算書（一般会計・特別会計・政府関係機関） ・調書 ・予備費使用書 ・閣議請議書 ・案件表 ・配付資料
			②決算に関し，会計検査院に送付した文書及びその検査を経た文書（3の項ロ）		・決算書（一般会計・特別会計・政府関係機関）（※会計検査院保有のものを除く。）
			③歳入歳出決算その他国会に提出された文書（3の項ハ）		・決算書（一般会計・特別会計・政府関係機関）
		(3)質問主意書に対す	①答弁の案の作成の過程が		・法制局提出資料 ・審査録

3　行政文書の管理に関するガイドライン

	る答弁に関する閣議の求め及び国会に対する答弁その他の重要な経緯	記録された文書（4の項イ）		
		②閣議を求めるための決裁文書及び閣議に提出された文書（4の項ロ）		・答弁案 ・閣議請議書 ・案件表 ・配付資料
		③答弁が記録された文書（4の項ハ）		・答弁書
	(4)基本方針，基本計画又は白書その他の閣議に付された案件に関する立案の検討及び閣議の求めその他の重要な経緯（1の項から4の項まで及び5の項(1)から(3)までに掲げるものを除く。）	①立案基礎文書（5の項イ）		・基本方針 ・基本計画 ・条約その他の国際約束 ・大臣指示 ・政務三役会議の決定
		②立案の検討に関する審議会等文書（5の項イ）		・開催経緯 ・諮問 ・議事の記録 ・配付資料 ・中間答申，最終答申，中間報告，最終報告，建議，提言
		③立案の検討に関する調査研究文書（5の項イ）		・外国・自治体・民間企業の状況調査 ・関係団体・関係者のヒアリング ・任意パブコメ
		④行政機関協議文書（5の項ロ）		・各省への協議案 ・各省からの質問・意見 ・各省からの質問・意見に対する回答
		⑤閣議を求めるための決裁文書及び閣議に提出された文書（5の項ハ）		・基本方針案 ・基本計画案 ・白書案 ・閣議請議書 ・案件表 ・配付資料
6	関係行政機関の長で構成さ	関係行政機関の長で構成される会	①会議の決定又は了解に係る案の立案基礎文書（6の項イ）	10年	・基本方針 ・基本計画 ・条約その他の国際約束

63

	れる会議（これに準ずるものを含む。この項において同じ。）の決定又は了解及びその経緯	議の決定又は了解に関する立案の検討及び他の行政機関への協議その他の重要な経緯	②会議の決定又は了解に係る案の検討に関する調査研究文書（6の項イ）		・総理指示 ・外国・自治体・民間企業の状況調査 ・関係団体・関係者のヒアリング
			③会議の決定又は了解に係る案の検討に関する行政機関協議文書（6の項イ）		・各省への協議案 ・各省からの質問・意見 ・各省からの質問・意見に対する回答
			④会議に検討のための資料として提出された文書（6の項ロ）及び会議（国務大臣を構成員とする会議に限る。）の議事が記録された文書		・配付資料 ・議事の記録
			⑤会議の決定又は了解の内容が記録された文書（6の項ハ）		・決定・了解文書
7	省議（これに準ずるものを含む。この項において同じ。）の決定又は了解及びその経緯	省議の決定又は了解に関する立案の検討その他の重要な経緯	①省議の決定又は了解に係る案の立案基礎文書（7の項イ）	10年	・基本方針 ・基本計画 ・条約その他の国際約束 ・大臣指示
			②省議の決定又は了解に係る案の検討に関する調査研究文書（7の項イ）		・外国・自治体・民間企業の状況調査 ・関係団体・関係者のヒアリング
			③省議に検討のための資料として提出された文書（7の項ロ）及び省議（国務大臣を構成員とする省議に限る。）の議事が記録された文書		・配付資料 ・議事の記録
			④省議の決定又は了解の内容が記録された文書（7の項ハ）		・決定・了解文書
複数の行政機関による申合せ又は他の行政機関若しくは地方公共団体に対して示す基準の設定及びその経緯					
8	複数の行	複数の行政	①申合せに係る案の立案基	10年	・基本方針

3　行政文書の管理に関するガイドライン

	政機関による申合せ及びその経緯	機関による申合せに関する立案の検討及び他の行政機関への協議その他の重要な経緯	礎文書（8の項イ）		・基本計画 ・条約その他の国際約束 ・総理指示
			②申合せに係る案の検討に関する調査研究文書（8の項イ）		・外国・自治体・民間企業の状況調査 ・関係団体・関係者のヒアリング
			③申合せに係る案の検討に関する行政機関協議文書（8の項イ）		・各省への協議案 ・各省からの質問・意見 ・各省からの質問・意見に対する回答
			④他の行政機関との会議に検討のための資料として提出された文書及び当該会議の議事が記録された文書その他申合せに至る過程が記録された文書（8の項ロ）		・開催経緯 ・議事の記録 ・配付資料
			⑤申合せの内容が記録された文書（8の項ハ）		・申合せ
9	他の行政機関に対して示す基準の設定及びその経緯	基準の設定に関する立案の検討その他の重要な経緯	①立案基礎文書（9の項イ）	10年	・基本方針 ・基本計画 ・条約その他の国際約束 ・大臣指示 ・政務三役会議の決定
			②立案の検討に関する審議会等文書（9の項イ）		・開催経緯 ・諮問 ・議事の記録 ・配付資料 ・中間答申，最終答申，中間報告，最終報告，建議，提言
			③立案の検討に関する調査研究文書（9の項イ）		・外国・自治体・民間企業の状況調査 ・関係団体・関係者のヒアリング
			④基準を設定するための決裁文書その他基準の設定に至る過程が記録された		・基準案

			文書（9の項ロ）		
			⑤基準を他の行政機関に通知した文書（9の項ハ）		・通知
10	地方公共団体に対して示す基準の設定及びその経緯	基準の設定に関する立案の検討その他の重要な経緯	①立案基礎文書（9の項イ）	10年	・基本方針 ・基本計画 ・条約その他の国際約束 ・大臣指示 ・政務三役会議の決定
			②立案の検討に関する審議会等文書（9の項イ）		・開催経緯 ・諮問 ・議事の記録 ・配付資料 ・中間答申，最終答申，中間報告，最終報告，建議，提言
			③立案の検討に関する調査研究文書（9の項イ）		・外国・自治体・民間企業の状況調査 ・関係団体・関係者のヒアリング
			④基準を設定するための決裁文書その他基準の設定に至る過程が記録された文書（9の項ロ）		・基準案
			⑤基準を地方公共団体に通知した文書（9の項ハ）		・通知
個人又は法人の権利義務の得喪及びその経緯					
11	個人の権利義務の得喪及びその経緯	(1)行政手続法（平成5年法律第88号）第2条第8号ロの審査基準，同号ハの処分基準，同号ニの行政指導指針及び同	①立案の検討に関する審議会等文書（10の項）	10年	・開催経緯 ・諮問 ・議事の記録 ・配付資料 ・中間答申，最終答申，中間報告，最終報告，建議，提言
			②立案の検討に関する調査研究文書（10の項）		・外国・自治体・民間企業の状況調査 ・関係団体・関係者のヒアリング
			③意見公募手続文書（10の		・審査基準案・処分基準

3 行政文書の管理に関するガイドライン

法第6条の標準的な期間に関する立案の検討その他の重要な経緯	項)		案・行政指導指針案 ・意見公募要領 ・提出意見 ・提出意見を考慮した結果及びその理由
	④行政手続法第2条第8号ロの審査基準，同号ハの処分基準及び同号ニの行政指導指針を定めるための決裁文書（10の項）		・審査基準案・処分基準案・行政指導指針案
	⑤行政手続法第6条の標準的な期間を定めるための決裁文書（10の項）		・標準処理期間案
(2)行政手続法第2条第3号の許認可等（以下「許認可等」という。）に関する重要な経緯	許認可等をするための決裁文書その他許認可等に至る過程が記録された文書（11の項）	許認可等の効力が消滅する日に係る特定日以後5年	・審査案 ・理由
(3)行政手続法第2条第4号の不利益処分（以下「不利益処分」という。）に関する重要な経緯	不利益処分をするための決裁文書その他当該処分に至る過程が記録された文書（12の項）	5年	・処分案 ・理由
(4)補助金等（補助金等に係る予算の執行の適正化に関する法律（昭和30	①交付の要件に関する文書（13の項イ）	交付に係る事業が終了する日に係る特定日以後5年	・交付規則・交付要綱・実施要領 ・審査要領・選考基準
	②交付のための決裁文書その他交付に至る過程が記録された文書（13の項ロ）		・審査案 ・理由
	③補助事業等実績報告書		・実績報告書

67

		年法律第179号)第2条第1項の補助金等をいう。以下同じ。)の交付に関する重要な経緯	(13の項ハ)		
		(5)不服申立てに関する審議会等における検討その他の重要な経緯	①不服申立書又は口頭による不服申立てにおける陳述の内容を録取した文書（14の項イ）	裁決，決定その他の処分がされる日に係る特定日以後10年	・不服申立書 ・録取書
			②審議会等文書（14の項ロ）		・諮問 ・議事の記録 ・配付資料 ・答申，建議，意見
			③裁決，決定その他の処分をするための決裁文書その他当該処分に至る過程が記録された文書（14の項ハ）		・弁明書 ・反論書 ・意見書
			④裁決書又は決定書（14の項ニ）		・裁決・決定書
		(6)国又は行政機関を当事者とする訴訟の提起その他の訴訟に関する重要な経緯	①訴訟の提起に関する文書（15の項イ）	訴訟が終結する日に係る特定日以後10年	・訴状 ・期日呼出状
			②訴訟における主張又は立証に関する文書（15の項ロ）		・答弁書 ・準備書面 ・各種申立書 ・口頭弁論・証人等調書 ・書証
			③判決書又は和解調書（15の項ハ）		・判決書 ・和解調書
12	法人の権利義務の得喪及びその経緯	(1)行政手続法第2条第8号ロの審査基準，同号	①立案の検討に関する審議会等文書（10の項）	10年	・開催経緯 ・諮問 ・議事の記録 ・配付資料 ・中間答申，最終答申，

3 行政文書の管理に関するガイドライン

	ハの処分基準,同号ニの行政指導指針及び同法第6条の標準的な期間に関する立案の検討その他の重要な経緯	②立案の検討に関する調査研究文書（10の項）		中間報告,最終報告,建議,提言 ・外国・自治体・民間企業の状況調査 ・関係団体・関係者のヒアリング
		③意見公募手続文書（10の項）		・審査基準案・処分基準案・行政指導指針案 ・意見公募要領 ・提出意見 ・提出意見を考慮した結果及びその理由
		④行政手続法第2条第8号ロの審査基準,同号ハの処分基準及び同号ニの行政指導指針を定めるための決裁文書（10の項）		・審査基準案・処分基準案・行政指導指針案
		⑤行政手続法第6条の標準的な期間を定めるための決裁文書（10の項）		・標準処理期間案
(2)許認可等に関する重要な経緯	許認可等をするための決裁文書その他許認可等に至る過程が記録された文書（11の項）		許認可等の効力が消滅する日に係る特定日以後5年	・審査案 ・理由
(3)不利益処分に関する重要な経緯	不利益処分をするための決裁文書その他当該処分に至る過程が記録された文書（12の項）		5年	・処分案 ・理由
(4)補助金等の交付（地方公共団体に対する交付を含む。）に関する重要な経緯	①交付の要件に関する文書（13の項イ）		交付に係る事業が終了する日に係る特定日以後5年	・交付規則・交付要綱・実施要領 ・審査要領・選考基準
	②交付のための決裁文書その他交付に至る過程が記録された文書（13の項ロ）			・審査案 ・理由
	③補助事業等実績報告書（13の項ハ）			・実績報告書

69

		(5)不服申立てに関する審議会等における検討その他の重要な経緯	①不服申立書又は口頭による不服申立てにおける陳述の内容を録取した文書（14の項イ）	裁決，決定その他の処分がされる日に係る特定日以後10年	・不服申立書 ・録取書
			②審議会等文書（14の項ロ）		・諮問 ・議事の記録 ・配付資料 ・答申，建議，意見
			③裁決，決定その他の処分をするための決裁文書その他当該処分に至る過程が記録された文書（14の項ハ）		・弁明書 ・反論書 ・意見書
			④裁決書又は決定書（14の項ニ）		・裁決・決定書
		(6)国又は行政機関を当事者とする訴訟の提起その他の訴訟に関する重要な経緯	①訴訟の提起に関する文書（15の項イ）	訴訟が終結する日に係る特定日以後10年	・訴状 ・期日呼出状
			②訴訟における主張又は立証に関する文書（15の項ロ）		・答弁書 ・準備書面 ・各種申立書 ・口頭弁論・証人等調書 ・書証
			③判決書又は和解調書（15の項ハ）		・判決書 ・和解調書
職員の人事に関する事項					
13	職員の人事に関する事項	(1)人事評価実施規程の制定又は変更及びその経緯	①立案の検討に関する調査研究文書（16の項イ）	10年	・外国・自治体・民間企業の状況調査 ・関係団体・関係者のヒアリング
			②制定又は変更のための決裁文書（16の項ロ）		・規程案
			③制定又は変更についての協議案，回答書その他の内閣総理大臣との協議に関する文書（16の項ハ）		・協議案 ・回答書
			④軽微な変更についての内閣総理大臣に対する報告に関する文書（16の項ニ）		・報告書

3　行政文書の管理に関するガイドライン

		(2)職員の研修の実施に関する計画の立案の検討その他の職員の研修に関する重要な経緯	①計画の立案に関する調査研究文書（17の項）	3年	・外国・自治体・民間企業の状況調査 ・関係団体・関係者のヒアリング
			②計画を制定又は改廃するための決裁文書（17の項）		・計画案
			③職員の研修の実施状況が記録された文書（17の項）		・実績
		(3)職員の兼業の許可に関する重要な経緯	職員の兼業の許可の申請書及び当該申請に対する許可に関する文書（18の項）	3年	・申請書 ・承認書
		(4)退職手当の支給に関する重要な経緯	退職手当の支給に関する決定の内容が記録された文書及び当該決定に至る過程が記録された文書（19の項）	支給制限その他の支給に関する処分を行うことができる期間又は5年のいずれか長い期間	・調書
その他の事項					
14	告示，訓令及び通達の制定又は改廃及びその経緯	(1)告示の立案の検討その他の重要な経緯（1の項から13の項までに掲げるものを除く。）	①立案の検討に関する審議会等文書（20の項イ）	10年	・開催経緯 ・諮問 ・議事の記録 ・配付資料 ・中間答申，最終答申，中間報告，最終報告，建議，提言
			②立案の検討に関する調査研究文書（20の項イ）		・外国・自治体・民間企業の状況調査 ・関係団体・関係者のヒアリング
			③意見公募手続文書（20の項イ）		・告示案 ・意見公募要領 ・提出意見

					・提出意見を考慮した結果及びその理由
			④制定又は改廃のための決裁文書（20の項ロ）		・告示案
			⑤官報公示に関する文書（20の項ハ）		・官報の写し
		(2)訓令及び通達の立案の検討その他の重要な経緯（1の項から13の項までに掲げるものを除く。）	①立案の検討に関する調査研究文書（20の項イ）	10年	・外国・自治体・民間企業の状況調査 ・関係団体・関係者のヒアリング
			②制定又は改廃のための決裁文書（20の項ロ）		・訓令案・通達案 ・行政文書管理規則案 ・公印規程案
15	予算及び決算に関する事項	(1)歳入，歳出，継続費，繰越明許費及び国庫債務負担行為の見積に関する書類の作製その他の予算に関する重要な経緯（5の項(1)及び(4)に掲げるものを除く。）	①歳入，歳出，継続費，繰越明許費及び国庫債務負担行為の見積に関する書類並びにその作製の基礎となった意思決定及び当該意思決定に至る過程が記録された文書（21の項イ）	10年	・概算要求の方針 ・大臣指示 ・政務三役会議の決定 ・省内調整 ・概算要求書
			②財政法（昭和22年法律第34号）第20条第2項の予定経費要求書等並びにその作製の基礎となった意思決定及び当該意思決定に至る過程が記録された文書（21の項ロ）		・予定経費要求書 ・継続費要求書 ・繰越明許費要求書 ・国庫債務負担行為要求書 ・予算決算及び会計令第12条の規定に基づく予定経費要求書等の各目明細書
			③①及び②に掲げるもののほか，予算の成立に至る過程が記録された文書（21の項ハ）		・行政事業レビュー ・執行状況調査
			④歳入歳出予算，継続費及		・予算の配賦通知

			び国庫債務負担行為の配賦に関する文書（21の項ニ）		
		(2)歳入及び歳出の決算報告書並びに国の債務に関する計算書の作製その他の決算に関する重要な経緯（5の項(2)及び(4)に掲げるものを除く。）	①歳入及び歳出の決算報告書並びにその作製の基礎となった意思決定及び当該意思決定に至る過程が記録された文書（22の項イ）	5年	・歳入及び歳出の決算報告書 ・国の債務に関する計算書 ・継続費決算報告書 ・歳入徴収額計算書 ・支出計算書 ・歳入簿・歳出簿・支払計画差引簿 ・徴収簿 ・支出決定簿 ・支出簿 ・支出負担行為差引簿 ・支出負担行為認証官の帳簿
			②会計検査院に提出又は送付した計算書及び証拠書類（22の項ロ）		・計算書 ・証拠書類（※会計検査院保有のものを除く。）
			③会計検査院の検査を受けた結果に関する文書（22の項ハ）		・意見又は処置要求（※会計検査院保有のものを除く。）
			④①から③までに掲げるもののほか，決算の提出に至る過程が記録された文書（22の項ニ）		・調書
			⑤国会における決算の審査に関する文書（22の項ホ）		・警告決議に対する措置 ・指摘事項に対する措置
16	機構及び定員に関する事項	機構及び定員の要求に関する重要な経緯	機構及び定員の要求に関する文書並びにその基礎となった意思決定及び当該意思決定に至る過程が記録された文書（23の項）	10年	・大臣指示 ・政務三役会議の決定 ・省内調整 ・機構要求書 ・定員要求書 ・定員合理化計画
17	独立行政法人等に関する事項	(1)独立行政法人通則法（平成11年法律	①立案の検討に関する調査研究文書（24の項イ）	10年	・外国・自治体・民間企業の状況調査 ・関係団体・関係者のヒアリング

	第103号）その他の法律の規定による中期目標（独立行政法人通則法第2条第3項に規定する国立研究開発法人にあっては中長期目標，同条第4項に規定する行政執行法人にあっては年度目標。以下この項において同じ。）の制定又は変更に関する立案の検討その他の重要な経緯	②制定又は変更のための決裁文書（24の項ロ）		・中期目標案
		③中期計画（独立行政法人通則法第2条第3項に規定する国立研究開発法人にあっては中長期計画，同条第4項に規定する行政執行法人にあっては事業計画），事業報告書その他の中期目標の達成に関し法律の規定に基づき独立行政法人等により提出され，又は公表された文書（24の項ハ）		・中期計画 ・年度計画 ・事業報告書
	(2)独立行政法人通則法その他の法律の規定による報告及び検査その他の指導監督に関する重	①指導監督をするための決裁文書その他指導監督に至る過程が記録された文書（25の項イ）	5年	・報告 ・検査
		②違法行為等の是正のため必要な措置その他の指導監督の結果の内容が記録された文書（25の項ロ）		・是正措置の要求 ・是正措置

3　行政文書の管理に関するガイドライン

		要な経緯			
18	政策評価に関する事項	行政機関が行う政策の評価に関する法律（平成13年法律第86号。以下「政策評価法」という。）第6条の基本計画の立案の検討，政策評価法第10条第1項の評価書の作成その他の政策評価の実施に関する重要な経緯	①政策評価法第6条の基本計画又は政策評価法第7条第1項の実施計画の制定又は変更に係る審議会等文書（26の項イ）	10年	・開催経緯 ・議事の記録 ・配付資料 ・中間報告，最終報告，提言
			②基本計画又は実施計画の制定又は変更に至る過程が記録された文書（26の項イ）		・外国・自治体・民間企業の状況調査 ・関係団体・関係者のヒアリング
			③基本計画の制定又は変更のための決裁文書及び当該制定又は変更の通知に関する文書（26の項イ）		・基本計画案 ・通知
			④実施計画の制定又は変更のための決裁文書及び当該制定又は変更の通知に関する文書（26の項イ）		・事後評価の実施計画案 ・通知
			⑤評価書及びその要旨の作成のための決裁文書並びにこれらの通知に関する文書その他当該作成の過程が記録された文書（19の項に掲げるものを除く。）（26の項ロ）		・評価書 ・評価書要旨
			⑥政策評価の結果の政策への反映状況の作成に係る決裁文書及び当該反映状況の通知に関する文書その他当該作成の過程が記録された文書（26の項ハ）		・政策への反映状況案 ・通知
19	公共事業の実施に関する事項	直轄事業として実施される公共事業の事業計画の立案に関する検討，関係者との協議又は調整及び	①立案基礎文書（27の項イ）	事業終了の日に係る特定日以後5年又は事後評価終了の日に係る特定日以後10年	・基本方針 ・基本計画 ・条約その他の国際約束 ・大臣指示 ・政務三役会議の決定
			②立案の検討に関する審議会等文書（27の項イ）		・開催経緯 ・諮問 ・議事の記録 ・配付資料

		事業の施工その他の重要な経緯		のいずれか長い期間	・中間答申, 最終答申, 中間報告, 最終報告, 建議, 提言
			③立案の検討に関する調査研究文書（27の項イ）		・外国・自治体・民間企業の状況調査 ・関係団体・関係者のヒアリング ・環境影響評価準備書 ・環境影響評価書
			④政策評価法による事前評価に関する文書（27の項ヘ）		・事業評価書 ・評価書要旨
			⑤公共事業の事業計画及び実施に関する事項についての関係行政機関, 地方公共団体その他の関係者との協議又は調整に関する文書（27の項ロ）		・協議・調整経緯
			⑥事業を実施するための決裁文書（27の項ハ）		・実施案
			⑦事業の経費積算が記録された文書その他の入札及び契約に関する文書（27の項ニ）		・経費積算 ・仕様書 ・業者選定基準 ・入札結果
			⑧工事誌, 事業完了報告書その他の事業の施工に関する文書（27の項ホ）		・工事誌 ・事業完了報告書 ・工程表 ・工事成績評価書
			⑨政策評価法による事後評価に関する文書（27の項へ）		・事業評価書 ・評価書要旨
20	栄典又は表彰に関する事項	栄典又は表彰の授与又ははく奪の重要な経緯（5の項(4)に掲げるものを除く。）	栄典又は表彰の授与又ははく奪のための決裁文書及び伝達の文書（28の項）	10年	・選考基準 ・選考案 ・伝達 ・受章者名簿
21	国会及び	(1)国会審議	国会審議文書（29の項）	10年	・議員への説明

3 行政文書の管理に関するガイドライン

	審議会等における審議等に関する事項	（1の項から20の項までに掲げるものを除く。）			・趣旨説明 ・想定問答 ・答弁書 ・国会審議録
		(2)審議会等（1の項から20の項までに掲げるものを除く。）	審議会等文書（29の項）	10年	・開催経緯 ・諮問 ・議事の記録 ・配付資料 ・中間答申、最終答申、中間報告、最終報告、建議、提言
22	文書の管理等に関する事項	文書の管理等	①行政文書ファイル管理簿その他の業務に常時利用するものとして継続的に保存すべき行政文書（30の項）	常用（無期限）	・行政文書ファイル管理簿
			②取得した文書の管理を行うための帳簿（31の項）	5年	・受付簿
			③決裁文書の管理を行うための帳簿（32の項）	30年	・決裁簿
			④行政文書ファイル等の移管又は廃棄の状況が記録された帳簿（33の項）	30年	・移管・廃棄簿

備考
一 この表における次に掲げる用語の意義は、それぞれ次に定めるとおりとする。
　1　立案基礎文書　立案の基礎となった国政に関する基本方針、国政上の重要な事項に係る意思決定又は条約その他の国際約束が記録された文書
　2　審議会等文書　審議会その他の合議制の機関又は専門的知識を有する者等を構成員とする懇談会その他の会合（この表において「審議会等」という。）に検討のための資料として提出された文書及び審議会等の議事、答申、建議、報告若しくは意見が記録された文書その他審議会等における決定若しくは了解又はこれらに至る過程が記録された文書
　3　調査研究文書　調査又は研究の結果及び当該結果に至る過程が記録された文書
　4　決裁文書　行政機関の意思決定の権限を有する者が押印、署名又はこれらに類する行為を行うことにより、その内容を行政機関の意思として決定し、又は確認した行政文書
　5　意見公募手続文書　意見公募手続の実施及び結果の公示に関する決裁文書
　6　行政機関協議文書　他の行政機関への協議に係る案、当該協議に関する他の行政機関の質問若しくは意見又はこれらに対する回答が記録された文書その他の当該協議に関す

る文書
　7　国会審議文書　国会における議案の趣旨の説明又は審議の内容が記録された文書，国会において想定される質問に対する回答に関する文書その他の国会審議に関する文書
　8　関係行政機関の長で構成される会議（これに準ずるものを含む。）　閣僚委員会，副大臣会議その他の二以上の行政機関の大臣等（国務大臣，副大臣，大臣政務官その他これらに準ずる職員をいう。以下同じ。）で構成される会議
　9　省議（これに準ずるものを含む。）　省議，政務三役会議その他の一の行政機関の大臣等で構成される会議
　10　特定日　第4-3-(7)（施行令第8条第7項）の保存期間が確定することとなる日（19の項にあっては，事業終了の日又は事後評価終了の日）の属する年度の翌年度の4月1日（当該確定することとなる日から1年以内の日であって，4月1日以外の日を特定日とすることが行政文書の適切な管理に資すると文書管理者が認める場合にあっては，その日）
二　職員の人事に関する事項について，内閣官房令，人事院規則の規定により保存期間の定めがあるものは，それぞれ内閣官房令，人事院規則の規定による。
三　本表の第三欄は，法第4条の趣旨を踏まえ，経緯も含めた意思決定に至る過程並びに事務及び事業の実績を合理的に跡付け，又は検証する観点から重要な行政文書を示しているものであることから，同欄における「過程が記録された文書」は，当該行政機関における重要な経緯が記録された文書である。
四　本表各項の第四欄に掲げる保存期間については，それぞれ当該各項の第二欄に掲げる業務を主管する行政機関に適用するものとする。
五　本表が適用されない行政文書については，文書管理者は，本表の規定を参酌し，当該文書管理者が所掌する事務及び事業の性質，内容等に応じた保存期間基準を定めるものとする。

別表第2　保存期間満了時の措置の設定基準
1　基本的考え方
　法第1条の目的において，「国及び独立行政法人等の諸活動や歴史的事実の記録である公文書等が，健全な民主主義の根幹を支える国民共有の知的資源として，主権者である国民が主体的に利用し得るものであること」及び「国及び独立行政法人等の有するその諸活動を現在及び将来の国民に説明する責務が全うされるようにすること」とされ，法第4条において，経緯も含めた意思決定に至る過程及び事務・事業の実績を合理的に跡付け，検証することができるよう文書を作成しなければならない旨が規定されており，以下の【Ⅰ】～【Ⅳ】のいずれかに該当する文書は，「歴史資料として重要な公文書その他の文書」に当たり，保存期間満了後には国立公文書館等に移管するものとする。

【Ⅰ】国の機関及び独立行政法人等の組織及び機能並びに政策の検討過程，決定，実施及び実績に関する重要な情報が記録された文書
【Ⅱ】国民の権利及び義務に関する重要な情報が記録された文書
【Ⅲ】国民を取り巻く社会環境，自然環境等に関する重要な情報が記録された文書
【Ⅳ】国の歴史，文化，学術，事件等に関する重要な情報が記録された文書

3　行政文書の管理に関するガイドライン

2　具体的な移管・廃棄の判断指針

1の基本的考え方に基づいて，個別の行政文書ファイル等の保存期間満了時の措置（移管・廃棄）の判断については，以下の(1)～(5)に沿って行う。

(1) 別表第1に掲げられた業務に係る行政文書ファイル等の保存期間満了時の措置については，次の表（用語の意義は，別表第1の用語の意義による。）の右欄のとおりとする。

	事　項	業務の区分	保存期間満了時の措置
法令の制定又は改廃及びその経緯			
1	法律の制定又は改廃及びその経緯	(1)立案の検討	移管
		(2)法律案の審査	
		(3)他の行政機関への協議	
		(4)閣議	
		(5)国会審議	
		(6)官報公示その他の公布	
		(7)解釈又は運用の基準の設定	
2	条約その他の国際約束の締結及びその経緯	(1)締結の検討	移管（経済協力関係等で定型化し，重要性がないものは除く。）
		(2)条約案の審査	
		(3)閣議	
		(4)国会審議	
		(5)締結	
		(6)官報公示その他の公布	
3	政令の制定又は改廃及びその経緯	(1)立案の検討	移管
		(2)政令案の審査	
		(3)意見公募手続	
		(4)他の行政機関への協議	
		(5)閣議	
		(6)官報公示その他の公布	
		(7)解釈又は運用の基準の設定	
4	内閣官房令，内閣府令，省令その他の規則の制定又は改廃及びその経緯	(1)立案の検討	移管
		(2)意見公募手続	
		(3)制定又は改廃	
		(4)官報公示	
		(5)解釈又は運用の基準の設定	

	閣議，関係行政機関の長で構成される会議又は省議（これらに準ずるものを含む。）の決定又は了解及びその経緯
5	閣議の決定又は了解及びその経緯	(1)予算に関する閣議の求め及び予算の国会提出その他の重要な経緯	移管
		(2)決算に関する閣議の求め及び決算の国会提出その他の重要な経緯	移管
		(3)質問主意書に対する答弁に関する閣議の求め及び国会に対する答弁その他の重要な経緯	移管
		(4)基本方針，基本計画又は白書その他の閣議に付された案件に関する立案の検討及び閣議の求めその他の重要な経緯（1の項から4の項まで及び5の項(1)から(3)までに掲げるものを除く。）	移管
6	関係行政機関の長で構成される会議（これに準ずるものを含む。この項において同じ。）の決定又は了解及びその経緯	関係行政機関の長で構成される会議の決定又は了解に関する立案の検討及び他の行政機関への協議その他の重要な経緯	移管
7	省議（これに準ずるものを含む。この項において同じ。）の決定又は了解及びその経緯	省議の決定又は了解に関する立案の検討その他の重要な経緯	移管
	複数の行政機関による申合せ又は他の行政機関若しくは地方公共団体に対して示す基準の設定及びその経緯
8	複数の行政機関による申合せ及びその経緯	複数の行政機関による申合せに関する立案の検討及び他の行政機関への協議その他の重要な経緯	移管
9	他の行政機関に対して示す基準の設定及びその経緯	基準の設定に関する立案の検討その他の重要な経緯	移管
10	地方公共団体に対	基準の設定に関する立案の検討そ	移管

3 行政文書の管理に関するガイドライン

		して示す基準の設定及びその経緯	の他の重要な経緯	
	個人又は法人の権利義務の得喪及びその経緯			
11	個人の権利義務の得喪及びその経緯	(1)行政手続法第2条第8号ロの審査基準，同号ハの処分基準，同号ニの行政指導指針及び同法第6条の標準的な期間に関する立案の検討その他の重要な経緯	移管	
		(2)許認可等に関する重要な経緯	以下について移管（それ以外は廃棄。以下同じ。） ・国籍に関するもの	
		(3)不利益処分に関する重要な経緯	廃棄	
		(4)補助金等の交付に関する重要な経緯	以下について移管 ・補助金等の交付の要件に関する文書	
		(5)不服申立てに関する審議会等における検討その他の重要な経緯	以下について移管 ・法令の解釈やその後の政策立案等に大きな影響を与えた事件に関するもの ・審議会等の裁決等について年度ごとに取りまとめたもの	
		(6)国又は行政機関を当事者とする訴訟の提起その他の訴訟に関する重要な経緯	以下について移管 ・法令の解釈やその後の政策立案等に大きな影響を与えた事件に関するもの	
12	法人の権利義務の得喪及びその経緯	(1)行政手続法第2条第8号ロの審査基準，同号ハの処分基準，同号ニの行政指導指針及び同法第6条の標準的な期間に関する立案の検討その他の重要な経緯	移管	
		(2)許認可等に関する重要な経緯	以下について移管 ・運輸，郵便，電気通信事業その他の特に重要な公益事業に関するもの ・公益法人等の設立・廃止等，指導・監督等に関するもの	
		(3)不利益処分に関する重要な経緯	廃棄	
		(4)補助金等の交付（地方公共団体	以下について移管	

		に対する交付を含む。）に関する重要な経緯	・補助金等の交付の要件に関する文書
		(5)不服申立てに関する審議会等における検討その他の重要な経緯	以下について移管 ・法令の解釈やその後の政策立案等に大きな影響を与えた事件に関するもの ・審議会等の裁決等について年度ごとに取りまとめたもの
		(6)国又は行政機関を当事者とする訴訟の提起その他の訴訟に関する重要な経緯	以下について移管 ・法令の解釈やその後の政策立案等に大きな影響を与えた事件に関するもの
職員の人事に関する事項			
13	職員の人事に関する事項	(1)人事評価実施規程の制定又は変更及びその経緯	廃棄 ※別表第1の備考二に掲げるものも同様とする。 （ただし、閣議等に関わるものについては移管）
		(2)職員の研修の実施に関する計画の立案の検討その他の職員の研修に関する重要な経緯	
		(3)職員の兼業の許可に関する重要な経緯	
		(4)退職手当の支給に関する重要な経緯	
その他の事項			
14	告示、訓令及び通達の制定又は改廃及びその経緯	(1)告示の立案の検討その他の重要な経緯（1の項から13の項までに掲げるものを除く。）	廃棄
		(2)訓令及び通達の立案の検討その他の重要な経緯（1の項から13の項までに掲げるものを除く。）	以下について移管 ・行政文書管理規則その他の重要な訓令及び通達の制定又は改廃のための決裁文書
15	予算及び決算に関する事項	(1)歳入、歳出、継続費、繰越明許費及び国庫債務負担行為の見積に関する書類の作製その他の予算に関する重要な経緯（5の項(1)及び(4)に掲げるものを除く。）	以下について移管 ・財政法第17条第2項の規定による歳入歳出等見積書類の作製の基礎となった方針及び意思決定その他の重要な経緯が記録された文書（財務大臣に送付した歳入歳出等見積書類を含む。）

3　行政文書の管理に関するガイドライン

			・財政法第20条第2項の予定経費要求書等の作製の基礎となった方針及び意思決定その他の重要な経緯が記録された文書（財務大臣に送付した予定経費要求書等を含む。） ・上記のほか，行政機関における予算に関する重要な経緯が記録された文書
		(2)歳入及び歳出の決算報告書並びに国の債務に関する計算書の作製その他の決算に関する重要な経緯（5の項(2)及び(4)に掲げるものを除く。）	以下について移管 ・財政法第37条第1項の規定による歳入及び歳出の決算報告書並びに国の債務に関する計算書の作製の基礎となった方針及び意思決定その他の重要な経緯が記録された文書（財務大臣に送付した歳入及び歳出の決算報告書並びに国の債務に関する計算書を含む。） ・財政法第37条第3項の規定による継続費決算報告書の作製の基礎となった方針及び意思決定その他の重要な経緯が記録された文書（財務大臣に送付した継続費決算報告書を含む。） ・財政法第35条第2項の規定による予備費に係る調書の作製の基礎となった方針及び意思決定その他の重要な経緯が記録された文書（財務大臣に送付した予備費に係る調書を含む。） ・上記のほか，行政機関における決算に関する重要な経緯が記録された文書
16	機構及び定員に関する事項	機構及び定員の要求に関する重要な経緯	移管
17	独立行政法人等に関する事項	(1)独立行政法人通則法その他の法律の規定による中期目標（独立行政法人通則法第2条第3項に	移管

		規定する国立研究開発法人にあっては中長期目標，同条第4項に規定する行政執行法人にあっては年度目標）の制定又は変更に関する立案の検討その他の重要な経緯	
		(2)独立行政法人通則法その他の法律の規定による報告及び検査その他の指導監督に関する重要な経緯	
18	政策評価に関する事項	政策評価法第6条の基本計画の立案の検討，政策評価法第10条第1項の評価書の作成その他の政策評価の実施に関する重要な経緯	移管
19	公共事業の実施に関する事項	直轄事業として実施される公共事業の事業計画の立案に関する検討，関係者との協議又は調整及び事業の施工その他の重要な経緯	以下について移管 ・総事業費が特に大規模な事業（例：100億円以上）については，事業計画の立案に関する検討，環境影響評価，事業完了報告，評価書その他の重要なもの ・総事業費が大規模な事業（例：10億円以上）については，事業計画の立案に関する検討，事業完了報告，評価書その他の特に重要なもの ・工事誌
20	栄典又は表彰に関する事項	栄典又は表彰の授与又ははく奪の重要な経緯（5の項(4)に掲げるものを除く。）	以下について移管 ・栄典制度の創設・改廃に関するもの ・叙位・叙勲・褒章の選考・決定に関するもの ・国民栄誉賞等特に重要な大臣表彰に係るもの ・国外の著名な表彰の授与に関するもの
21	国会及び審議会等における審議等に関する事項	(1)国会審議（1の項から20の項までに掲げるものを除く。）	以下について移管 ・大臣の演説に関するもの ・会期ごとに作成される想定問答

		(2)審議会等(1の項から20の項までに掲げるものを除く。)	移管(部会,小委員会等を含む。専門的知識を有する者等を構成員とする懇談会その他の会合に関するものを除く。)
22	文書の管理等に関する事項	文書の管理等	廃棄

注
① 「移管」とされている文書が含まれている行政文書ファイル等はすべて移管することとする。
② 「廃棄」とされているものであっても,1の基本的考え方に照らして,国家・社会として記録を共有すべき歴史的に重要な政策事項であって,社会的な影響が大きく政府全体として対応し,その教訓が将来に活かされるような以下の特に重要な政策事項等に関するものについては,移管が必要となる。

　　阪神・淡路大震災関連,オウム真理教対策,病原性大腸菌O157対策,中央省庁等改革,情報公開法制定,不良債権処理関連施策,気候変動に関する京都会議関連施策,サッカーワールドカップ日韓共催等
③ 移管については,当該業務を主管する課室等の文書管理者において行うものとする。

(2) 以下の左欄の業務に係る歴史公文書等の具体例は,右欄のとおりであることから,これらの歴史公文書等を含む行政文書ファイル等を移管することとする。

業　務	歴史公文書等の具体例
各行政機関において実施・運用している制度(例:政策評価,情報公開,予算・決算,補助金等,機構・定員,人事管理,統計等)について,制度を所管する行政機関による当該制度の運用状況の把握等の業務	・基本計画 ・年間実績報告書等 ・施行状況調査・実態状況調査 ・意見・勧告 ・その他これらに準ずるもの
国際会議	・国際機関(IMF,ILO,WHO等)に関する会議,又は閣僚が出席した会議等のうち重要な国際的意思決定が行われた会議に関する準備,実施,参加,会議の結果等に関する文書
国際協力・国際交流	・政府開発援助,国際緊急援助の基本的な方針,計画,実施及び評価に関する文書 ・国賓等の接遇に関する文書のうち重要なもの
統計調査	・基幹統計調査の企画に関する文書及び調査報告書 ・一般統計調査の調査報告書
その他	・年次報告書

	・広報資料
	・大臣記者会見録
	・大臣等の事務引継書

注　移管については，当該業務を主管する課室等の文書管理者において行うものとする。

(3)　昭和27年度までに作成・取得された文書については，日本国との平和条約（昭和27年条約第5号。いわゆる「サンフランシスコ平和条約」）公布までに作成・取得された文書であり，1の【Ⅰ】【Ⅲ】【Ⅳ】に該当する可能性が極めて高いことから，原則として移管するものとする。

(4)　上記に記載のある業務に係る文書のうち特定秘密である情報を記録する行政文書については，別表第2に定めるもののほか，特定秘密保護法，特定秘密保護法施行令及び運用基準を踏まえ，移管・廃棄の判断を行うものとする。

(5)　上記に記載のない業務に関しては，1の基本的考え方に照らして，各行政機関において個別に判断するものとする。

4　特定歴史公文書等の保存，利用及び廃棄に関するガイドライン

特定歴史公文書等の保存，利用及び廃棄に関するガイドライン

平成23年4月1日内閣総理大臣決定
平成24年7月9日一部改正
平成24年10月1日一部改正
平成24年11月13日一部改正

○○館利用等規則
目次
　第A章　総則
　第B章　保存
　　第1節　受入れ
　　第2節　保存
　第C章　利用
　　第1節　利用の請求
　　第2節　利用の促進
　　第3節　移管元行政機関の利用
　　第4節　利用時間及び休館日
　第D章　廃棄
　第E章　研修
　第F章　雑則

　公文書等の管理に関する法律（平成21年法律第66号。以下「法」という。）第1条においては，国及び独立行政法人等の有するその諸活動を現在及び将来の国民に説明する責務を全うする旨が規定されている。国立公文書館等においては，特定歴史公文書等を適切に保存し，国民の利用に供することで，こうした法目的を十二分に果たしていくことが求められている。
　本ガイドラインにおいては，国立公文書館等における特定歴史公文書等の保存，利用，廃棄について，利用等規則（以下「規則」という。）の規定例を示すとともに，留意事項として実務上の留意点について，記している。
　規則の制定に当たっては，本ガイドラインを踏まえるとともに，施設において取り扱う特定歴史公文書等の種類，施設の規模，体制等を考慮する必要がある。

第A章　総則
　A―1　目的
　　この規則は，公文書等の管理に関する法律（平成21年法律第66号。以下「法」という。）に基づき，○○館（以下「館」という。）が保存する特定歴史公文書等の保存，利用及び廃棄について必要な事項を定めることを目的とする。
　A―2　定義
　　この規則において「特定歴史公文書等」とは，法第2条第7項に規定する特定歴史公文書等のうち，館に移管され，又は寄贈され，若しくは寄託されたもの及び法の施行の際，現に館が保存する歴史公文書等（現用のものを除く。）をいう。

≪留意事項≫
○　目的規定において，本規則が，法第27条第1項に基づく「特定歴史公文書等の保存，利用及び廃棄に関する定め」であることを明らかにしている。
○　定義規定において，法の定義規定を踏まえ，規則で用いる用語の定義を行う。

第B章　保存
　第1節　受入れ
　B―1　行政機関又は独立行政法人等からの受入れ
　(1)　館は，△△省（△△法人）で保存する歴史公文書等（法第2条第6項に定

87

める歴史公文書等をいう。以下同じ。）として，保存期間が満了したときに館に移管する措置が設定されたものについて，保存期間が満了した日から可能な限り早い時期に受入れの日を設定し，当該歴史公文書等を受け入れるものとする。
(2) 館は，(1)の規定に基づき受け入れた特定歴史公文書等について，次の各号に掲げる措置を施した上で，原則として受入れから1年以内に排架を行うものとする。
　① くん蒸その他の保存に必要な措置
　② Ｂ－4(4)に定める識別番号の付与
　③ Ｃ－2(1)①に掲げる事由（以下「利用制限事由」という。）の該当性に関する事前審査
　④ Ｂ－7(1)に定める目録の作成
(3) 館は，特定歴史公文書等の利用が円滑に行われるようにするため，(2)③に規定する事前審査の方針を定めるものとする。

Ｂ－2　寄贈・寄託された文書の受入れ
(1) 館は，法人その他の団体（国及び独立行政法人等を除く。以下「法人等」という。）又は個人から特定の文書を寄贈又は寄託する旨の申出があった場合，当該文書が歴史公文書等に該当すると判断する場合には，当該文書を受け入れるものとする。
(2) 館は，(1)に基づき受け入れた特定歴史公文書等について，寄贈又は寄託をした者の希望に応じ，利用の制限を行う範囲及びこれが適用される期間を定めた上で，次に掲げる措置を施し，原則として受入れから1年以内に排架を行うものとする。
　① くん蒸その他の保存に必要な措置
　② Ｂ－4(4)に定める識別番号の付与
　③ Ｂ－7(1)に定める目録の作成

Ｂ－3　著作権の調整
　　館は，Ｂ－1及びＢ－2に基づき受け入れた特定歴史公文書等に著作物や実演，レコード又は放送若しくは有線放送に係る音若しくは影像（以下「著作物等」という。）が含まれている場合は，当該著作物等について，必要に応じて，予め著作者，著作権者，実演家又は著作隣接権者から著作者人格権，著作権，実演家人格権又は著作隣接権についての許諾や同意を得ること等により，当該特定歴史公文書等の円滑な利用に備えるものとする。

≪留意事項≫
＜行政機関や独立行政法人等からの受入れ＞
○ 各館においては，行政機関や独立行政法人等において保存期間が満了した歴史公文書等として移管とされたものを受け入れ，保存する。受け入れた歴史公文書等は，法第2条第7項の規定により，特定歴史公文書等となる。
○ 受入れを行った後，くん蒸，ウイルスチェック（検疫），媒体変換，綴じ直しや皺伸ばしといった簡単な修復等の保存に必要な措置を施した上で，識別番号の付与，利用制限事由の該当性の事前審査を行い，目録を作成した上で，1年以内に排架を行う。

＜利用制限事由の該当性の事前審査＞
○ 特定歴史公文書等は，法第16条第1項に掲げる利用制限事由に該当する場合を除き，利用に供することとなる。この点，利用請求の度に逐一その該当性の有無を審査する場合，請求から利用までに相当の時間を要する可能性があり，また，利用の制限に関する判断が保留となっては，インターネットの利用等による公開に関しても支障を及ぼすこととなる。
　そこで，こうした不都合を少なくするため，少なくとも利用頻度が高いことが予想される特定歴史公文書等については，事前に該当性の有無を審査し，速やかに利用に

供せるようにしておくのが事前審査の仕組みである。

　この事前審査は，利用者がどのタイミングでどのような特定歴史公文書等を利用することができるかを決める要素となるため，①どのような特定歴史公文書等について，②どの程度審査を済ませておくか，について，予め方針を立て計画的に行わなければならない。利用頻度が高いことが予想されるカテゴリに属する特定歴史公文書等はあらかじめすべての審査を済ませておく（「全部利用」，「一部利用」，「利用不可」に振り分け）必要があり，それ以外のものについても可能な限り審査を済ませておけるようにしておく必要がある。

　また，この事前審査により利用に供することが可能となった特定歴史公文書等については，利用請求時に利用制限事由の該当性に関する審査を経ることなく利用に供することができるだけでなく，インターネットの利用等により積極的に提供することができるため，方針の策定に当たっては，複製物の作成計画（B—5）との連携も図る必要がある。

　なお，法第16条第2項において，利用制限事由の該当性を判断する際には，時の経過を踏まえて行うこととされているため，事前審査において「一部利用」，「利用不可」となった特定歴史公文書等についても，利用請求がなされた場合，又は一定期間が経過した後に再審査を行う必要がある。

＜寄贈・寄託された文書の受入れ＞
○　国立公文書館等においては，法人等又は個人から歴史公文書等の寄贈又は寄託を受けることができる。法人等又は個人から特定の文書の寄贈又は寄託の申し出があった場合，国立公文書館等は，『行政文書の管理に関するガイドライン』の別表第2の「1 基本的考え方」等を踏まえ，当該文書が歴史公文書等に該当するかを審査し，該当する場合にのみ受入れを行う。なお，当該受入れの判断を行う際しては，当該文書の内容等に照らし，これを特定歴史公文書等として取り扱うことにより当該文書の著作権者等の権利を不当に害することにならないかという観点についても慎重に検討するものとする。

○　寄贈・寄託された文書の利用の制限を行う範囲，期間については，寄贈者・寄託者の意向を尊重して設定する（法第16条第1項第4号）。ただし，利用を制限する場合の期間については，法において「一定の期間」との規定がなされていることから，無期限ではなく，有期の期間を設定する必要がある。

○　利用の制限に関する設定を済ませた後は，行政機関及び独立行政法人等から受け入れた場合と同様，くん蒸，ウイルスチェック（検疫），媒体変換，綴じ直しや皺伸ばしといった簡単な修復等の保存に必要な措置を施した上で，識別番号の付与を行い，目録を作成した上で，1年以内に排架を行う。

＜排架＞
○　排架については，効率的な保存及び利用時の利便性等を確保するために，以下の【基本的考え方】を踏まえ，体系的に行うことが必要である。

　【基本的考え方】
　　出所の原則：出所の異なる公文書等を混合させてはならない。
　　原秩序尊重の原則：その公文書等が移管されたときの順序に従って排列する。
　　媒体の種類による保存環境の留意点：媒体の種類により，温湿度等の保存条件が異なるので，その種類にあった保存環境を考慮する。
　　媒体の種類による排架方法の留意点：媒体の種類により，保存上問題のない排架方法（平積みと縦置き等）や書架の形態，専用のケース（マップケース，フィルム保管庫）を選択する。

＜著作権の調整等＞
○　国立公文書館等が受け入れた特定歴史公

文書等に，いまだ保護期間が切れていない著作物等が含まれる場合に，当該特定歴史公文書等の保存（B―5参照）や各種利用（第C章参照）に当たっては，著作権法の一部を改正する法律（平成24年法律第43号）により権利者（著作者，著作権者，実演家又は著作隣接権者）の同意や許諾を得なくても著作物等の利用が可能となる場合があるが，それ以外の場合には当該著作物等の公表権，氏名表示権，複製権等に留意する必要がある。

○　著作権法の一部を改正する法律による改正後の著作権法（昭和45年法律第48号。以下「改正著作権法」という。）では，法第15条第1項の規定により特定歴史公文書等に係る著作物等を永久保存する場合の複製権との調整規定（改正著作権法第42条の3第1項），法第16条第1項の規定により特定歴史公文書等に係る著作物等を利用する場合の複製権等との調整規定（改正著作権法第42条の3第2項），当該利用の対象が未公表著作物である場合の公表権との調整規定（改正著作権法第18条第3項及び第4項）等が設けられている。

○　改正著作権法により，複製権等との調整については，法第19条に規定する方法により利用をさせるために必要と認められる限度において，当該著作物を利用することができることとされた。しかしながら，特定歴史公文書等の利用促進のため，特定歴史公文書等に係る著作物のインターネット配信等を行う場合などは，その対象とならないため，引き続き権利者の許諾を得る必要がある。

　また，公表権との調整については，著作者が別段の意思表示をした場合を除き，法第16条第1項の規定による利用について同意がなされたものとみなすこととされた。しかしながら，法施行の際現に国立公文書館等が保存する歴史公文書等であって特定歴史公文書等としてみなされたもの（法附則第2条）など，公表権の同意みなしの対象外となる場合があるため，そのような特定歴史公文書等を利用に供する場合には，引き続き著作者の同意を得る必要がある。

○　したがって，著作物等に係る特定歴史公文書等を一般の利用に供しようとする場合にあっては，権利者の同意や許諾の要否を適切に判断するとともに，必要に応じて，予め著作者の同意や許諾を得ること等により，当該特定歴史公文書等の円滑な利用ができるように備えるものとする。

第2節　保存
B―4　保存方法等
(1) 館は，特定歴史公文書等について，D―1の規定により廃棄されるに至る場合を除き，専用の書庫において永久に保存するものとする。
(2) 館は，(1)に定める専用書庫について，温度，湿度，照度等を適切に管理するとともに，防犯，防災，防虫等のための適切な措置を講ずるものとする。
(3) 館は，特定歴史公文書等のうち電磁的記録（電子的方式，磁気的方式その他の人の知覚によっては認識することができない方式で作られた記録をいう。以下同じ。）については，その種別を勘案し，当該特定歴史公文書等を利用できるようにするために媒体変換その他の必要な措置を講ずるよう努めなければならない。
(4) 館は，特定歴史公文書等について，識別を容易にするために必要な番号等（以下「識別番号」という。）を付する。
B―5　複製物
　館は，特定歴史公文書等について，その保存及び利便性の向上のために，それぞれの特定歴史公文書等の内容，保存状態，時の経過，利用の状況等を踏まえた複製物作成計画を定めた上で，適切な記録媒体による複製物を作成する。
B―6　個人情報漏えい防止のために必要

な措置

館は，特定歴史公文書等に個人情報(生存する個人に関する情報であって，当該情報に含まれる氏名，生年月日その他の記述等により特定の個人を識別することができるもの（他の情報と照合することができ，それにより特定の個人を識別することができることとなるものを含む。）をいう。）が記録されている場合には，法第15条第3項に基づき，当該個人情報の漏えいの防止のため，以下の措置を講ずる。

① 書庫の施錠その他の物理的な接触の制限
② 当該特定歴史公文書等に記録されている個人情報に対する不正アクセス行為（不正アクセス行為の禁止等に関する法律（平成11年法律第128号）第2条第4項に規定する不正アクセス行為をいう。）を防止するために必要な措置
③ 館の職員に対する教育・研修の実施
④ その他必要な措置

B－7　目録の作成及び公表
⑴ 館は，特定歴史公文書等に関して，次の各号に掲げる事項について1つの集合物ごとに記載した目録を作成する。
　① 分類及び名称
　② 移管又は寄贈若しくは寄託をした者の名称又は氏名
　③ 移管又は寄贈若しくは寄託を受けた時期
　④ 保存場所
　⑤ 媒体の種別
　⑥ 識別番号
　⑦ 利用することができる複製物の存否
　⑧ 利用制限の区分（全部利用，一部利用，利用不可又は要審査のいずれかを記載のこと）
　⑨ その他適切な保存及び利用に資する情報

⑵ 館は，⑴に規定する目録の記載に当たっては，法第16条第1項第1号イからニまで若しくは第2号イ若しくはロに掲げる情報又は同項第3号の制限若しくは同項第4号の条件に係る情報は記載しないものとする。
⑶ 館は，⑴に規定する目録を閲覧室に備えて付けておくとともに，インターネットの利用等により公表する。

≪留意事項≫
＜永久保存の原則＞
○　特定歴史公文書等は，温度，湿度，照度等が適切に管理され，防犯，防災，防虫等のための適切な措置を講じた専用の書庫において永久に保存されなければならない。館においては，永久保存に資するよう，所蔵する特定歴史公文書等の種類，量，館の置かれた環境等を踏まえ，書庫内の環境整備に関し，適切な措置を講ずる必要がある。

例えば，国立公文書館においては，展示施設を含めた国の推奨基準や国際的なガイドラインを参考にして，以下の方法で運用している。
【温湿度】
　温度を22℃，相対湿度を55％に設定（参考：国宝・重要文化財の公開に関する取扱要項（平成8年7月12日文化庁長官裁定））
【照明】
　蛍光灯は紫外線除去されたものを使用（参考：アーカイブズ資料の展示に関するガイドライン（国際公文書館会議温帯気候における資料保存に関する委員会2007年））
【消火設備】
　イナージェンガス等による自動消火設備を設置（参考：ISO11799：2003情報及びドキュメンテーション―記録保管所及び図書室資料のための文書保管要求事項）
【清掃の徹底】
　排気を出さない高性能フィルターを使用した掃除機により，週一回の頻度で全書庫

のクリーニングを実施（参考：アーカイブズ資料の展示に関するガイドライン（国際公文書館会議温帯気候における資料保存に関する委員会2007年））
○ 電磁的記録については，メタデータ等の情報が失われないように留意すべきである。また，将来の利用を考慮した保存のために必要なハードウェア又はソフトウェアの再生機器の確保が困難な場合は，媒体変換等を施す必要がある。この場合は，原則として，媒体変換等を行った後のものを原本とする。
○ 保存する特定歴史公文書等については，保存及び利用の利便性を確保するために，一意の識別番号を付与する必要がある。

＜複製物＞
○ 館は，特定歴史公文書等について，永久保存の義務を果たすために，劣化要因を除き，各々の媒体に適した環境で保存する必要がある。こうした状況においても，国民が特定歴史公文書等に触れる機会を減らさないようにするためには，適宜，適切な複製物を作成しておくことが不可欠である。特に，劣化が進行し，利用に際して破損を招く可能性のある特定歴史公文書等については，早い段階で複製物を作成し，適切な保存と利用の両立を図ることが重要である。また，電子媒体による複製物を作成することは，インターネットの利用等により，国民が特定歴史公文書等に触れる機会を提供することにもつながる。

　こうした点を踏まえ，館においては，単に数値目標を定めるのみではなく，内容，保存状態，作成からの時の経過，想定される利用頻度を踏まえ，①どのような特定歴史公文書等について，②どの媒体で，作成するかにつき，予算規模も踏まえつつ，あらかじめ計画を定めた上で，複製物を作成しなければならない。

＜個人情報漏洩防止のための措置＞
○ 特定歴史公文書等の保存にあたっては，法第15条第3項において規定されている通り，個人情報漏えい防止のために必要な措置を講じなければならない。これについては，施設の規模，設備を踏まえた対応が必要となるが，例えば，保管庫の施錠，立入制限，防災設備の整備，ネットワーク接続されているコンピュータへのファイアウォールの構築，アクセス制限，情報の暗号化，職員に対する教育・研修等の措置が考えられる。措置を講ずるにあたっては，内閣官房情報セキュリティセンター（NISC）が策定する最新の政府機関の情報セキュリティ対策のための統一基準等も踏まえる必要がある。

　なお，館においては，個人情報以外の情報に関しても，上記を参考としつつ，適切な漏洩防止のための措置を講じておく必要がある。

＜目録の作成及び公表＞
○ 国立公文書館等においては，特定歴史公文書等を適切に保存し，利用に供するため，目録を作成し，公表しなければならない。目録に登録する名称は，1つの集合物（現用文書であった頃の行政文書ファイル等）を単位として作成する。目録の記載例については，以下の通りである。
○ 「分類及び名称」については，例えば行政文書ファイルの分類及び名称と同様のものとするなど，行政文書又は法人文書として保存していた時期と連続性のあるものとすることが望ましい。名称については，必要に応じ，サブタイトルを活用すること等により，特定歴史公文書等の内容が容易に把握できるようにする。
○ 「利用制限」については，事前審査等の結果も踏まえ，「全部利用」「一部利用」「利用不可」「要審査」のいずれかを記載し，必要に応じ，原本の閲覧の可否（C—6(2)を参照）についても記載する。また，事前審査や利用請求がなされた場合に利用制限事由があると判断された特定歴史公文書等については，その後の審査に資するよう，審査日も明記しておくことが望ましい。

○ インターネット上で公開されている複製物がある場合には「利用することができる複製物の存否」の欄にその旨を明記する。
○ B—7(1)⑨の「その他適切な保存及び利用に資する情報」の具体例としては，特定歴史公文書等の作成年月日・特定歴史公文書等の作成（取得）部局等が考えられる。
○ なお，B—7(1)に定められた記載事項は，法施行後に作成する目録に関して適用されるものであり，法施行前に作成された目録にまで及ぶものではない。しかしながら，法施行前に作成された目録に関しても，必要に応じ，その記載内容をB—7(1)に規定した事項に含むものに修正するなど，利用者の利便性を踏まえた対応をとることが望ましい。

【目録の記載例】

名　　称	平成23年度独立行政法人評価委員会第3回国立公文書館分科会
分　　類	内閣府＞大臣官房公文書管理課＞国立公文書館＞評価委員会
受入方法	移管
移管省庁	内閣府
移管年度	平成28年度
保存場所	館：つくば分館，室：05，書架：065，棚：00
媒　　体	紙
識別番号	分館-05-065-00・平28 内府01134100
利用可能な複製物	デジタル画像インターネットにより利用可能
利用制限	全部利用（原本の閲覧可）※利用制限事由があると判断されたものについては審査日を記入

作成部局	内閣府大臣官房公文書管理課
作成年月日	平成23年10月06日 - 平成23年12月15日

第C章　利用
　第1節　利用の請求
　C—1　利用請求の手続
　(1) 館は，法第16条の規定に基づき，特定歴史公文書等について利用の請求（以下「利用請求」という。）をしようとする者に対し，次の各号に掲げる事項を記載した利用請求書の提出を求めるものとする。
　　① 氏名又は名称及び住所又は居所並びに法人その他の団体にあっては代表者の氏名
　　② 利用請求に係る特定歴史公文書等の目録に記載された名称
　　③ 利用請求に係る特定歴史公文書等の識別番号
　　④ 希望する利用の方法（任意）
　　⑤ ④で写しの交付による利用を希望する場合は，C—10(2)に定める写しの作成方法，写しを作成する範囲及び部数（任意）
　(2) 館は，利用請求の円滑化及び効率化を図るため，利用請求書の標準様式等を作成し，閲覧室に備えておくとともに，インターネットの利用等により公表する。
　(3) (1)の提出の方法は，次のいずれかによるものとする。この場合，②の方法において必要な郵送料は，利用請求をする者が負担するものとする。
　　① 閲覧室の受付に提出する方法
　　② 館に郵送する方法
　　③ 情報通信技術を用いて館に送信する方法
　(4) (3)の②及び③に定める方法による利用請求については，利用請求書が館に到達した時点で請求がなされたものと

みなす。
(5) 館は，利用請求書に形式上の不備があると認めるときは，利用請求をした者（以下「利用請求者」という。）に対し，相当の期間を定めて，その補正を求めることができる。

C―2 利用請求の取扱い
(1) 館は，特定歴史公文書等について前条に定める利用請求があった場合には，次に掲げる場合を除き，これを利用に供するものとする。
① 【行政機関から移管を受ける施設の場合】
　当該特定歴史公文書等に次に掲げる情報が記録されている場合
　　イ　行政機関の保有する情報の公開に関する法律（平成11年法律第42号。以下「行政機関情報公開法」という。）第5条第1号に掲げる情報
　　ロ　行政機関情報公開法第5条第2号又は第6号イ若しくはホに掲げる情報
　　ハ　公にすることにより，国の安全が害されるおそれ，他国若しくは国際機関との信頼関係が損なわれるおそれ又は他国若しくは国際機関との交渉上不利益を被るおそれがあると当該特定歴史公文書等を移管した行政機関の長が認めることにつき相当の理由がある情報
　　ニ　公にすることにより，犯罪の予防，鎮圧又は捜査，公訴の維持，刑の執行その他の公共の安全と秩序の維持に支障を及ぼすおそれがあると当該特定歴史公文書等を移管した行政機関の長が認めることにつき相当の理由がある情報
【独立行政法人等から移管を受ける施設の場合】
　当該特定歴史公文書等に次に掲げる情報が記録されている場合
　　イ　独立行政法人等の保有する情報の公開に関する法律（平成13年法律第140号。以下「独立行政法人等情報公開法」という。）第5条第1号に掲げる情報
　　ロ　独立行政法人等情報公開法第5条第2号又は第4号イからハまで若しくはトに掲げる情報
② 当該特定歴史公文書等がその全部又は一部を一定の期間公にしないことを条件に法人等又は個人から寄贈され，又は寄託されたものであって，当該期間が経過していない場合
③ 当該特定歴史公文書等の原本を利用に供することにより当該原本の破損若しくはその汚損を生ずるおそれがある場合又は当該原本が現に使用されている場合
(2) 館は，利用請求に係る特定歴史公文書等が(1)①に該当するか否かについて判断するに当たっては，当該特定歴史公文書等が行政文書（法人文書）として作成又は取得されてからの時の経過を考慮するとともに，当該特定歴史公文書等に法第8条第3項又は第11条第5項の規定による意見が付されている場合には，当該意見を参酌する。
(3) 館は，(2)において時の経過を考慮するにあたっては，利用制限は原則として作成又は取得されてから30年を超えないものとする考え方を踏まえるものとする。

≪留意事項≫
＜利用請求の手続＞
○ 利用請求に当たっては，C―1(1)に掲げる事項を記載した利用請求書の提出を請求

4　特定歴史公文書等の保存，利用及び廃棄に関するガイドライン

者に求める。館は，利用請求者の利便性を踏まえ，利用請求書の標準様式を作成し，閲覧室に備えるとともにホームページ等において公表しておく必要がある（様式例：別添1）。なお，迅速な利用に配慮するため，利用請求者が，写しの交付に係る料金表の記載を参考に（C―11の《留意事項》を参照），あらかじめ利用の方法を指定することができる場合は，利用請求書に希望する方法を記載することにより，利用決定後の利用の方法の選択の手続を省略することができる。
○　請求は，閲覧室で受け付けるほか，遠隔地からの請求の便宜のため，郵送，情報通信技術を利用した提出方法も用意しておく必要がある。情報通信技術を利用した方法については，例えば，ホームページ上のメールフォームを利用する提出方法が考えられるが，この場合，暗号通信を利用すること等，セキュリティにも十分配慮する必要がある。
○　利用請求は到達した時点で請求がなされたものとみなされるため，仮に遠隔地から送付した利用請求書が何らかの事情により館に届かなければ，利用請求がなされたと扱われることはない。ただし，利用者の便宜を踏まえ，郵送の場合は配達証明をとってもらうようにすること，情報通信技術を利用した方法による場合は到達を確認したら返信のメールを流すこと等の確認の方法を用意しておく必要がある。その上で，こうした確認の方法について，ホームページでの掲載や利用請求書への記載といった方法で周知をしておくことが望ましい。
○　利用請求に係る特定歴史公文書等が大量に及び，処理に長期間を要するような場合には，利用請求者間のバランス確保の必要性や事務遂行上の支障等の事情を説明し，分割請求にしてもらうよう要請する。ただし，利用請求の内容は，請求者の意思によるので，要請を拒否された場合には，C―6(4)の適用等により処理を行う。

○　なお，利用請求による利用は，必要書類も複数あり，利用者にとっては手続が負担となる可能性が否定できないため，少なくとも目録上において「全部利用」，「一部利用」とされた特定歴史公文書等については，こうした利用請求の手続とは別途，簡便に特定歴史公文書等を利用できる仕組みを整えておく必要がある（C―13を参照）。

＜利用制限事由該当性の審査＞
○　利用請求があった特定歴史公文書等については，法第16条第1項に規定する利用制限事由がある場合を除き，利用に供しなければならない。利用制限事由の該当性については，適正な審査を行うため，館において審査基準を策定し，公表する必要がある。なお，審査基準の策定にあたっては，独立行政法人等においても，意見公募手続等を活用することが望ましい。
○　利用制限事由に関する審査は，基本的には利用請求がなされてから行う仕組みではあるが，請求から早い段階で利用決定を行うためにも，事前審査（B―1(2)③）において相応の量の審査を済ませておくことが望まれる。また，受入れの段階で審査が終了しなかった特定歴史公文書等（及び法施行の段階で審査が終えられていない特定歴史公文書等）についても，想定される利用頻度等を踏まえた審査計画を定めた上で，着実に審査を行っていく必要がある。
○　利用制限事由に関する審査に当たっては，文書が作成されてからの時の経過とともに，移管元の組織から意見が付されている場合には，その意見を参酌しなければならない。このうち，時の経過の判断に当たっては，国際的な慣行である30年ルール（1968年ICA（国際公文書館会議）マドリッド大会において出された，利用制限は原則として30年を超えないものとする考え方）をも踏まえる必要がある。なお，時の経過を踏まえて行うこととされていることを踏まえれば，事前審査や利用請求がなされた場合に利用制限事由があると判断された特定

95

歴史公文書等については，審査を行った日付及び利用制限を行った理由を記録の上，その後に利用請求がなされた場合や一定期間が経過した後に再審査を行う必要がある。

C－3　部分利用
(1) 館は，C－2(1)①又は②に掲げる場合であっても，(1)①に掲げる情報又は(1)②の条件に係る情報（以下C－3において「利用制限情報」という。）が記録されている部分を容易に区分して除くことができるときは，利用請求者に対し，当該部分を除いた部分を利用させなければならない。ただし，当該部分を除いた部分に有意の情報が記録されていないと認められるときは，この限りでない。
(2) (1)に規定する区分の方法は，次の各号に掲げる特定歴史公文書等の種類に応じ，当該各号に掲げる方法とする。
　① 文書又は図画　当該特定歴史公文書等の写しを作成し，当該写しに記載されている利用制限情報を墨塗りする方法（ただし，利用請求者の同意があれば，利用制限情報が記載されている範囲を被覆する方法によることを妨げない。）
　② 電磁的記録　当該記録の写しを作成し，当該写しに記載されている利用制限情報を消除する方法

C－4　本人情報の取扱い
(1) 館は，C－2(1)①イに掲げる情報により識別される特定の個人（以下この条において「本人」という。）から，当該情報が記録されている特定歴史公文書等について利用請求があった場合において，次の各号のいずれかに掲げる書類の提示又は提出があったときは，本人の生命，健康，生活又は財産を害するおそれがある情報が記録されている場合を除き，当該特定歴史公文書等につき当該情報が記録されている部分についても，利用に供するものとする。
　① 利用請求をする者の氏名及び住所又は居所と同一の氏名及び住所又は居所が記載されている運転免許証，健康保険の被保険者証，住民基本台帳法（昭和42年法律第81号）第30条の44第1項に規定する住民基本台帳カード，出入国管理及び難民認定法（昭和26年政令第319号）第19条の3に規定する在留カード，日本国との平和条約に基づき日本の国籍を離脱した者等の出入国管理に関する特例法（平成3年法律第71号）第7条第1項に規定する特別永住者証明書その他法律又はこれに基づく命令の規定により交付された書類であって，当該利用請求をする者が本人であることを確認するに足りるもの
　② ①に掲げる書類をやむを得ない理由により提示し，又は提出することができない場合にあっては，当該利用請求をする者が本人であることを確認するため館が適当と認める書類
(2) C－1(3)②又は③に定める方法により利用請求をする場合には，(1)の規定に関わらず，(1)①及び②に掲げる書類のいずれかを複写機により複写したもの及びその者の住民票の写しその他のその者が当該複写したものに記載された本人であることを示すものとして館が適当と認める書類（利用請求をする日前30日以内に作成されたものに限る。）を館に提出すれば足りるものとする。

C－5　第三者に対する意見提出機会の付与等
(1) 館は，利用請求に係る特定歴史公文書等に国，独立行政法人等，地方公共団体，地方独立行政法人及び利用請求をした者以外の者（以下この条において「第三者」という。）に関する情報

が記録されている場合には、当該特定歴史公文書等を利用させるか否かについての決定をするに当たって、当該情報に係る第三者に対し、次の各号に掲げる事項を通知して、法第18条第1項に基づく意見書を提出する機会を与えることができる。
① 利用請求に係る特定歴史公文書等の名称
② 利用請求の年月日
③ 利用請求に係る特定歴史公文書等に記録されている当該第三者に関する情報の内容
④ 意見書を提出する場合の提出先及び提出期限
(2) 館は、第三者に関する情報が記録されている特定歴史公文書等の利用をさせようとする場合であって、当該情報が行政機関情報公開法第5条第1号ロ若しくは第2号ただし書に規定する情報（※独立行政法人等から移管を受ける施設の場合は、独立行政法人等情報公開法第5条第1号ロ若しくは第2号ただし書に規定する情報）に該当すると認めるときは、利用させる旨の決定に先立ち、当該第三者に対し、次の各号に掲げる事項を書面により通知して、法第18条第2項に基づく意見書を提出する機会を与えなければならない。ただし、当該第三者の所在が判明しない場合は、この限りでない。
① 利用請求に係る特定歴史公文書等の名称
② 利用請求の年月日
③ 法第18条第2項の規定を適用する理由
④ 利用請求に係る特定歴史公文書等に記録されている当該第三者に関する情報の内容
⑤ 意見書を提出する場合の提出先及び提出期限
(3) 館は、特定歴史公文書等であって法

第16条第1項第1号ハ又はニに該当するものとして同法第8条第3項の規定により意見を付されたものを利用させる旨の決定をする場合には、あらかじめ、当該特定歴史公文書等を移管した行政機関の長に対し、次の各号に掲げる事項を書面により通知して、法第18条第3項に基づく意見書を提出する機会を与えなければならない。
① 利用請求に係る特定歴史公文書等の名称
② 利用請求の年月日
③ 利用請求に係る特定歴史公文書等に付されている法第8条第3項の規定による意見の内容
④ 意見書を提出する場合の提出先及び提出期限
(4) 館は、(1)又は(2)の規定により意見書を提出する機会を与えられた第三者が当該特定歴史公文書等を利用させることに反対の意思を表示した意見書を提出した場合において、当該特定歴史公文書等を利用させる旨の決定をするときは、その決定の日と利用させる日との間に少なくとも2週間を置かなければならない。この場合において、館は、その決定後直ちに、当該意見書（C—12において「反対意見書」という。）を提出した第三者に対し、法第18条第4項に基づき利用させる旨の決定をした旨及びその理由並びに利用させる日を書面により通知しなければならない。

≪留意事項≫
＜部分利用＞
○ 利用請求のあった特定歴史公文書等に利用制限情報が含まれていた場合でも、当該利用制限情報が記録されている部分を容易に区分して除くことができるときは、利用請求者に対し、当該部分を除いた部分を利用させなければならない。ただし、残りの

部分に有意の情報が記録されていないと認められるとき（例えば，無意味な文字，数字等の羅列のように，残りの部分を利用に供しても意味がないときをいう。）はこの限りではない。
○ 区分の方法は，文書又は図画であれば，当該特定歴史公文書等の写しを墨塗りする方法（マスキング）によることが原則であるが，この方法では作業に一定の時間を必要とするため，利用請求者の同意があれば，利用制限情報が記載されている範囲を被覆（袋がけ）して区分する方法により利用に供することもできるようにしておく必要がある。マスキングに関しては，利用制限情報が記載された部分を原本から除去して（後方部分を詰めて），当該文書のコピーを作成することは適当ではないが，例えば，ページ単位で全部墨塗り状態のものが何ページにもわたる場合には，当該墨塗りページを何ページも利用に供する必要はなく，○ページから○ページまでの部分はすべて利用を制限する旨説明を付せば足りる。

なお，マスキングによる方法は作業に一定の時間を要するため，利用請求者に対して，あらかじめ閲覧が可能となる日について情報提供しておく必要がある。

＜本人情報の取扱い＞
○ 本人情報の取扱いについては，本人確認が可能な書類の提出又は提示があった場合にのみ行うことができる。C—4(1)②に該当する書類としては，例えば，外国政府が発行する外国旅券，①の書類が更新中の場合に交付される仮証明書や引換証類，戸籍謄本，介護保険被保険者証，母子健康手帳，身体障害者手帳，療育手帳等，館が総合的に勘案して書類の保持者が本人であると判断できるものが該当する。

＜意見提出機会の付与＞
○ 特定歴史公文書等を利用させるか否かの決定を行うに当たっては，必要に応じ，法第18条に基づき通知を行い，意見提出機会を付与しなければならない。この場合，事務の効率化のため，あらかじめ通知書の様式（様式例：別添2—1，2，3）を作成しておくことが望まれる。また，通知書には，回答用の意見書（様式例：別添3—1，2）を添付しておく。なお，意見提出期限については，C—6(1)において，利用制限事由に関する審査が必要な場合は利用請求があってから30日以内に決定を行うものとされていることを踏まえれば，通常，1週間程度の期間を設定すればよいが，意見書の提出が短期間に行えない合理的な理由があり，そのために必要な意見提出期限を設定することにより，利用請求があった日から30日以内に利用決定を行えない場合は，C—6(3)の期限延長を行うことになる。
○ 館は，第三者が当該特定歴史公文書等を利用させることについて反対意見書を提出した場合において，当該特定歴史公文書等を利用させる旨の決定をするときは，その決定の日と利用させる日との間に少なくとも2週間を置かなければならない。この場合において，館は，その決定後直ちに，反対意見書を提出した第三者に対し，法第18条第4項に基づき利用させる旨の決定をした旨及びその理由並びに利用させる日（その日以降に利用できる旨）を書面により通知しなければならない（様式例：別添4）。

C—6　利用決定
(1) 館は，利用請求があった場合は速やかに，これに係る処分についての決定（以下「利用決定」という。）をしなければならない。ただし，利用制限事由の存否に係る確認作業が必要な場合その他の時間を要する事情がある場合は，利用請求があった日から30日以内に利用決定をするものとする。この場合において，館がC—1(5)の規定により補正を求めたときは，当該補正に要した日数は，当該期間に算入しない。
(2) 利用決定においては，利用請求の

あった特定歴史公文書等ごとに，次の各号に掲げる処分のいずれかを決定するものとする。
　　① 全部の利用を認めること（ただし法第19条ただし書の規定に基づき写しを閲覧させる方法を用いる場合にはその旨を明記すること。②において同じ。）
　　② 一部の利用を認めないこと
　　③ 全部の利用を認めないこと
　(3) 館は，利用決定に関し，事務処理上の困難その他正当な理由があるときは，(1)の規定に関わらず，(1)ただし書に規定する期間を30日以内に限り延長することができる。この場合において，館は，利用請求者に対し，遅滞なく，延長後の期間及び延長の理由を通知するものとする。
　(4) 館は，利用請求に係る特定歴史公文書等が著しく大量であるため，利用請求があった日から60日以内にそのすべてについて利用決定をすることにより事務の遂行に著しい支障が生ずるおそれがある場合には，(1)及び(3)の規定に関わらず，利用請求に係る特定歴史公文書等のうちの相当の部分につき当該期間内に利用決定をし，残りの部分については相当の期間内に利用決定をすることができる。この場合において，館は，利用請求があった日の翌日から30日以内（C－1(5)の規定により補正に要した日数を除く。）に，利用請求者に対し，次に掲げる事項を書面により通知しなければならない。
　　① 本規定を適用する旨及び理由
　　② 残りの部分について利用決定をする期限
C－7　利用決定の通知
　(1) 館は，利用決定をした場合，当該特定歴史公文書等の利用請求者に対して，以下の事項について記載した通知書（以下「利用決定通知書」という。）により決定の内容を通知しなければならない。
　　① 利用請求のあった特定歴史公文書等に関する処分の結果
　　② 利用請求書において請求した利用が認められない場合（法第19条ただし書の適用により原本の閲覧が認められない場合を含む。）はその理由
　　③ 利用の方法
　(2) 利用決定通知書には，利用請求者が利用の方法を申し出るための書類（以下「利用の方法申出書」という。）を添付しなければならない。
　(3) 通知は，閲覧室で行うほか，利用請求者の求めに応じ，次の各号に掲げる方法により行うこともできる。この場合，①の方法において必要な郵送料は，利用請求者が負担するものとする。
　　① 利用決定通知書を利用請求者に郵送する方法
　　② 情報通信技術を用いて利用決定通知書を利用請求者に送付する方法

≪留意事項≫
＜利用決定＞
○ 法第19条ただし書においては，特定歴史公文書等の保存に支障を生ずるおそれがあるときその他正当な理由があるときに限り，写しを閲覧させる方法により利用させることができる旨が規定されている。これを踏まえ，利用決定を行う際には，①原本と写しのどちらが閲覧できるか，②どの部分を利用させるか，③原本の閲覧をさせられない場合はその具体的な理由（紙力が落ちているため，紙に触れただけで破れてしまう等）について示さなければならない。利用者に対する透明性を確保する観点からすれば，原本の利用が認められない場合について，可能な限りわかりやすい形で，利用者に示せるようにしておくことが望まれる。

＜利用決定の期限＞
○　利用決定は利用請求があってから速やかに利用決定を行わなければならない。特に、事前審査において利用制限事由に該当する情報がないことが明らかになった特定歴史公文書等については、専決処理を行うこと等により、利用請求を受けてから極力早いタイミングで利用に供することが必要である。

　なお、館は、利用決定をするに当たっては、利用者間の公平性をも踏まえる必要があるため、例えば一部の利用請求者が大量の特定歴史公文書等の利用の請求をしたような場合においては、他の利用請求者の利便性を阻害しない範囲で利用決定の審査のスケジュールを立てる必要がある。

＜利用決定の延長＞
○　利用制限事由の存否に係る確認作業が必要な場合は、相応の時間が必要なため、利用請求から30日以内に利用決定をすることとしている。この期間の計算については、民法第140条により、「利用請求があった日」は含まれず、利用請求があった日の翌日から起算することになる。また、期間の末日が日曜日、「国民の祝日に関する法律」に規定する休日その他の休日に当たる場合は、民法第142条の規定により、その翌日をもって期間が満了することとなる。

○　事務処理上の困難その他の正当な理由があるときは、利用請求者に通知した上で（様式例：別添5）、さらに30日の延長が認められる。ここにいう「事務処理上の困難」とは、利用請求に係る特定歴史公文書等の量の多少、利用請求に係る特定歴史公文書等の利用制限事由に関する審査の難易度、当該時期における他に処理すべき事案の量等を勘案して判断される。「その他正当な理由」としては、例えば、第三者に対する意見書提出の機会を付与するに当たり、特定歴史公文書等に記録されている情報の量が大量であるため第三者に十分な時間を与えることが必要と認められる場合、第三者が多数存在するため手続に時間を要する場合、利用請求に係る特定歴史公文書等が古文又は外国語で書かれており判読・審査に時間を要する場合、利用請求に係る特定歴史公文書等の劣化が進行し、特に慎重な取扱いが必要な場合等が挙げられる。

○　また、館は国民一般に対して特定歴史公文書等を利用に供する施設であり、特定の利用請求に係る事案の処理により、他の利用請求の処理や利用制限事由に係る事前審査の作業が滞るようなことがあってはならない。そこで、このように特定の利用請求が他の利用請求者の円滑な利用を阻害しないようにするため、利用請求に係る特定歴史公文書等が著しく大量であり、利用請求があった日から60日以内にそのすべてについて利用決定をすることにより事務の遂行に著しい支障が生ずるおそれがある場合には、特別に例外的な措置として、相当の部分につき60日以内に利用決定をし、残りの部分については相当の期間内に利用決定をする措置を講ずることが認められる。この場合には、利用請求がなされてから30日以内に、利用請求者に対し、特例を利用する理由及び残りの部分について利用決定する期限を書面により通知しなければならない（様式例：別添6）。

　この特例を適用する場合、館は、利用請求者に対して、処理の時期の見通しを通知する必要がある。少なくとも、利用請求のあった特定歴史公文書等のすべての処理を終了させる期限を示す必要があるが（C─6(4)②）、これに加え、利用請求者の希望があれば、利用請求のなされた特定歴史公文書等の分量に応じたスケジュールを示した上で、60日ごとに分割して利用決定を行うことも検討する必要がある。いずれにせよ、利用請求者の便宜を踏まえ、①いつの段階で、②どの特定歴史公文書等に利用決定がなされるかについて、可能な限り具体的な情報提供をする必要がある。

＜利用決定の通知＞

○ 利用決定の通知は，利用決定通知書をもって行う（様式例：別添7）。利用決定通知書には，利用請求のあった特定歴史公文書等の名称，決定の内容及び利用制限を行う部分があればその理由，原本の閲覧を認めない場合はその理由を記載する。

○ 利用請求者は，利用決定の内容に不服がある場合は，行政不服審査法第6条の規定により，利用請求者が利用決定があったことを知った日の翌日から起算して60日以内に異議申立てを行うことができる。

○ 理由の提示は，異議申立て又は訴訟の提起により救済を求める場合や，利用請求する内容を変更して再度利用請求を行うなどの対応をとる場合にその便宜を図るものであり，該当する理由はすべて提示する必要がある。

したがって，記載は，行政手続法第8条第1項を踏まえた具体的なものとする必要があり，法第16条第1項各号（又はこれらにより引用されている情報公開法各号）の根拠条文を引用するだけではなく，当該条文に該当することの根拠も示さなければならない。移管元の行政機関等からの意見を踏まえて制限を施すのであればその旨を明記する必要がある。

また，形式上の不備により利用を認めない旨の決定をするときは，形式要件（必要記載事項の記載等）として求められる要件のうち，具体的にどの要件を満たしていないか（どの要件の記載を満たしていないか）を明確にする。

○ 利用決定通知書には，利用に供することとした特定歴史公文書等の種類に応じて実施できる方法のすべて（具体的な写しの方法についてもすべて列挙すること）を記載する。これとあわせ，利用の方法申出書（様式例：別添8）を添付し，利用請求者が希望する方法を指定できるようにする。なお，利用請求者が，C—1⑴④及び⑤においてあらかじめ利用の方法を選択した場合においても，希望する利用の方法が変更される可能性があるため，利用の方法申出書を添付する必要がある。この場合，利用の方法に変更がない場合の提出は不要である（写しの交付に必要な手数料を支払えばよい（C—10, 11の≪留意事項≫を参照）。）旨をあわせて伝えておく。

○ 遠隔地の請求者に対して利用決定通知書を送付する場合の郵送に関しては，①具体的な額，②納付方法についてそれぞれの館ごとに整理し，必要に応じて利用請求者に示せるようにしておく必要がある。納付方法については，基本的には，必要な郵送料分の郵便切手等を同封してもらうなど，請求の時点で納付してもらう必要がある。郵便切手等の額が必要額よりも少なかった場合は，利用請求者に対し，不足分を追加で納付するよう求める。

また，利用請求がなされた特定歴史公文書等を，インターネットの利用等により館が既に公開している場合は，利用請求の手続を経ることなく利用することが可能であるため，利用者に不要に手間を取らせることのないよう，当該特定歴史公文書等がインターネット上で公開されている旨及びインターネットにおいて公開されている特定歴史公文書等に関する情報（インターネット上の目録のアドレスの教示等）をあわせて伝える必要がある。

C—8　利用の方法
⑴　特定歴史公文書等の利用は，文書又は図画については閲覧又は写しの交付の方法により，電磁的記録については次の各号に掲げる方法により行う。
　①　当該電磁的記録を専用機器により再生又は映写したものの聴取，視聴又は閲覧
　②　当該電磁的記録を用紙に出力したものの閲覧又は交付
　③　当該電磁的記録を電磁的記録媒体に複写したものの交付

(2) (1)に規定する電磁的記録の利用の方法は,情報化の進展状況等を勘案して,利用者が利用しやすいものとする。
(3) 利用の方法は,利用請求者が利用請求書又は利用の方法申出書に利用の方法を記載し,館に提出することにより指定するものとする。
(4) 利用の方法申出書は,利用決定の通知があった日から30日以内での提出を求めるものとする。ただし,利用請求者において,当該期間内に当該申出をすることができないことにつき正当な理由があるときは,この限りでない。
(5) 利用の方法申出書の提出の方法については,C―1(3)の規定を準用する。

C―9 閲覧の方法等
(1) 特定歴史公文書等の閲覧は,閲覧室で行うものとする。
(2) 閲覧室における特定歴史公文書等の利用に関しては,別に定めるところによる。

C―10 写しの交付の方法等
(1) 特定歴史公文書等の写しの交付は,当該特定歴史公文書等の全部について行うほか,その一部についても行うことができる。この場合において,館は,利用請求者に対し,具体的な範囲の特定を求めるものとする。
(2) 写しの交付は,次の①及び②の各号に掲げる特定歴史公文書等の媒体について,当該各号に定めるものの中から館が指定した方法のうち,利用請求者の希望するものについて,利用請求者から部数の指定を受けた上で実施するものとする。
  ① 文書又は図画(法第16条第3項の規定に基づく利用のために作成された複製物を含む。②において同じ。)
    ア 用紙に複写したもの
    イ 撮影したマイクロフィルムのネガ
    ウ スキャナにより読み取ってできた電磁的記録
    エ ウをフレキシブルディスクカートリッジや光ディスク等に複写したもの
  ② 電磁的記録
    ア 用紙に出力したもの
    イ 電磁的記録として複写したもの
    ウ イをフレキシブルディスクカートリッジや光ディスク等に複写したもの
(3) 館は,利用請求者より,写しの交付を行う範囲,方法及び部数の指定を受けた場合は速やかに料金表(※各館の利用等規則において別表として添付)に基づき手数料額を算定し,当該料金を利用請求者に通知するものとする。
(4) 館は,C―11に定める手数料の納付が確認されたのち,速やかに写しの交付を行うものとする。
(5) 写しの交付は,館において行うほか,利用請求者の求めに応じ,次の各号に掲げる方法により行うこともできる。この場合,①の方法において必要な郵送料は,利用請求者が負担するものとする。
  ① 利用請求者に郵送する方法
  ② 情報通信技術を用いて利用請求者に送付する方法

C―11 手数料等
(1) 館は,利用請求者が写しの交付を受ける場合には,料金表に基づき算出した手数料の納入を,次の各号に定めるもののうち,館が指定する方法により受け取るものとする。
  ① 館において直接納入する方法
  ② 館に郵便書留で送付する方法
  ③ 館の指定する銀行口座へ振り込む方法
  ④ 館において印紙を直接納付する方法
  ⑤ 印紙を所定の書類に貼付して館に郵便書留で送付する方法

> (2) (1)②, ③又は⑤の手続に必要な費用は, 利用請求者が負担するものとする。
> (3) 館は, 料金表を閲覧室に常時備え付けるとともに, インターネットの利用等により公表する。

≪留意事項≫
<利用の方法>
○ 利用は, 文書又は図面については閲覧(法第19条ただし書に規定する写しの閲覧も含む)又は写しの交付の方法の中から, 利用請求者が希望する方法を選択する。基本的には, 利用決定時に, 利用決定通知書の「利用の方法」の中から希望する方法を利用の方法申出書 (様式例:別添8) により指定するが, 利用請求者が利用請求の段階において, 具体的な利用の方法を指定している場合には, あらかじめ指定された方法に基づき利用に供する。ただし, 利用請求者が利用請求書に記載した方法と異なる方法での利用を希望する場合には, 利用請求者は改めて希望する利用の方法を利用の方法申出書に記載し, 館に提出する。

○ 利用請求者は, 原則として利用決定通知があった日から30日以内に利用の方法申出書に必要事項を記載して提出する必要がある。この場合の30日とは, 利用請求者が利用決定通知書を受け取った日の翌日から起算して30日以内に, 特定歴史公文書等の利用の方法申出書を投函すれば足りる。一般的には, 日本国内であれば, 館が利用決定通知書を発出してから2〜3日程度で, 当該利用決定通知があったことを知りうる状態になるものと考えられる。

なお, 正当な理由なく, 申出期間内に利用の方法申出書の提出がなされない場合には, 利用に供する必要はない。

○ 電磁的記録の利用については, 例えば以下の方法によること等が考えられる。
① 当該電磁的記録を専用機器により再生又は映写したものの聴取, 視聴又は閲覧

―音声記録, 動画記録等を収録した光ディスクをPC搭載のDVDドライブ等を用いての聴取等
② 当該電磁的記録を用紙に出力したものの閲覧又は交付
―電子公文書等をPC接続のプリンタで紙に出力したものの閲覧
③ 当該電磁的記録を電磁的記録媒体に複写したものの交付
―音声記録, 動画記録等を収録した光ディスクの交付

<閲覧の方法等>
○ 閲覧は, C―18に規定する移管元行政機関による利用の場合を除き, 閲覧室において行う。閲覧室において, 利用者は, 特定歴史公文書等が破損, 汚損しないよう慎重な取扱いが求められるとともに, 他の利用者との関係でも閲覧室を適切に利用することが必要となる。こうした適切な利用を確保するため, 館は, 閲覧室での特定歴史公文書等の利用に関する定めを設けなければならない。この定めには, 特定歴史公文書等の利用に関しての手続, 特定歴史公文書等の取扱い (利用者がカメラ等を用いて特定歴史公文書等を撮影する場合の留意点, 特定歴史公文書等の破損に関する利用者の責任等。なお, カメラ等を用いた撮影については, 極力, 認めることが望ましい。)等, 閲覧室で特定歴史公文書等を利用する際の全般的な事項に関して規定する。

<写しの交付の方法>
○ 写しの交付は, 利用に係る特定歴史公文書等の全部について行う方法のほか, 利用請求者が原本又は写しにおいて具体的な範囲を指定した上で, その一部について行う方法も可能とする。

○ 写しの方法は, 利用者の利便性を踏まえ, 特定歴史公文書等のそれぞれの媒体ごとに, なるべく複数の方法を用意しておくことが望ましい。また, マイクロフィルムや映画フィルム等のような, 文書・図画, 電磁的記録以外の媒体の特定歴史公文書等を

保存している場合には，これらの媒体に関しても適切な写しの方法を用意しておく必要がある。各館において指定した写しの方法については，後述する料金表の中で明らかにする。
○ 文書又は図画を用紙に複写する場合は，原本から直接複写する方法のほか，原本保護のため，マイクロフィルムや電磁的記録を中間媒体として活用して複写する方法が考えられるが，両者の間では手数料に開きが生じることも想定されるため，どのような場合にどのような方法で複写するのが適当かあらかじめ明確にしておかなければならない。
○ 電磁的記録においてはフレキシブルディスクカートリッジ（フロッピーディスク等）や光ディスク等の媒体に記録する方法のほか，情報通信技術を用いて送付するために，媒体に記録せずに電磁的記録のまま交付する方法についても検討する必要がある。

＜手数料，料金表＞
○ 館は，利用請求者より，写しの交付を行う範囲，方法及び部数の指定を受けた場合は，速やかに料金表に基づき手数料額を算定し，利用請求者に通知する。利用請求書において，写しの交付を行う範囲，方法，部数が指定されている場合は，利用決定の通知と同時に手数料額を通知する必要がある。
○ 料金表には，各館における写しの方法のメニュー及び必要な手数料を記載し，各館の規則の別表として添付する必要がある。また，館は，利用請求者の便宜を図るため，料金表をインターネット等の方法により公表しなければならない。
○ 写しの交付に当たっては，利用請求者より手数料及び郵送等に必要な費用の納付を事前に受けなければならない。手数料その他の費用の納付は，館において受け付けるほか，遠隔地の利用請求者の利便性も考慮し，郵送，銀行振込等による納付の方法も用意しておく必要がある。郵送料については，必要な郵送料分の郵便切手等を同封してもらうなど，手数料を納付する際にあわせて納付してもらう必要がある。郵便切手等の額が必要額よりも少なかった場合は，利用請求者に対し，不足分を追加で納付するよう求める。
○ 館は，手数料の納付を確認したら，速やかに写しを交付する。館で直接交付する方法のほか，遠隔地の利用請求者の利便性も考慮し，郵便や情報通信技術を利用して送付する方法を整備しておくことが必要である。情報通信技術を利用する方法による場合は，なるべく多くの容量の特定歴史公文書等を送付できるようにするとともに，セキュリティにも配慮し，受け手の技術的な環境に留意する。

C—12　異議申立て
(1) 館は，法第21条に基づく異議申立てがあった時は，次の各号のいずれかに該当する場合を除き，公文書管理委員会に諮問する。
　① 異議申立てが不適法であり，却下するとき。
　② 決定で，異議申立てに係る利用請求に対する処分を取り消し又は変更し，当該異議申立てに係る特定歴史公文書等の全部を利用させることとするとき。ただし，当該異議申立てに係る特定歴史公文書等の利用について反対意見書が提出されているときを除く。
(2) 館は，(1)の諮問をした場合は，次に掲げる者に対し，諮問をした旨を通知する。
　① 異議申立人及び参加人
　② 利用請求者（利用請求者が異議申立人又は参加人である場合を除く。）
　③ 当該異議申立てに係る利用請求に対する処分について反対意見書を提出した第三者（当該第三者が異議申

立人又は参加人である場合を除く。)
(3) Ｃ―5(4)の規定は，次の各号のいずれかに該当する決定をする場合について準用する。
① 利用させる旨の決定に対する第三者からの異議申立てを却下し，又は棄却する決定
② 異議申立てに係る利用請求に対する処分を変更し，当該利用請求に対する処分に係る特定歴史公文書等を利用させる旨の決定（第三者である参加人が当該特定歴史公文書等を利用させることに反対の意思を表示している場合に限る。)
(4) 館は，公文書管理委員会から(1)の諮問に対する答申を受けた場合は，当該答申を踏まえ，速やかに決定を行うものとする。

≪留意事項≫
＜異議申立て＞
○ 利用決定の内容に不服がある場合，利用請求者は国立公文書館等の長に対して，行政不服審査法に基づき異議申立てを行うことができる。異議申立ての処理については，第三者性を確保するため，例えば，利用請求の窓口とは別の担当において処理するなど，利用決定に関する判断をした者と別の者が関与するようにしなければならない。各館においては，異議申立てがなされた場合の処理フローを確立しておくことが必要である。
○ 異議申立てを受けたときは，異議申立書の記載事項について確認を行い，補正を要する場合には，相当の期間を定めて補正を求める。補正命令にしたがって指定期間内に補正された場合，当初から適法な異議申立てがあったものとして取り扱う。補正ができるにもかかわらず，補正を命じないで異議申立てを却下した場合，当該決定は違法なものとなる（行政不服審査法第21条)。

○ 利用決定に反対する第三者から異議申立てがあった場合，一般的には，当該第三者の申立てにより又は国立公文書館等の長の職権で，利用の実施を停止（執行停止）することを検討する必要がある（行政不服審査法第34条)。なお，執行停止の決定を行った場合は，当該第三者及び当該利用決定に係る利用請求者に対し，その旨を通知すべきである。

＜公文書管理委員会への諮問＞
○ 異議申立てがなされた場合，館は，後述する場合のほか，公文書管理委員会（以下「委員会」という。）へ諮問することが必要となる。
○ 委員会への諮問は，諮問書（様式例：別添9）を提出して行うが，諮問に際しては，委員会における調査審議の効率化に資するため，原則として，利用請求書，利用決定通知書及び異議申立書の写しのほか，処分庁としての考え方とその理由を記載した理由説明書を添付する必要がある。
　　理由説明書の記載方法等の確認や日程調整のため，異議申立てがなされた場合は速やかに，委員会の事務局である内閣府大臣官房公文書管理課に連絡をとることが必要である。
○ 委員会に諮問したときは，法第22条で準用する独立行政法人等情報公開法第19条各号に掲げる者（異議申立人，参加人等）に対し，諮問通知書（様式例：別添10）を送付する。
○ 委員会の調査権限に基づき，利用決定に係る特定歴史公文書等の提示，指定された方法により分類し又は整理した資料の作成・提出，意見書又は資料の提出の求めがあった場合には，事案に応じ的確な検討を行い，指定された期限までに適切な対応を行う必要がある。
　　なお，利用決定に係る特定歴史公文書等に記録されている情報の取扱いについて特別の配慮を必要とする場合や，提出した資料等に利用制限事由が含まれている場合に

は，あらかじめその旨を申し出るなど，慎重な取扱いを要請することが適当である。
<諮問義務の例外>
○ 以下の場合は公文書管理委員会へ諮問する必要はない。
　① 異議申立てが不適法であり，却下するとき
　　行政不服審査法第47条第1項に基づき却下する場合を意味する。第三者の意見を聞くまでもなく，客観的に判断できるので諮問を要しないと考えられる場合である。例えば以下のようなケースが考えられる。
　・異議申立てが異議申立期間（原則として「処分があったことを知った日の翌日から起算して60日以内」。行政不服審査法第45条参照）の経過後になされたものであるとき
　・異議申立てをすべき行政庁又は独立行政法人等を誤ったものであるとき
　・異議申立適格のない者からの異議申立であるとき
　・存在しない利用決定についての異議申立てであるとき
　② 決定で，異議申立てに係る利用請求に対する処分を取り消し又は変更し，当該異議申立てに係る特定歴史公文書等の全部を利用させることとするとき（ただし，当該異議申立てに係る特定歴史公文書等の利用について反対意見書が提出されているときを除く）異議申立人の主張を全面的に認めるケースであり，諮問する必要性が乏しいためである。ただし，第三者意見照会（C－5）において反対意見書が提出された場合は，反対利害関係人が存在することが明らかであり，紛争の一回的解決を図る趣旨から（利用を認めてしまえば，反対利害関係人は訴訟を提起する可能性がある），諮問が必要となる。
<異議申立て事案の事務処理の迅速化>
○ 異議申立てを受けた事案については，簡易迅速な手続により，権利利益の救済を図ることが重要であることから，異議申立て事案の迅速な事務処理について，下記のとおり，十分留意する必要がある。
・諮問及び答申後の決定の迅速化
　異議申立てがあった場合，的確な事務処理の進行管理を徹底することにより，可能な限り速やかに委員会へ諮問する。諮問するに当たって改めて調査・検討等を行う必要がないような事案については，異議申立てがあった日から諮問するまでに遅くとも30日を超えないようにするとともに，その他の事案についても，特段の事情がない限り，遅くとも90日を超えないようにすることとする。
　また，委員会から答申を受けた場合も，可能な限り速やかに決定する。原処分を妥当とする答申等にあっては，答申を受けてから決定するまでに遅くとも30日を超えないようにするとともに，その他の事案についても，特段の事情がない限り，遅くとも60日を超えないようにすることとする。
　なお，委員会の答申と異なる決定をする場合には，十分な理由を付す必要がある。
・「特段の事情」により諮問及び答申後の決定までに長期間を要した事案の公表
　特段の事情により，不服申立てがあった日から諮問するまでに90日を超えた事案については，諮問までに要した期間，その理由（特段の事情）等について，年1回，国民に分かりやすく公表することとする。
　また，委員会から答申を受けてから決定するまでに60日を超えた事案についても，決定までに要した期間，その理由（特段の事情）等について，年1回，国民に分かりやすく公表することとする。
<事務処理の進行状況等>
○ 事務処理の透明性を確保するため，異議申立人の求めに応じて，事案処理の進行状況，見通し等について回答するものとする。

第2節　利用の促進
C—13　簡便な方法による利用等
(1) 館は，法第16条において利用が認められている特定歴史公文書等について，第1節に定める方法のほか，あらかじめ手続を定めた上で，簡便な方法（(2)に定めるものを除く。）により利用に供するものとする。
(2) 館は，特定歴史公文書等のデジタル画像等の情報をインターネットの利用により公開すること等の方法により，積極的に一般の利用に供するものとする。

C—14　展示会の開催等
　館は，年度ごとに計画を定めた上で，展示会の開催，館内の見学会その他の取組を行い，歴史公文書等の利用の促進に努めなければならない。

C—15　特定歴史公文書等の貸出し
　館は，他の機関から学術研究，社会教育等の公共的目的を有する行事等において利用するために特定歴史公文書等の貸出しの申込みがあった場合，別に定めるところにより，当該特定歴史公文書等を貸し出すことができる。

C—16　原本の特別利用
　館は，原本の利用を認めるとその保存に支障を生ずるおそれがある特定歴史公文書等について，複製物によっては利用目的を果たすことができない場合等原本による利用が必要と認められる場合は，別に定めるところにより，特に慎重な取扱いを確保した上で，利用者に対し特別に原本を利用に供することができる。

C—17　レファレンス
(1) 館は，特定歴史公文書等の効果的な利用を確保するため，次に掲げるレファレンスを行う。ただし，鑑定の依頼，文書の解読・翻訳等，館の業務として情報提供することが適当でないと認められる場合はこの限りでない。

① 特定歴史公文書等の利用に関する情報の提供
② 特定歴史公文書等の目録に関する情報の提供
③ 特定歴史公文書等の検索方法に係る情報の提供
④ 特定歴史公文書等に関する参考文献，他の公文書館等に関する情報の提供
(2) レファレンスは，閲覧室の開室時間中は随時，口頭，電話，書面その他の方法により，申し込むことができるものとする。

≪留意事項≫
＜簡便な方法による利用等＞
○　利用請求による利用は，必要書類が複数あり，利用者にとって手続が負担となる可能性が否定できない。しかし，そもそも特定歴史公文書等が広く国民により利用されるものであることを踏まえれば，少なくとも目録上において「全部利用」，「一部利用」とされたものについては，こうした利用請求の手続を経なくとも利用可能な範囲で随時，簡便に利用できるような仕組み（例えば事前に登録カードを作成し当該カードを提示することにより利用することができる方法等）を整えておくことが必要である。そこで，館は，あらかじめ手続を定めた上で，こうした簡便な利用の方法についての仕組みを整えるものとする。
○　また，少なくとも目録上において「全部利用」とされている特定歴史公文書等については，インターネットの利用等により，一般に広く公開することができるため，こうした取組についても積極的に行う必要がある。なお，インターネットの利用等により公開されている特定歴史公文書等は，特段の手続を経ることなく利用することが可能であるため，ホームページ上のしかるべき場所においてその旨を明記するととも

に，ホームページ上で公開されている目録において，どの特定歴史公文書等がインターネットの利用等により公開されているのか判別できるようにしておく必要がある。なお，その際，著作権者等から許諾等が必要なものは，許諾等を得た上で，行う必要があることに留意する必要がある。

＜展示会の開催等＞

○ 歴史公文書等に関する利用の促進を図るためには，利用者からの請求を受けるのみではなく，展示会やシンポジウムの開催等の取組を通じて，国民が歴史公文書等に触れる機会を数多く用意することで，国民の歴史公文書等への関心を高めることも重要である。そこで，こうした取組を着実に行うため，年度ごとに計画を立て，展示会の開催や館内の見学ツアー等を積極的，効果的に行う必要がある。

計画の立案に当たっては，展示テーマの設定（国民の関心や歴史ドラマ等の内容を踏まえること等）や展示会場（デパートや博物館の使用，地方での開催）に工夫を凝らすこと，対象者をある程度絞った展示を行うこと（例えば夏休みに学生向けの展示を行うこと等），バックヤードツアーも含めた魅力的な見学プログラムを企画することが考えられる。修学旅行や社会科見学の受入れ等にも積極的に取り組む必要がある。

○ また，なるべく多くの利用者に興味を持ってもらい，歴史公文書等に関する理解を広めてもらうためには，保存上の問題や他の利用者への迷惑，著作権等の問題が特段に生じない限りは，利用者個人が展示物を写真等に記録することについて積極的に認める必要がある。

○ さらに，国立公文書館等として定められている施設同士の連携や博物館等と連携した取組についても検討すべきである。

＜特定歴史公文書等の貸出し＞

○ 外部での展示会，イベント等に対して特定歴史公文書等を貸し出すことは，展示会の開催等と同様に，特定歴史公文書等の利用の促進を図るための重要な機会である。公共的目的をもった行事への貸出依頼があれば積極的な対応を行うことは勿論のこと，地方公共団体をはじめとした団体への積極的な働きかけ，特定歴史公文書等の貸出しの機会の増加に努めることも，館の重要な役割である。

なお，貸出しに当たって館が定める要件としては以下のものが考えられる。

・行政機関，地方公共団体その他の館が適当と認める団体による開催であること
・防火・防犯のための設備又は体制，温湿度管理，輸送に当たっての安全確保等，適切な利用のために館が定める要件を満たすこと
・重要文化財については，必要に応じ，文化財保護法第53条第1項の規定に基づく許可を得ること
・輸送に係る費用及び保険に関する費用は主催する者の側で負担すること
・概ね1ヶ月以内の貸出期間であること

＜原本の特別利用＞

○ 特定歴史公文書等の利用については，原本の破損又は汚損等を招くおそれがある場合は利用を制限する場合があり，また，特定歴史公文書等の保存に支障を来たすおそれがある場合は写しを利用させることもある。しかし，例えば原本の紙質，色合い，綴じの形式等を確認する場合等，原本を閲覧しなければ請求者の目的を達せられない場合もある。法第23条において利用の促進について規定していることを踏まえれば，こうした場合にも，できる限り利用者のニーズに応えることが望ましい。そこで，慎重な取扱いを確保した上で原本を利用に供することとしたのが原本の特別利用の仕組みである。

○ 特別利用の仕組みを設けるに当たっては，利用者に対し，公平性，透明性を確保する観点から，具体的な要件や慎重な取扱いの具体的内容（日時を指定した上で館の施設内の一室で職員の立会いの下で閲覧を

行う等）について館が定めを設けることが必要である。

<レファレンス，検索機能の充実>
○ 特定歴史公文書等を効果的に利用に供するためには，利用者に対し，文書の検索を容易にする検索ツールの整備や充実したレファレンスを行うことが求められる。レファレンスに当たっては，文書の利用方法等の外形的な案内に留まるのではなく，利用者の希望に応じた特定歴史公文書等の検索，参考文献に関する情報提供，特定歴史公文書等が作成された背景に関する説明をすることが望まれる。なお，レファレンスを行う際には，特定の価値判断に偏らないよう留意しなければならない（例えば学説を紹介する場合は，1つの見解である旨を明らかにした上で紹介する。）。

○ こうしたレファレンスを行うための知識は，館の重要な資源であり，一部の担当者に偏って知識が蓄積されることにならないよう，日常業務の一環として明確に位置付け，人事異動の際にもきちんと引き継がれるよう，館としてしかるべく体制を整えなければならない。また，一部の者の在・不在に関わらず一定の内容の説明ができるように資料の充実にも努める必要がある。

≪留意事項≫
<移管元行政機関等の利用>
○ 移管元行政機関等が特定歴史公文書等を利用する場合，当該特定歴史公文書等に利用制限に係る情報が含まれていたとしても，これらの情報は移管前に知り得た情報であり，利用の制限に服するとするのは適切ではない。法第24条においてはこうした観点より特例を定めたものだが，利用制限に係る情報を取り扱う以上，権限のない者に情報が利用されてしまうことがあってはならない。こうしたことがないよう，請求者たる職員に身分証の提示及び行政機関等利用申込書（様式例：別添11）の提出を求める必要がある。

○ また，移管元の行政機関等の職員が業務のために特定歴史公文書等を利用する場合，それぞれの機関等の執務室において利用する必要も当然に存在すると考えられる。そこで，一定の期間を限度として，館外へ持ち出し，移管元行政機関等において閲覧する仕組みを整備しておく必要がある。その場合は，取扱いについて細心の注意を払うべきこと，利用制限に係る情報が第三者の目に触れることがないように十分留意すべきことを，移管元行政機関の職員に周知しておく必要がある。

第3節　移管元行政機関等の利用
C—18　移管元行政機関等の利用
(1) 館は，特定歴史公文書等を移管した行政機関の長又は独立行政法人等（以下C—18において「移管元行政機関等」という。）が，法第24条に定める利用の特例の適用を求める場合は，身分証の提示及び行政機関等利用申込書の提出を求めるものとする。
(2) 移管元行政機関等に属する利用請求者が館の外での閲覧を希望した場合，館は，C—9の規定に関わらず，1ヶ月を限度として，その閲覧を認めることができる。

第4節　利用時間及び休館日
C—19　館の開館
(1) 館は，利用に関する業務を実施するため，次に掲げる日を除き，毎日開館する。
　① ○○○○
　② ○○○○
　③ ○○○○
(2) 館は，(1)の規定にかかわらず，特に必要がある場合には，臨時に開館し又は休館することができる。この場合には，館は，原則として開館又は休館の2週間前までにその旨及び理由を公表

しなければならない。
　(3) 館の利用時間は○時から○時までとする。ただし、特に必要がある場合には、臨時に変更することができる。この場合には、館は、事前にその旨及び理由を公表しなければならない。

≪留意事項≫
＜館の開館＞
○　館の開館日については、行政機関の営業日を基本として考えればよいが、利用者の立場からすれば、例えば、土曜日、日曜日にも利用可能な施設であることが、その利便性に適うことが容易に想定される。従って、体制、経費等を踏まえつつ、こうした土曜日、日曜日の開館についても積極的に検討を行うことが望まれる。
○　館が臨時に休館する理由としては、例えば書庫の整理を行う場合等が考えられる。臨時の開館、休館、開館時間変更を行う場合には利用者の利便性を踏まえ、事前に公表することが必要である。
○　館の利用時間についても、行政機関の営業時間を基本として考えればよいが、利用者の利便性を踏まえ、体制、経費等を踏まえつつ、昼休み時間帯の営業についても積極的に検討を行うことが望まれる。

第D章　廃棄
D－1　特定歴史公文書等の廃棄
　(1) 館は、特定歴史公文書等として保存している文書について、劣化が極限まで進展して判読及び修復が不可能で利用できなくなり、歴史資料として重要でなくなったと認める場合には、内閣総理大臣に協議し、その同意を得て、当該特定歴史公文書等を廃棄することができる。
　(2) 館は、(1)の規定に基づき特定歴史公文書等の廃棄を行った場合には、廃棄に関する記録を作成し、公表するものとする。

＜留意事項＞
＜特定歴史公文書等の廃棄＞
○　特定歴史公文書等は永久保存を前提として保存されているため、廃棄については極めて限定的に行わなければならない。従って、当該特定歴史公文書等に記載されている情報の内容に基づいて廃棄の判断を行うことは許されず、「劣化が極限まで進展し」歴史資料として重要でなくなったと判断されるという外形的な要素のみがその理由として是認される。
　　また、一度、特定歴史公文書等を廃棄してしまえば取り返しのつかない事態になることから、どのような場合が「劣化が極限まで進展し」歴史資料として重要でなくなったといえるかの判断基準を必要に応じ、用意しておくことが望まれる。
○　廃棄にあたっては、廃棄となった特定歴史公文書等の目録上の名称及びその理由、公文書管理委員会の答申本文、内閣総理大臣の同意を得た年月日、廃棄を実施した年月日を証明できる記録を作成し、公表するほか、当該文書を目録から抹消する必要がある。
　　廃棄の実施方法は、特定歴史公文書等の媒体に合わせた確実な方法によるべきであるが、例えば文書又は図画であれば溶解や焼却、電磁的記録であればデータの抹消等の措置が考えられる。さらに、廃棄の実施後には、廃棄量・廃棄方法等を記載した証明書を作成させる等、最終処分までのトレーサビリティを確保する必要がある。

第E章　研修
E－1　研修の実施
　(1) 館は、その職員に対し、歴史公文書等を適切に保存し利用に供するために必要な専門的知識及び技能を習得させ、及び向上させるために必要な研修

(2) 館は、(1)の他に、△△省（△△法人）の職員に対し、歴史公文書等の適切な保存及び移管を確保するために必要な知識及び技能を習得させ、及び向上させるために必要な研修を行うものとする。

(3) 館は、(1)及び(2)の研修の実施に当たっては、その必要性を把握し、その結果に基づいて研修の計画を立てなければならない。

(4) 館は、(1)及び(2)の研修を実施したときは、研修計画の改善その他歴史公文書等の適切な保存及び移管の改善に資するため、その効果の把握に努めるものとする。

≪留意事項≫
＜研修の意義＞

○ 歴史公文書等を適切に保存し利用に供するためには、館の職員一人ひとりが深い知見を有し、日常の業務においてその認識を発揮する必要がある。特に歴史公文書の管理は、通常の文書管理と比較して専門性が高く、極めて高い知見を有することが期待されるため、職員それぞれのレベルに応じた研修を行い、こうした知見を確実に身に付けられるようにする。

○ なお、地方公共団体等において公文書館が設置されている現状や今後の人材育成の必要性を踏まえれば、できるだけ多くの人に対して歴史公文書等の保存・利用に関する知見を身につける機会を提供する必要がある。従って、こうした研修の実施にあたっては、可能な限り、現職者以外にも門戸を広げることが望ましい。

○ また、歴史公文書等の適切な保存及び移管を確保するためには、移管元の組織の職員一人ひとりにその重要性を認識させ、日常の文書管理においてその認識を発揮してもらう必要がある。そこで、移管元の組織の職員に対する研修を行うことにより、職員が誇りと愛着をもって文書を後世に残していくための意識改革を図ることとする。

＜体系的・計画的な研修の実施＞

○ 各館においては、上記の研修を通じて、館や移管元の組織の職員の知見や意識を効果的に育むため、研修の実施に加え、当該研修の効果を把握しフィードバックを行う体制作り等の体系的・計画的な研修を実施する必要がある。

　研修方法に関しても、講義形式に偏ることなく実地体験等を織り交ぜるなど、イメージを掴みやすいものとする必要があり、特に館の職員に対する研修については、外部の専門家を受け入れて日常業務の中で指導してもらうなど、実践的かつ効果的な方法を取り入れる必要がある。

＜研修計画の策定及び研修効果の把握＞

○ 館は、研修の実施に当たりその必要性を十分把握し、その結果に基づいて研修の計画を立てる。

　研修の計画の策定に当たっては、前年度の研修実績、移管元の組織の文書管理の実態等も考慮する必要がある。

　館は、研修を実施したときは、研修計画の改善その他歴史公文書等の適切な保存及び移管の改善に資するため、その効果の把握に努めることが重要である。

第F章　雑則
F－1　保存及び利用の状況の報告
(1) 館は、特定歴史公文書等の保存及び利用の状況について、毎年度、内閣総理大臣に報告しなければならない。
(2) 館は、(1)に規定する報告のため、必要に応じて調査を実施するものとする。

F－2　利用等規則の備付等
　　館は、本規則について、閲覧室に常時備え付けるほか、インターネットの利用等により公表するものとする。

F－3　実施規程
　　この規則に定めるもののほか、この規

則を実施するために必要な事項は館が定める。

≪留意事項≫
＜保存及び利用の状況の報告＞
○ 法第26条第1項において，国立公文書館等の長は特定歴史公文書等の保存及び利用の状況について，毎年度，内閣総理大臣に報告することを義務付けられている。これは，特定歴史公文書等の管理が適切に行われることを，報告を通じて担保するものであり，その内容において改善の必要が著しい場合は，同法第31条に定める勧告の規定が適用される可能性もある。
○ 報告すべき事項として，具体的に，以下のものが考えられる。
・保存している特定歴史公文書等の数量，書架延長，媒体別の数量
・保存している特定歴史公文書等の分類状況
・目録の作成状況
・年間移管冊数，媒体別の数量
・B－1(3)に定める事前審査の方針
・著作権の処理状況
・利用制限事由に関する審査を行った件数（事前審査によるもの，利用請求によるものを分けて記載）
・複製物作成計画及び実績（数量，内容）
・利用件数，閲覧・写しの交付の内訳
・移管元行政機関等による利用件数
・手数料収入その他の収入の実績
・利用請求されたもののうち，利用制限が行われたものの件数
・利用制限事由の適用の内訳
・審査の所要日数別内訳（即日，30日以内，60日以内，それ以上）

・異議申立件数，処理件数
・異議申立てから公文書管理委員会への諮問の期間（即日，30日以内，90日以内，それ以上。90日を超えた場合にはその理由も併せて報告）
・異議申立の結果及び館における反映状況
・答申を受けてから決定までの期間（30日以内，60日以内，それ以上。60日を超えた場合はその理由も併せて報告）
・訴訟件数，処理件数
・C－14に定める展示会の開催等の計画及び実績
・見学者受入総数
・外部貸出しの実績
・レファレンスのための体制
・廃棄冊数
・実施規程各種

＜実施規程＞
○ 利用等規則は，あくまで各施設における保存，利用の業務全般について基本的な事項を定めたものである。従って，閲覧室における特定歴史公文書等の取扱いや利用の促進に関する詳細については，それぞれの規定において館が別に定めることとしている。これらのように利用等規則に明示されたもの以外についても，館において詳細な事項を定める必要があると判断した場合は，独自に実施規程を設けることができる。
なお，利用等規則の内容と矛盾するような実施規程を定めることは当然，認められない。
○ 実施規程については，内容ごとに別々に定める必要はない。例えば，閲覧室における特定歴史公文書等の取扱いや利用の促進に関する詳細規程等を1つにまとめた「○○館利用細則」を定めて公表し，利用者の便宜を図ることも1つの方法である。

注：本文中に「(様式例：別添1)」～「(様式例：別添11)」の文言があるが，様式自体は底本とした内閣府のURLには掲載されていない。

5 公文書館法

公文書館法
(昭和62年12月15日法律第115号)
(最終改正:平成11年12月22日法律第161号)

(目的)
第1条 この法律は,公文書等を歴史資料として保存し,利用に供することの重要性にかんがみ,公文書館に関し必要な事項を定めることを目的とする。

(定義)
第2条 この法律において「公文書等」とは,国又は地方公共団体が保管する公文書その他の記録(現用のものを除く。)をいう。

(責務)
第3条 国及び地方公共団体は,歴史資料として重要な公文書等の保存及び利用に関し,適切な措置を講ずる責務を有する。

(公文書館)
第4条 公文書館は,歴史資料として重要な公文書等(国が保管していた歴史資料として重要な公文書その他の記録を含む。次項において同じ。)を保存し,閲覧に供するとともに,これに関連する調査研究を行うことを目的とする施設とする。

2 公文書館には,館長,歴史資料として重要な公文書等についての調査研究を行う専門職員その他必要な職員を置くものとする。

第5条 公文書館は,国立公文書館法(平成11年法律第79号)の定めるもののほか,国又は地方公共団体が設置する。

2 地方公共団体の設置する公文書館の当該設置に関する事項は,当該地方公共団体の条例で定めなければならない。

(資金の融通等)
第6条 国は,地方公共団体に対し,公文書館の設置に必要な資金の融通又はあつせんに努めるものとする。

(技術上の指導等)
第7条 内閣総理大臣は,地方公共団体に対し,その求めに応じて,公文書館の運営に関し,技術上の指導又は助言を行うことができる。

附 則

(施行期日)
1 この法律は,公布の日から起算して6月を超えない範囲内において政令で定める日から施行する。

(専門職員についての特例)
2 当分の間,地方公共団体が設置する公文書館には,第4条第2項の専門職員を置かないことができる。

(総理府設置法の一部改正)
3 総理府設置法(昭和24年法律第127号)の一部を次のように改正する。
　　第4条第7号の次に次の1号を加える。
　　7の2 公文書館法(昭和62年法律第115号)の施行に関すること。

附 則 (平成11年12月22日法律第161号) 抄

(施行期日)
第1条 この法律は,平成13年1月6日から起算して6月を超えない範囲内において政令で定める日から施行する。

6　公文書館法の解釈の要旨

公文書館法の解釈の要旨
(平成元年6月1日　内閣官房副長官)

第1条（目的）　国及び地方公共団体は，歴史的資料として重要な価値を有する公文書等を国民の共通の財産として継続的に後代に伝えるために，これら公文書等の散逸，消滅を防止し，これを保存し，利用に供するることが極めて重要であるという基本認識を示したものである。

第2条（定義）　「公文書」とは，公務員がその職務を遂行する過程で作成する記録を，「その他の記録」とは，公文書以外のすべての記録をいい，また，これらすべての記録の媒体については，文書，地図，図面類，フィルム（スライド，映画，写真，マイクロ等），音声記録，磁気テープ，レーザーディスク等そのいかんを問わないものである。したがって「その他の記録」には，古書，古文書その他私文書も含まれることになる。

　公文書その他の記録は，国又は地方公共団体が保管しているものを指し，国又は地方公共団体であれば，いかなる機関が保管していてもよく，また，他の国又は地方公共団体の機関が作成したものであってもよい。

　「現用」とは，国又は地方公共団体の機関がその事務を処理する上で利用している状態にあることをいい，頻度が低い場合でも本来的な使用がなされていれば，これに該当する。したがって，「現用」であるかどうかの判断は当該国又は地方公共団体の機関が行うことになる。

第3条（責務）　「歴史資料として重要な公文書等」とは，国及び地方公共団体が歴史を後代に伝えるために重要な意味をもつ公文書等のことをいうが，それは，具体的に何がそれに該当するかという厳格な客観的基準には本来なじまない性格のものである。

　例えば，国及び地方公共団体の機関において文書管理上永久保存とされているものについては，一般的にその多くが歴史資料として重要な公文書等に該当するということができるが，歴史資料として重要な公文書等はこれに限られるものではなく，有期限文書その他の記録の中にもそれに該当するものが存在するというべきである。

　「利用」とは，展示，貸出等も考えられるが，基本的には閲覧である。

　「責務」とは，法律上の「義務」とは異なり，国及び地方公共団体が，公文書等の歴史資料としての重要性にかんがみ，その保存及び利用に関し，それぞれが適切であると考える措置をとる責務を，本来，国民及び当該地方公共団体の住民に対し負っているということを確認する趣旨のものである。それ故，その責務を果たしているかどうかの判断は，国及び地方公共団体のそれぞれが自ら行うものである。

　また，本条の責務は，国の場合，行政府のみならず立法府及び司法府も負うことになる。

第4条（公文書館）　第1項は，本法に定める公文書館とは，歴史資料として重要な公文書等の保存，閲覧及び調査研究を単にその業務として行う施設ではなく，これら3つの業務を行うことを目的とする施設であることを明示したものである。

　「閲覧」については，公文書館が，国又は地方公共団体が国民又は当該地方公共団体の住民に対し負っている第3条の責務を果たすために設けられる施設であることから，調査研究が目的である者についてのみそれを認める等，目的による合理的な制限

を設けることは妨げないが，目的のいかんにかかわらず，特定範囲の者にだけ開放するというものはここでいう「閲覧」ではない。

「これに関連する調査研究」とは，「歴史資料として重要な公文書等に関連する調査研究」のことであるが，それは単なる学術研究ではなく，歴史を後代に継続的に伝えるためにはどのような公文書等が重要であるのかという判断を行うために必要な調査研究が中心となるものである。

第2項は，公文書館には，統括責任者としての館長，歴史資料として重要な公文書等についての調査研究を行う専門職員その他必要な職員を置くこととしている。

「歴史資料として重要な公文書等についての調査研究を行う専門職員」とは，歴史を後代に継続的に伝えるためにはどのような公文書が重要であるかという判断を行うために必要な調査研究を主として行う者をいう。いわば，公文書館の中核的な業務を担当する職員であり，公文書館の人的組織においては極めて重要な存在である。

このような専門職員に要求される資質については，歴史的要素と行政的要素とを併せ持つ専門的な知識と経験が必要であるといえるが，現在の我が国においては，その専門的な知識と経験の具体的内容については未確定な部分もあり，また，その習得方法についても養成，研修等の体制が整備されていない状況にある。したがって，任命権者としては，当面，大学卒業程度の一般の職員との比較において，いわば専門的といいうる程度の知識と経験を有し，上記の調査研究の業務を十分に行うことができると判断される者を専門職員として任命すればよいということになる。

第5条　第1項は，公文書館の設置主体を明確にしたもので，公文書館を必ず設置しなければならないことを定めている規定ではない。本項の趣旨は，責務を有する者が自らの責務を他に委ねることなく自らの責任で果たすことを期待するもので，民法法人等に依頼して設置する施設，私設のものなどは本法の公文書館とはならない。

第2項は，地方公共団体の設置する公文書館は，究極的に住民の福祉を増進するための施設であり，地方自治法上の公の私設としての性格を有していると考えられるので，その設置については条例で定めなければならない旨を確認したものである。

第6条（資金の融通等）　本条は，第3条の歴史資料として重要な公文書等をの保存及び利用に関する責務を果たす上で，公文書館の設置が最も望ましい措置であるという考え方から，地方公共団体の公文書館の設置に関し，必要な資金の融資又はあっせんに努めるとする努力規定である。

「資金の融通」とは，地方債を発行する際に，国が政府資金等により引受けを行うことであり，「資金のあっせん」とは，同じく起債時に，民間金融機関等による引受けをあっせんすることをいうものである。

第7条（技術上の指導等）　本条も地方公共団体に対する国の支援に関するものであり，求めに応じて，内閣総理大臣には技術上の指導又は助言を行うことができることとなっている。「求めに応じて」ということは，歴史資料として重要な公文書等の保存及び利用という事務は，地方公共団体の固有事務であることを考慮するものであり，「技術上の」ということは政策上の判断は含まれず，公文書館の運営に関し，歴史資料として重要な公文書等の保存及び利用に関する技術的な指導等が中心となるものである。

附　則　第2項（専門職についての特例）
本項は，現在，専門職員を養成する体制が整備されていないことなどにより，その確保が容易でないために設けられた特例規定である。

7　国立公文書館法

国立公文書館法
（平成11年6月23日法律第79号）
（最終改正：平成26年6月13日法律第67号）

目次
　第1章　総則（第1条・第2条）
　第2章　独立行政法人国立公文書館
　　第1節　通則（第3条—第7条）
　　第2節　役員（第8条—第10条）
　　第3節　業務等（第11条・第12条）
　　第4節　雑則（第13条）
　　第5節　罰則（第14条）
　附則

　　　第1章　総　則

（目的）
第1条　この法律は，公文書館法（昭和62年法律第115号）及び公文書等の管理に関する法律（平成21年法律第66号）の精神にのっとり，独立行政法人国立公文書館の名称，目的，業務の範囲等に関する事項を定めることにより，歴史公文書等の適切な保存及び利用に資することを目的とする。

（定義）
第2条　この法律において「歴史公文書等」とは，公文書等の管理に関する法律第2条第6項に規定する歴史公文書等をいう。
2　この法律において「特定歴史公文書等」とは，公文書等の管理に関する法律第2条第7項に規定する特定歴史公文書等のうち，独立行政法人国立公文書館（以下「国立公文書館」という。）の設置する公文書館に移管され，又は寄贈され，若しくは寄託されたものをいう。

　　　第2章　独立行政法人国立公文書館

　　第1節　通　則

（名称）
第3条　この法律及び独立行政法人通則法（平成11年法律第103号。以下「通則法」という。）の定めるところにより設立される通則法第2条第1項に規定する独立行政法人の名称は，独立行政法人国立公文書館とする。

（国立公文書館の目的）
第4条　国立公文書館は，特定歴史公文書等を保存し，及び一般の利用に供すること等の事業を行うことにより，歴史公文書等の適切な保存及び利用を図ることを目的とする。

（特定独立行政法人）
第5条　国立公文書館は，通則法第2条第2項に規定する特定独立行政法人とする。

（事務所）
第6条　国立公文書館は，主たる事務所を東京都に置く。

（資本金）
第7条　国立公文書館の資本金は，国立公文書館法の一部を改正する法律（平成11年法律第161号）附則第5条第2項の規定により政府から出資があったものとされた金額とする。
2　政府は，必要があると認めるときは，予算で定める金額の範囲内において，国立公文書館に追加して出資することができる。
3　政府は，必要があると認めるときは，前項の規定にかかわらず，土地又は建物その他の土地の定着物（第5項において「土地等」という。）を出資の目的として，国立公文書館に追加して出資することができる。
4　国立公文書館は，前2項の規定による政府の出資があったときは，その出資額により資本金を増加するものとする。
5　政府が出資の目的とする土地等の価額は，出資の日現在における時価を基準とし

て評価委員が評価した価額とする。
6　前項に規定する評価委員その他評価に関し必要な事項は，政令で定める。

　　　　第2節　役員
（役員）
第8条　国立公文書館に，役員として，その長である館長及び監事2人を置く。
2　国立公文書館に，役員として，理事1人を置くことができる。
（理事の職務及び権限等）
第9条　理事は，館長の定めるところにより，館長を補佐して国立公文書館の業務を掌理する。
2　通則法第19条第2項の個別法で定める役員は，理事とする。ただし，理事が置かれていないときは，監事とする。
3　前項ただし書の場合において，通則法第19条第2項の規定により館長の職務を代理し又はその職務を行う監事は，その間，監事の職務を行ってはならない。
（役員の任期）
第10条　館長の任期は4年とし，理事及び監事の任期は2年とする。

　　　　第3節　業務等
（業務の範囲）
第11条　国立公文書館は，第4条の目的を達成するため，次の業務を行う。
　一　特定歴史公文書等を保存し，及び一般の利用に供すること。
　二　行政機関（公文書等の管理に関する法律第2条第1項に規定する行政機関をいう。以下同じ。）からの委託を受けて，行政文書（同法第5条第5項の規定により移管の措置をとるべきことが定められているものに限る。）の保存を行うこと。
　三　歴史公文書等の保存及び利用に関する情報の収集，整理及び提供を行うこと。
　四　歴史公文書等の保存及び利用に関する専門的技術的な助言を行うこと。
　五　歴史公文書等の保存及び利用に関する調査研究を行うこと。
　六　歴史公文書等の保存及び利用に関する研修を行うこと。
　七　前各号の業務に附帯する業務を行うこと。
2　国立公文書館は，前項の業務のほか，公文書等の管理に関する法律第9条第4項の規定による報告若しくは資料の徴収又は実地調査を行う。
3　国立公文書館は，前2項の業務のほか，前2項の業務の遂行に支障のない範囲内で，次の業務を行うことができる。
　一　内閣総理大臣からの委託を受けて，公文書館法第7条に規定する技術上の指導又は助言を行うこと。
　二　行政機関からの委託を受けて，行政文書（公文書等の管理に関する法律第5条第5項の規定により移管又は廃棄の措置をとるべきことが定められているものを除く。）の保存を行うこと。
（積立金の処分）
第12条　国立公文書館は，通則法第29条第2項第1号に規定する中期目標の期間（以下この項において「中期目標の期間」という。）の最後の事業年度に係る通則法第44条第1項又は第2項の規定による整理を行った後，同条第1項の規定による積立金があるときは，その額に相当する金額のうち内閣総理大臣の承認を受けた金額を，当該中期目標の期間の次の中期目標の期間に係る通則法第30条第1項の認可を受けた中期計画（同項後段の規定による変更の認可を受けたときは，その変更後のもの）の定めるところにより，当該次の中期目標の期間における前条に規定する業務の財源に充てることができる。
2　内閣総理大臣は，前項の規定による承認をしようとするときは，あらかじめ，内閣府の独立行政法人評価委員会の意見を聴くとともに，財務大臣に協議しなければならない。
3　国立公文書館は，第1項に規定する積立

金の額に相当する金額から同項の規定による承認を受けた金額を控除してなお残余があるときは，その残余の額を国庫に納付しなければならない。
4　前3項に定めるもののほか，納付金の納付の手続その他積立金の処分に関し必要な事項は，政令で定める。

　　　第4節　雑　則
（主務大臣等）
第13条　国立公文書館に係る通則法における主務大臣，主務省及び主務省令は，それぞれ内閣総理大臣，内閣府及び内閣府令とする。

　　　第5節　罰　則
第14条　次の各号のいずれかに該当する場合には，その違反行為をした国立公文書館の役員は，20万円以下の過料に処する。
　一　第11条に規定する業務以外の業務を行ったとき。
　二　第12条第1項の規定により内閣総理大臣の承認を受けなければならない場合において，その承認を受けなかったとき。

　　　附　則　抄
（施行期日）
1　この法律は，公布の日から起算して2年を超えない範囲内において政令で定める日から施行する。

　　　附　則　（平成11年12月22日法律第160号）抄
（施行期日）
第1条　この法律（第2条及び第3条を除く。）は，平成13年1月6日から施行する。

　　　附　則　（平成11年12月22日法律第161号）抄
（施行期日）
第1条　この法律は，平成13年1月6日から起算して6月を超えない範囲内において政令で定める日から施行する。ただし，第4条の次に3条及び4節並びに章名を加える改正規定（第13条に係る部分に限る。）及び附則第10条（内閣府設置法（平成11年法律第89号）第37条第3項の改正規定に係る部分に限る。）の規定は，平成13年1月6日から施行する。

（職員の引継ぎ等）
第2条　国立公文書館の成立の際現に内閣府の機関で政令で定めるものの職員である者は，別に辞令を発せられない限り，国立公文書館の成立の日において，国立公文書館の相当の職員となるものとする。

第3条　国立公文書館の成立の際現に前条に規定する政令で定める機関の職員である者のうち，国立公文書館の成立の日において引き続き国立公文書館の職員となったもの（次条において「引継職員」という。）であって，国立公文書館の成立の日の前日において内閣総理大臣又はその委任を受けた者から児童手当法（昭和46年法律第73号）第7条第1項（同法附則第6条第2項，第7条第4項又は第8条第4項において準用する場合を含む。以下この条において同じ。）の規定による認定を受けているものが，国立公文書館の成立の日において児童手当又は同法附則第6条第1項，第7条第1項若しくは第8条第1項の給付（以下この条において「特例給付等」という。）の支給要件に該当するときは，その者に対する児童手当又は特例給付等の支給に関しては，国立公文書館の成立の日において同法第7条第1項の規定による市町村長（特別区の区長を含む。）の認定があったものとみなす。この場合において，その認定があったものとみなされた児童手当又は特例給付等の支給は，同法第8条第2項（同法附則第6条第2項，第7条第4項又は第8条第4項において準用する場合を含む。）の規定にかかわらず，国立公文書館の成立の日の前日の属する月の翌月から始める。

（国立公文書館の職員となる者の職員団体についての経過措置）
第4条　国立公文書館の成立の際現に存する

国家公務員法(昭和22年法律第120号)第108条の2第1項に規定する職員団体であって,その構成員の過半数が引継職員であるものは,国立公文書館の成立の際国営企業及び特定独立行政法人の労働関係に関する法律(昭和23年法律第257号)の適用を受ける労働組合となるものとする。この場合において,当該職員団体が法人であるときは,法人である労働組合となるものとする。

2　前項の規定により法人である労働組合となったものは,国立公文書館の成立の日から起算して60日を経過する日までに,労働組合法(昭和24年法律第174号)第2条及び第5条第2項の規定に適合する旨の労働委員会の証明を受け,かつ,その主たる事務所の所在地において登記しなければ,その日の経過により解散するものとする。

3　第1項の規定により労働組合となったものについては,国立公文書館の成立の日から起算して60日を経過する日までは,労働組合法第2条ただし書(第1号に係る部分に限る。)の規定は,適用しない。

（権利義務の承継等）

第5条　国立公文書館の成立の際,この法律による改正後の国立公文書館法(以下「新法」という。)第11条に規定する業務に関し,現に国が有する権利及び義務のうち政令で定めるものは,国立公文書館の成立の時において国立公文書館が承継する。

2　前項の規定により国立公文書館が国の有する権利及び義務を承継したときは,その承継の際,承継される権利に係る土地,建物その他の財産で政令で定めるものの価額の合計額に相当する金額は,政府から国立公文書館に対し出資されたものとする。

3　前項の規定により政府から出資があったものとされる同項の財産の価額は,国立公文書館の成立の日現在における時価を基準として評価委員が評価した価額とする。

4　前項の評価委員その他評価に関し必要な事項は,政令で定める。

（国有財産の無償使用）

第6条　国は,国立公文書館の成立の際現に附則第2条に規定する政令で定める機関に使用されている国有財産であって政令で定めるものを,政令で定めるところにより,国立公文書館の用に供するため,国立公文書館に無償で使用させることができる。

（公文書等の承継）

第7条　国立公文書館の成立の際,附則第2条に規定する政令で定める機関が現に保管する公文書等については,国立公文書館の成立の時において新法第15条第4項の規定による移管があったものとみなす。

（政令への委任）

第8条　附則第2条から前条までに定めるもののほか,国立公文書館の設立に伴い必要な経過措置その他この法律の施行に関し必要な経過措置は,政令で定める。

　　　附　則　（平成12年5月26日法律第84号）抄

（施行期日）

第1条　この法律は,平成12年6月1日から施行する。

　　　附　則　（平成21年7月1日法律第66号）抄

（施行期日）

第1条　この法律は,公布の日から起算して2年を超えない範囲内において政令で定める日から施行する。

（検討）

第13条　政府は,この法律の施行後5年を目途として,この法律の施行の状況を勘案しつつ,行政文書及び法人文書の範囲その他の事項について検討を加え,必要があると認めるときは,その結果に基づいて必要な措置を講ずるものとする。

2　国会及び裁判所の文書の管理の在り方については,この法律の趣旨,国会及び裁判所の地位及び権能等を踏まえ,検討が行われるものとする。

8 情報公開法（抄）

行政機関の保有する情報の
公開に関する法律
（平成11年5月14日法律第42号）
（最終改正：平成26年6月13日法律第69号）

（目的）
第1条 この法律は，国民主権の理念にのっとり，行政文書の開示を請求する権利につき定めること等により，行政機関の保有する情報の一層の公開を図り，もって政府の有するその諸活動を国民に説明する責務が全うされるようにするとともに，国民の的確な理解と批判の下にある公正で民主的な行政の推進に資することを目的とする。

（定義）
第2条（略）
2 この法律において「行政文書」とは，行政機関の職員が職務上作成し，又は取得した文書，図画及び電磁的記録（電子的方式，磁気的方式その他人の知覚によっては認識することができない方式で作られた記録をいう。以下同じ。）であって，当該行政機関の職員が組織的に用いるものとして，当該行政機関が保有しているものをいう。ただし，次に掲げるものを除く。
一 官報，白書，新聞，雑誌，書籍その他不特定多数の者に販売することを目的として発行されるもの
二 公文書等の管理に関する法律（平成21年法律第66号）第2条第7項に規定する特定歴史公文書等
三 政令で定める研究所その他の施設において，政令で定めるところにより，歴史的若しくは文化的な資料又は学術研究用の資料として特別の管理がされているもの（前号に掲げるものを除く。）

（開示請求権）
第3条 何人も，この法律の定めるところにより，行政機関の長（前条第1項第4号及び第5号の政令で定める機関にあっては，その機関ごとに政令で定める者をいう。以下同じ。）に対し，当該行政機関の保有する行政文書の開示を請求することができる。

9　個人情報保護法（抄）

行政機関の保有する個人情報の
保護に関する法律
（平成15年5月30日法律第58号）
（最終改正：平成26年6月13日法律第69号）

（定義）
第2条　この法律において「行政機関」とは，次に掲げる機関をいう。
　二　内閣府，宮内庁並びに内閣府設置法（平成11年法律第89号）第49条第1項及び第2項に規定する機関（これらの機関のうち第4号の政令で定める機関が置かれる機関にあっては，当該政令で定める機関を除く。）
　三　国家行政組織法（昭和23年法律第120号）第3条第2項に規定する機関（第5号の政令で定める機関が置かれる機関にあっては，当該政令で定める機関を除く。）
　四　内閣府設置法第39条及び第55条並びに宮内庁法（昭和22年法律第70号）第16条第2項の機関並びに内閣府設置法第40条及び第56条（宮内庁法第18条第1項において準用する場合を含む。）の特別の機関で，政令で定めるもの
　五　国家行政組織法第8条の2の施設等機関及び同法第8条の3の特別の機関で，政令で定めるもの
　六　会計検査院
2　この法律において「個人情報」とは，生存する個人に関する情報であって，当該情報に含まれる氏名，生年月日その他の記述等により特定の個人を識別することができるもの（他の情報と照合することができ，それにより特定の個人を識別することができることとなるものを含む。）をいう。
3　この法律において「保有個人情報」とは，行政機関の職員が職務上作成し，又は取得した個人情報であって，当該行政機関の職員が組織的に利用するものとして，当該行政機関が保有しているものをいう。ただし，行政文書（行政機関の保有する情報の公開に関する法律（平成11年法律第42号）第2条第2項に規定する行政文書をいう。以下同じ。）に記録されているものに限る。
4　この法律において「個人情報ファイル」とは，保有個人情報を含む情報の集合物であって，次に掲げるものをいう。
　一　一定の事務の目的を達成するために特定の保有個人情報を電子計算機を用いて検索することができるように体系的に構成したもの
　二　前号に掲げるもののほか，一定の事務の目的を達成するために氏名，生年月日，その他の記述等により特定の保有個人情報を容易に検索することができるように体系的に構成したもの
5　この法律において個人情報について「本人」とは，個人情報によって識別される特定の個人をいう。

（開示請求権）
第12条　何人も，この法律の定めるところにより，行政機関の長に対し，当該行政機関の保有する自己を本人とする保有個人情報の開示を請求することができる。
2　未成年者又は成年被後見人の法定代理人は，本人に代わって前項の規定による開示の請求（以下「開示請求」という。）をすることができる。

10　特定秘密保護法（抄）

特定秘密の保護に関する法律
（平成25年12月13日法律第108号）

第1章　総則（第1条・第2条）
第2章　特定秘密の指定等（第3条—第5条）
第3章　特定秘密の提供（第6条—第10条）
第4章　特定秘密の取扱者の制限（第11条）
第5章　適性評価（第12条—第17条）
第6章　雑則（第18条—第22条）
第7章　罰則（第23条—第27条）
附則

第1章　総則

（目的）
第1条　この法律は，国際情勢の複雑化に伴い我が国及び国民の安全の確保に係る情報の重要性が増大するとともに，高度情報通信ネットワーク社会の発展に伴いその漏えいの危険性が懸念される中で，我が国の安全保障（国の存立に関わる外部からの侵略等に対して国家及び国民の安全を保障することをいう。以下同じ。）に関する情報のうち特に秘匿することが必要であるものについて，これを適確に保護する体制を確立した上で収集し，整理し，及び活用することが重要であることに鑑み，当該情報の保護に関し，特定秘密の指定及び取扱者の制限その他の必要な事項を定めることにより，その漏えいの防止を図り，もって我が国及び国民の安全の確保に資することを目的とする。

第2章　特定秘密の指定等

（特定秘密の指定）
第3条　行政機関の長（当該行政機関が合議制の機関である場合にあっては当該行政機関をいい，前条第4号及び第5号の政令で定める機関（合議制の機関を除く。）にあってはその機関ごとに政令で定める者をいう。第11条第1号を除き，以下同じ。）は，当該行政機関の所掌事務に係る別表に掲げる事項に関する情報であって，公になっていないもののうち，その漏えいが我が国の安全保障に著しい支障を与えるおそれがあるため，特に秘匿することが必要であるもの（日米相互防衛援助協定等に伴う秘密保護法（昭和29年法律第166号）第1条第3項に規定する特別防衛秘密に該当するものを除く。）を特定秘密として指定するものとする。ただし，内閣総理大臣が第18条第2項に規定する者の意見を聴いて政令で定める行政機関の長については，この限りでない。

2　行政機関の長は，前項の規定による指定（附則第5条を除き，以下単に「指定」という。）をしたときは，政令で定めるところにより指定に関する記録を作成するとともに，当該指定に係る特定秘密の範囲を明らかにするため，特定秘密である情報について，次の各号のいずれかに掲げる措置を講ずるものとする。

一　政令で定めるところにより，特定秘密である情報を記録する文書，図画，電磁的記録（電子的方式，磁気的方式その他人の知覚によっては認識することができない方式で作られる記録をいう。以下この号において同じ。）若しくは物件又は当該情報を化体する物件に特定秘密の表示（電磁的記録にあっては，当該表示の記録を含む。）をすること。

二　特定秘密である情報の性質上前号に掲げる措置によることが困難である場合において，政令で定めるところにより，当

該情報が前項の規定の適用を受ける旨を当該情報を取り扱う者に通知すること。
3　行政機関の長は，特定秘密である情報について前項第2号に掲げる措置を講じた場合において，当該情報について同項第1号に掲げる措置を講ずることができることとなったときは，直ちに当該措置を講ずるものとする。

（指定の有効期間及び解除）
第4条　行政機関の長は，指定をするときは，当該指定の日から起算して5年を超えない範囲内においてその有効期間を定めるものとする。
2　行政機関の長は，指定の有効期間（この項の規定により延長した有効期間を含む。）が満了する時において，当該指定をした情報が前条第1項に規定する要件を満たすときは，政令で定めるところにより，五年を超えない範囲内においてその有効期間を延長するものとする。
3　指定の有効期間は，通じて30年を超えることができない。
4　前項の規定にかかわらず，政府の有するその諸活動を国民に説明する責務を全うする観点に立っても，なお指定に係る情報を公にしないことが現に我が国及び国民の安全を確保するためにやむを得ないものであることについて，その理由を示して，内閣の承認を得た場合（行政機関が会計検査院であるときを除く。）は，行政機関の長は，当該指定の有効期間を，通じて30年を超えて延長することができる。ただし，次の各号に掲げる事項に関する情報を除き，指定の有効期間は，通じて60年を超えることができない。
一　武器，弾薬，航空機その他の防衛の用に供する物（船舶を含む。別表第一号において同じ。）
二　現に行われている外国（本邦の域外にある国又は地域をいう。以下同じ。）の政府又は国際機関との交渉に不利益を及ぼすおそれのある情報

三　情報収集活動の手法又は能力
四　人的情報源に関する情報
五　暗号
六　外国の政府又は国際機関から六十年を超えて指定を行うことを条件に提供された情報
七　前各号に掲げる事項に関する情報に準ずるもので政令で定める重要な情報
5　行政機関の長は，前項の内閣の承認を得ようとする場合においては，当該指定に係る特定秘密の保護に関し必要なものとして政令で定める措置を講じた上で，内閣に当該特定秘密を提示することができる。
6　行政機関の長は，第四項の内閣の承認が得られなかったときは，公文書等の管理に関する法律（平成21年法律第66号）第8条第1項の規定にかかわらず，当該指定に係る情報が記録された行政文書ファイル等（同法第5条第5項に規定する行政文書ファイル等をいう。）の保存期間の満了とともに，これを国立公文書館等（同法第2条第3項に規定する国立公文書館等をいう。）に移管しなければならない。
7　行政機関の長は，指定をした情報が前条第1項に規定する要件を欠くに至ったときは，有効期間内であっても，政令で定めるところにより，速やかにその指定を解除するものとする。

第6章　雑則

（特定秘密の指定等の運用基準等）
第18条　政府は，特定秘密の指定及びその解除並びに適性評価の実施に関し，統一的な運用を図るための基準を定めるものとする。
2　内閣総理大臣は，前項の基準を定め，又はこれを変更しようとするときは，我が国の安全保障に関する情報の保護，行政機関等の保有する情報の公開，公文書等の管理等に関し優れた識見を有する者の意見を聴いた上で，その案を作成し，閣議の決定を求めなければならない。

3　内閣総理大臣は，毎年，第一項の基準に基づく特定秘密の指定及びその解除並びに適性評価の実施の状況を前項に規定する者に報告し，その意見を聴かなければならない。

4　内閣総理大臣は，特定秘密の指定及びその解除並びに適性評価の実施の状況に関し，その適正を確保するため，第一項の基準に基づいて，内閣を代表して行政各部を指揮監督するものとする。この場合において，内閣総理大臣は，特定秘密の指定及びその解除並びに適性評価の実施が当該基準に従って行われていることを確保するため，必要があると認めるときは，行政機関の長（会計検査院を除く。）に対し，特定秘密である情報を含む資料の提出及び説明を求め，並びに特定秘密の指定及びその解除並びに適性評価の実施について改善すべき旨の指示をすることができる。

（国会への報告等）

第19条　政府は，毎年，前条第３項の意見を付して，特定秘密の指定及びその解除並びに適性評価の実施の状況について国会に報告するとともに，公表するものとする。

（関係行政機関の協力）

第20条　関係行政機関の長は，特定秘密の指定，適性評価の実施その他この法律の規定により講ずることとされる措置に関し，我が国の安全保障に関する情報のうち特に秘匿することが必要であるものの漏えいを防止するため，相互に協力するものとする。

（政令への委任）

第21条　この法律に定めるもののほか，この法律の実施のための手続その他この法律の施行に関し必要な事項は，政令で定める。

（この法律の解釈適用）

第22条　この法律の適用に当たっては，これを拡張して解釈して，国民の基本的人権を不当に侵害するようなことがあってはならず，国民の知る権利の保障に資する報道又は取材の自由に十分に配慮しなければならない。

2　出版又は報道の業務に従事する者の取材行為については，専ら公益を図る目的を有し，かつ，法令違反又は著しく不当な方法によるものと認められない限りは，これを正当な業務による行為とするものとする。

第７章　罰則

第23条　特定秘密の取扱いの業務に従事する者がその業務により知得した特定秘密を漏らしたときは，10年以下の懲役に処し，又は情状により10年以下の懲役及び1,000万円以下の罰金に処する。特定秘密の取扱いの業務に従事しなくなった後においても，同様とする。

2　第４条第５項，第９条，第10条又は第18条第４項後段の規定により提供された特定秘密について，当該提供の目的である業務により当該特定秘密を知得した者がこれを漏らしたときは，５年以下の懲役に処し，又は情状により５年以下の懲役及び500万円以下の罰金に処する。第10条第１項第１号ロに規定する場合において提示された特定秘密について，当該特定秘密の提示を受けた者がこれを漏らしたときも，同様とする。

3　前２項の罪の未遂は，罰する。

4　過失により第１項の罪を犯した者は，２年以下の禁錮又は50万円以下の罰金に処する。

5　過失により第２項の罪を犯した者は，１年以下の禁錮又は30万円以下の罰金に処する。

第24条　外国の利益若しくは自己の不正の利益を図り，又は我が国の安全若しくは国民の生命若しくは身体を害すべき用途に供する目的で，人を欺き，人に暴行を加え，若しくは人を脅迫する行為により，又は財物の窃取若しくは損壊，施設への侵入，有線電気通信の傍受，不正アクセス行為（不正アクセス行為の禁止等に関する法律（平成11年法律第128号）第２条第４項に規定す

る不正アクセス行為をいう。）その他の特定秘密を保有する者の管理を害する行為により，特定秘密を取得した者は，10年以下の懲役に処し，又は情状により10年以下の懲役及び1,000万円以下の罰金に処する。
2　前項の罪の未遂は，罰する。
3　前2項の規定は，刑法（明治40年法律第45号）その他の罰則の適用を妨げない。
第25条　第23条第1項又は前条第1項に規定する行為の遂行を共謀し，教唆し，又は煽動した者は，5年以下の懲役に処する。
2　第23条第2項に規定する行為の遂行を共謀し，教唆し，又は煽動した者は，3年以下の懲役に処する。

　　　　　　附　則　抄

（指定及び解除の適正の確保）
第9条　政府は，行政機関の長による特定秘密の指定及びその解除に関する基準等が真に安全保障に資するものであるかどうかを独立した公正な立場において検証し，及び監察することのできる新たな機関の設置その他の特定秘密の指定及びその解除の適正を確保するために必要な方策について検討し，その結果に基づいて所要の措置を講ずるものとする。

別表（第三条，第五条—第九条関係）
一　防衛に関する事項
　イ　自衛隊の運用又はこれに関する見積り若しくは計画若しくは研究
　ロ　防衛に関し収集した電波情報，画像情報その他の重要な情報
　ハ　ロに掲げる情報の収集整理又はその能力
　ニ　防衛力の整備に関する見積り若しくは計画又は研究
　ホ　武器，弾薬，航空機その他の防衛の用に供する物の種類又は数量
　ヘ　防衛の用に供する通信網の構成又は通信の方法
　ト　防衛の用に供する暗号
　チ　武器，弾薬，航空機その他の防衛の用に供する物又はこれらの物の研究開発段階のものの仕様，性能又は使用方法
　リ　武器，弾薬，航空機その他の防衛の用に供する物又はこれらの物の研究開発段階のものの製作，検査，修理又は試験の方法
　ヌ　防衛の用に供する施設の設計，性能又は内部の用途（ヘに掲げるものを除く。）
二　外交に関する事項
　イ　外国の政府又は国際機関との交渉又は協力の方針又は内容のうち，国民の生命及び身体の保護，領域の保全その他の安全保障に関する重要なもの
　ロ　安全保障のために我が国が実施する貨物の輸出若しくは輸入の禁止その他の措置又はその方針（第一号イ若しくはニ，第三号イ又は第四号イに掲げるものを除く。）
　ハ　安全保障に関し収集した国民の生命及び身体の保護，領域の保全若しくは国際社会の平和と安全に関する重要な情報又は条約その他の国際約束に基づき保護することが必要な情報（第一号ロ，第三号ロ又は第四号ロに掲げるものを除く。）
　ニ　ハに掲げる情報の収集整理又はその能力
　ホ　外務省本省と在外公館との間の通信その他の外交の用に供する暗号
三　特定有害活動の防止に関する事項
　イ　特定有害活動による被害の発生若しくは拡大の防止（以下この号において「特定有害活動の防止」という。）のための措置又はこれに関する計画若しくは研究
　ロ　特定有害活動の防止に関し収集した国民の生命及び身体の保護に関する重要な情報又は外国の政府若しくは国際機関からの情報

ハ　ロに掲げる情報の収集整理又はその能力
　　ニ　特定有害活動の防止の用に供する暗号
　四　テロリズムの防止に関する事項
　　イ　テロリズムによる被害の発生若しくは拡大の防止（以下この号において「テロリズムの防止」という。）のための措置又はこれに関する計画若しくは研究
　　ロ　テロリズムの防止に関し収集した国民の生命及び身体の保護に関する重要な情報又は外国の政府若しくは国際機関からの情報
　　ハ　ロに掲げる情報の収集整理又はその能力
　　ニ　テロリズムの防止の用に供する暗号

11　著作権法（抄）

著作権法
昭和45年5月6日法律第48号
（最終改正：平成26年6月13日法律第69号）

（公表権）
第18条　著作者は，その著作物でまだ公表されていないもの（その同意を得ないで公表された著作物を含む。以下この条において同じ。）を公衆に提供し，又は提示する権利を有する。当該著作物を原著作物とする二次的著作物についても，同様とする。
2　著作者は，次の各号に掲げる場合には，当該各号に掲げる行為について同意したものと推定する。
　一　その著作物でまだ公表されていないものの著作権を譲渡した場合　当該著作物をその著作権の行使により公衆に提供し，又は提示すること。
　二　その美術の著作物又は写真の著作物でまだ公表されていないものの原作品を譲渡した場合　これらの著作物をその原作品による展示の方法で公衆に提示すること。
　三　第29条の規定によりその映画の著作物の著作権が映画製作者に帰属した場合　当該著作物をその著作権の行使により公衆に提供し，又は提示すること。
3　著作者は，次の各号に掲げる場合には，当該各号に掲げる行為について同意したものとみなす。
　一　その著作物でまだ公表されていないものを行政機関（行政機関の保有する情報の公開に関する法律（平成11年法律第42号。以下「行政機関情報公開法」という。）第2条第1項に規定する行政機関をいう。以下同じ。）に提供した場合（行政機関情報公開法第9条第1項の規定による開示する旨の決定の時までに別段の意思表示をした場合を除く。）行政機関情報公開法の規定により行政機関の長が当該著作物を公衆に提供し，又は提示すること（当該著作物に係る歴史公文書等（公文書等の管理に関する法律（平成21年法律第66号。以下「公文書管理法」という。）第2条第6項に規定する歴史公文書等をいう。以下同じ。）が行政機関の長から公文書管理法第8条第1項の規定により国立公文書館等（公文書管理法第2条第3項に規定する国立公文書館等をいう。以下同じ。）に移管された場合（公文書管理法第16条第1項の規定による利用をさせる旨の決定の時までに当該著作物の著作者が別段の意思表示をした場合を除く。）にあつては，公文書管理法第16条第1項の規定により国立公文書館等の長（公文書管理法第15条第1項に規定する国立公文書館等の長をいう。以下同じ。）が当該著作物を公衆に提供し，又は提示することを含む。）。
　二　その著作物でまだ公表されていないものを独立行政法人等（独立行政法人等の保有する情報の公開に関する法律（平成13年法律第140号。以下「独立行政法人等情報公開法」という。）第2条第1項に規定する独立行政法人等をいう。以下同じ。）に提供した場合（独立行政法人等情報公開法第9条第1項の規定による開示する旨の決定の時までに別段の意思表示をした場合を除く。）独立行政法人等情報公開法の規定により当該独立行政法人等が当該著作物を公衆に提供し，又は提示すること（当該著作物に係る歴史公文書等が当該独立行政法人等から公文書管理法第11条第4項の規定により国立公文書館等に移管された場合（公文書管理法第16条第1項の規定による利用をさ

せる旨の決定の時までに当該著作物の著作者が別段の意思表示をした場合を除く。）にあつては，公文書管理法第16条第1項の規定により国立公文書館等の長が当該著作物を公衆に提供し，又は提示することを含む。）。
三　その著作物でまだ公表されていないものを地方公共団体又は地方独立行政法人に提供した場合（開示する旨の決定の時までに別段の意思表示をした場合を除く。）情報公開条例（地方公共団体又は地方独立行政法人の保有する情報の公開を請求する住民等の権利について定める当該地方公共団体の条例をいう。以下同じ。）の規定により当該地方公共団体の機関又は地方独立行政法人が当該著作物を公衆に提供し，又は提示すること（当該著作物に係る歴史公文書等が当該地方公共団体又は地方独立行政法人から公文書管理条例（地方公共団体又は地方独立行政法人の保有する歴史公文書等の適切な保存及び利用について定める当該地方公共団体の条例をいう。以下同じ。）に基づき地方公文書館等（歴史公文書等の適切な保存及び利用を図る施設として公文書管理条例が定める施設をいう。以下同じ。）に移管された場合（公文書管理条例の規定（公文書管理法第16条第1項の規定に相当する規定に限る。以下この条において同じ。）による利用をさせる旨の決定の時までに当該著作物の著作者が別段の意思表示をした場合を除く。）にあつては，公文書管理条例の規定により地方公文書館等の長（地方公文書館等が地方公共団体の施設である場合にあつてはその属する地方公共団体の長をいい，地方公文書館等が地方独立行政法人の施設である場合にあつてはその施設を設置した地方独立行政法人をいう。以下同じ。）が当該著作物を公衆に提供し，又は提示することを含む。）。
四　その著作物でまだ公表されていないものを国立公文書館等に提供した場合（公文書管理法第16条第1項の規定による利用をさせる旨の決定の時までに別段の意思表示をした場合を除く。）同項の規定により国立公文書館等の長が当該著作物を公衆に提供し，又は提示すること。
五　その著作物でまだ公表されていないものを地方公文書館等に提供した場合（公文書管理条例の規定による利用をさせる旨の決定の時までに別段の意思表示をした場合を除く。）公文書管理条例の規定により地方公文書館等の長が当該著作物を公衆に提供し，又は提示すること。
4　第1項の規定は，次の各号のいずれかに該当するときは，適用しない。
一　行政機関情報公開法第5条の規定により行政機関の長が同条第1号ロ若しくはハ若しくは同条第2号ただし書に規定する情報が記録されている著作物でまだ公表されていないものを公衆に提供し，若しくは提示するとき，又は行政機関情報公開法第7条の規定により行政機関の長が著作物でまだ公表されていないものを公衆に提供し，若しくは提示するとき。
二　独立行政法人等情報公開法第5条の規定により独立行政法人等が同条第1号ロ若しくはハ若しくは同条第2号ただし書に規定する情報が記録されている著作物でまだ公表されていないものを公衆に提供し，若しくは提示するとき，又は独立行政法人等情報公開法第7条の規定により独立行政法人等が著作物でまだ公表されていないものを公衆に提供し，若しくは提示するとき。
三　情報公開条例（行政機関情報公開法第13条第2項及び第3項の規定に相当する規定を設けているものに限る。第5号において同じ。）の規定により地方公共団体の機関又は地方独立行政法人が著作物でまだ公表されていないもの（行政機関情報公開法第5条第1号ロ又は同条第2号ただし書に規定する情報に相当する情

報が記録されているものに限る。）を公衆に提供し，又は提示するとき。
四　情報公開条例の規定により地方公共団体の機関又は地方独立行政法人が著作物でまだ公表されていないもの（行政機関情報公開法第5条第1号ハに規定する情報に相当する情報が記録されているものに限る。）を公衆に提供し，又は提示するとき。
五　情報公開条例の規定で行政機関情報公開法第7条の規定に相当するものにより地方公共団体の機関又は地方独立行政法人が著作物でまだ公表されていないものを公衆に提供し，又は提示するとき。
六　公文書管理法第16条第1項の規定により国立公文書館等の長が行政機関情報公開法第5条第1号ロ若しくはハ若しくは同条第2号ただし書に規定する情報又は独立行政法人等情報公開法第5条第1号ロ若しくはハ若しくは同条第2号ただし書に規定する情報が記録されている著作物でまだ公表されていないものを公衆に提供し，又は提示するとき。
七　公文書管理条例（公文書管理法第18条第2項及び第4項の規定に相当する規定を設けているものに限る。）の規定により地方公文書館等の長が著作物でまだ公表されていないもの（行政機関情報公開法第5条第1号ロ又は同条第2号ただし書に規定する情報に相当する情報が記録されているものに限る。）を公衆に提供し，又は提示するとき。
八　公文書管理条例の規定により地方公文書館等の長が著作物でまだ公表されていないもの（行政機関情報公開法第5条第1号ハに規定する情報に相当する情報が記録されているものに限る。）を公衆に提供し，又は提示するとき。

（氏名表示権）
第19条　著作者は，その著作物の原作品に，又はその著作物の公衆への提供若しくは提示に際し，その実名若しくは変名を著作者名として表示し，又は著作者名を表示しないこととする権利を有する。その著作物を原著作物とする二次的著作物の公衆への提供又は提示に際しての原著作物の著作者名の表示についても，同様とする。
2　著作物を利用する者は，その著作者の別段の意思表示がない限り，その著作物につきすでに著作者が表示しているところに従つて著作者名を表示することができる。
3　著作者名の表示は，著作物の利用の目的及び態様に照らし著作者が創作者であることを主張する利益を害するおそれがないと認められるときは，公正な慣行に反しない限り，省略することができる。
4　第1項の規定は，次の各号のいずれかに該当するときは，適用しない。
一　行政機関情報公開法，独立行政法人等情報公開法又は情報公開条例の規定により行政機関の長，独立行政法人等又は地方公共団体の機関若しくは地方独立行政法人が著作物を公衆に提供し，又は提示する場合において，当該著作物につき既にその著作者が表示しているところに従つて著作者名を表示するとき。
二　行政機関情報公開法第6条第2項の規定，独立行政法人等情報公開法第6条第2項の規定又は情報公開条例の規定で行政機関情報公開法第6条第2項の規定に相当するものにより行政機関の長，独立行政法人等又は地方公共団体の機関若しくは地方独立行政法人が著作物を公衆に提供し，又は提示する場合において，当該著作物の著作者名の表示を省略することとなるとき。
三　公文書管理法第16条第1項の規定又は公文書管理条例の規定（同項の規定に相当する規定に限る。）により国立公文書館等の長又は地方公文書館等の長が著作物を公衆に提供し，又は提示する場合において，当該著作物につき既にその著作者が表示しているところに従つて著作者

名を表示するとき。

（公文書管理法等による保存等のための利用）
第42条の3　国立公文書館等の長又は地方公文書館等の長は，公文書管理法第15条第1項の規定又は公文書管理条例の規定（同項の規定に相当する規定に限る。）により歴史公文書等を保存することを目的とする場合には，必要と認められる限度において，当該歴史公文書等に係る著作物を複製することができる。
2　国立公文書館等の長又は地方公文書館等の長は，公文書管理法第16条第1項の規定又は公文書管理条例の規定（同項の規定に相当する規定に限る。）により著作物を公衆に提供し，又は提示することを目的とする場合には，それぞれ公文書管理法第19条（同条の規定に基づく政令の規定を含む。以下この項において同じ。）に規定する方法又は公文書管理条例で定める方法（同条に規定する方法以外のものを除く。）により利用をさせるために必要と認められる限度において，当該著作物を利用することができる。

（情報通信技術を利用した情報提供の準備に必要な情報処理のための利用）
第47条の9　著作物は，情報通信の技術を利用する方法により情報を提供する場合であつて，当該提供を円滑かつ効率的に行うための準備に必要な電子計算機による情報処理を行うときは，その必要と認められる限度において，記録媒体への記録又は翻案（これにより創作した二次的著作物の記録を含む。）を行うことができる。

（複製権の制限により作成された複製物の譲渡）
第47条の10　第31条第1項（第1号に係る部分に限る。以下この条において同じ。）若しくは第3項後段，第32条，第33条第1項（同条第4項において準用する場合を含む。），第33条の2第1項若しくは第4項，第34条第1項，第35条第1項，第36条第1項，第37条，第37条の2（第2号を除く。以下この条において同じ。），第39条第1項，第40条第1項若しくは第2項，第41条から第42条の2まで，第42条の3第2項又は第46条から第47条の2までの規定により複製することができる著作物は，これらの規定の適用を受けて作成された複製物（第31条第1項若しくは第3項後段，第35条第1項，第36条第1項又は第42条の規定に係る場合にあつては，映画の著作物の複製物（映画の著作物において複製されている著作物にあつては，当該映画の著作物の複製物を含む。以下この条において同じ。）を除く。）の譲渡により公衆に提供することができる。ただし，第31条第1項若しくは第3項後段，第33条の2第1項若しくは第4項，第35条第1項，第37条第3項，第37条の2，第41条から第42条の2まで，第42条の3第2項又は第47条の2の規定の適用を受けて作成された著作物の複製物（第31条第1項若しくは第3項後段，第35条第1項又は第42条の規定に係る場合にあつては，映画の著作物の複製物を除く。）を，第31条第1項若しくは第3項後段，第33条の2第1項若しくは第4項，第35条第1項，第37条第3項，第37条の2，第41条から第42条の2まで，第42条の3第2項又は第47条の2に定める目的以外の目的のために公衆に譲渡する場合は，この限りでない。

（複製物の目的外使用等）
第49条　次に掲げる者は，第21条の複製を行つたものとみなす。
一　第30条第1項，第30条の3，第31条第1項第1号若しくは第3項後段，第33条の2第1項若しくは第4項，第35条第1項，第37条第3項，第37条の2本文（同条第2号に係る場合にあつては，同号。次項第1号において同じ。），第41条から

第42条の3まで，第42条の4第2項，第44条第1項若しくは第2項，第47条の2又は第47条の6に定める目的以外の目的のために，これらの規定の適用を受けて作成された著作物の複製物（次項第4号の複製物に該当するものを除く。）を頒布し，又は当該複製物によって当該著作物を公衆に提示した者
二　第44条第3項の規定に違反して同項の録音物又は録画物を保存した放送事業者又は有線放送事業者
三　第47条の3第1項の規定の適用を受けて作成された著作物の複製物（次項第2号の複製物に該当するものを除く。）若しくは第47条の4第1項若しくは第2項の規定の適用を受けて同条第1項若しくは第2項に規定する内蔵記録媒体以外の記録媒体に一時的に記録された著作物の複製物を頒布し，又はこれらの複製物によってこれらの著作物を公衆に提示した者
四　第47条の3第2項，第47条の4第3項又は第47条の5第3項の規定に違反してこれらの規定の複製物（次項第2号の複製物に該当するものを除く。）を保存した者
五　第30条の4，第47条の5第1項若しくは第2項，第47条の7又は第47条の9に定める目的以外の目的のために，これらの規定の適用を受けて作成された著作物の複製物（次項第6号の複製物に該当するものを除く。）を用いて当該著作物を利用した者
六　第47条の6ただし書の規定に違反して，同条本文の規定の適用を受けて作成された著作物の複製物（次項第5号の複製物に該当するものを除く。）を用いて当該著作物の自動公衆送信（送信可能化を含む。）を行つた者
七　第47条の8の規定の適用を受けて作成された著作物の複製物を，当該著作物の同条に規定する複製物の使用に代えて使用し，又は当該著作物に係る同条に規定する送信の受信（当該送信が受信者からの求めに応じ自動的に行われるものである場合にあつては，当該送信の受信又はこれに準ずるものとして政令で定める行為）をしないで使用して，当該著作物を利用した者
2　次に掲げる者は，当該二次的著作物の原著作物につき第27条の翻訳，編曲，変形又は翻案を行つたものとみなす。
一　第30条第1項，第31条第1項第1号若しくは第3項後段，第33条の2第1項，第35条第1項，第37条第3項，第37条の2本文，第41条又は第42条に定める目的以外の目的のために，第43条の規定の適用を受けて同条各号に掲げるこれらの規定に従い作成された二次的著作物の複製物を頒布し，又は当該複製物によって当該二次的著作物を公衆に提示した者
二　第47条の3第1項の規定の適用を受けて作成された二次的著作物の複製物を頒布し，又は当該複製物によって当該二次的著作物を公衆に提示した者
三　第47条の3第2項の規定に違反して前号の複製物を保存した者
四　第30条の3又は第47条の6に定める目的以外の目的のために，これらの規定の適用を受けて作成された二次的著作物の複製物を頒布し，又は当該複製物によって当該二次的著作物を公衆に提示した者
五　第47条の6ただし書の規定に違反して，同条本文の規定の適用を受けて作成された二次的著作物の複製物を用いて当該二次的著作物の自動公衆送信（送信可能化を含む。）を行つた者
六　第30条の4，第47条の7又は第47条の9に定める目的以外の目的のために，これらの規定の適用を受けて作成された二次的著作物の複製物を用いて当該二次的著作物を利用した者

（出版権の制限）

第86条　第30条第1項（第3号を除く。次項において同じ。），第30条の2第2項，第30条の3，第31条第1項及び第3項後段，第32条，第33条第1項（同条第4項において準用する場合を含む。），第33条の2第1項，第34条第1項，第35条第1項，第36条第1項，第37条第1項及び第3項，第37条の2，第39条第1項，第40条第1項及び第2項，第41条から第42条の2まで，第42条の3第2項並びに第46条から第47条の2までの規定は，出版権の目的となつている著作物の複製について準用する。この場合において，第30条の2第2項，第30条の3，第35条第1項，第42条第1項及び第47条の2中「著作権者」とあるのは，「出版権者」と読み替えるものとする。

2　前項において準用する第30条第1項，第30条の3，第31条第1項第1号若しくは第3項後段，第33条の2第1項，第35条第1項，第37条第3項，第37条の2本文（同条第2号に係る場合にあつては，同号），第41条から第42条の2まで，第42条の3第2項又は第47条の2に定める目的以外の目的のために，これらの規定の適用を受けて作成された著作物の複製物を頒布し，又は当該複製物によつて当該著作物を公衆に提示した者は，第80条第1項の複製を行つたものとみなす。

（氏名表示権）

第90条の2　実演家は，その実演の公衆への提供又は提示に際し，その氏名若しくはその芸名その他氏名に代えて用いられるものを実演家名として表示し，又は実演家名を表示しないこととする権利を有する。

2　実演を利用する者は，その実演家の別段の意思表示がない限り，その実演につき既に実演家が表示しているところに従つて実演家名を表示することができる。

3　実演家名の表示は，実演の利用の目的及び態様に照らし実演家がその実演の実演家であることを主張する利益を害するおそれがないと認められるとき又は公正な慣行に反しないと認められるときは，省略することができる。

4　第1項の規定は，次の各号のいずれかに該当するときは，適用しない。

一　行政機関情報公開法，独立行政法人等情報公開法又は情報公開条例の規定により行政機関の長，独立行政法人等又は地方公共団体の機関若しくは地方独立行政法人が実演を公衆に提供し，又は提示する場合において，当該実演につき既にその実演家が表示しているところに従つて実演家名を表示するとき。

二　行政機関情報公開法第6条第2項の規定，独立行政法人等情報公開法第6条第2項の規定又は情報公開条例の規定で行政機関情報公開法第6条第2項の規定に相当するものにより行政機関の長，独立行政法人等又は地方公共団体の機関若しくは地方独立行政法人が実演を公衆に提供し，又は提示する場合において，当該実演の実演家名の表示を省略することとなるとき。

三　公文書管理法第16条第1項の規定又は公文書管理条例の規定（同項の規定に相当する規定に限る。）により国立公文書館等の長又は地方公文書館等の長が実演を公衆に提供し，又は提示する場合において，当該実演につき既にその実演家が表示しているところに従つて実演家名を表示するとき。

（著作隣接権の制限）

第102条　第30条第1項，第30条の2から第32条まで，第35条，第36条，第37条第3項，第37条の2（第1号を除く。次項において同じ。），第38条第2項及び第4項，第41条から第42条の4まで，第44条（第2項を除く。）並びに第47条の4から第47条の9までの規定は，著作隣接権の目的となつている実演，レコード，放送又は有線放送の利

用について準用し，第30条第2項及び第47条の10の規定は，著作隣接権の目的となつている実演又はレコードの利用について準用し，第44条第2項の規定は，著作隣接権の目的となつている実演，レコード又は有線放送の利用について準用する。この場合において，同条第1項中「第23条第1項」とあるのは「第92条第1項，第99条第1項又は第100条の3」と，同条第2項中「第23条第1項」とあるのは「第92条第1項又は第100条の3」と読み替えるものとする。

2　前項において準用する第32条，第37条第3項，第37条の2若しくは第42条の規定又は次項若しくは第4項の規定により実演若しくはレコード又は放送若しくは有線放送に係る音若しくは影像（以下「実演等」と総称する。）を複製する場合において，その出所を明示する慣行があるときは，これらの複製の態様に応じ合理的と認められる方法及び程度により，その出所を明示しなければならない。

3　第33条の2第1項の規定により教科用図書に掲載された著作物を複製することができる場合には，同項の規定の適用を受けて作成された録音物において録音されている実演又は当該録音物に係るレコードを複製し，又は同項に定める目的のためにその複製物の譲渡により公衆に提供することができる。

4　視覚障害者等の福祉に関する事業を行う者で第37条第3項の政令で定めるものは，同項の規定により視覚著作物を複製することができる場合には，同項の規定の適用を受けて作成された録音物において録音されている実演又は当該録音物に係るレコードについて，複製し，又は同項に定める目的のために，送信可能化を行い，若しくはその複製物の譲渡により公衆に提供することができる。

5　著作隣接権の目的となつている実演であつて放送されるものは，専ら当該放送に係る放送対象地域において受信されることを目的として送信可能化（公衆の用に供されている電気通信回線に接続している自動公衆送信装置に情報を入力することによるものに限る。）を行うことができる。ただし，当該放送に係る第99条の2第1項に規定する権利を有する者の権利を害することとなる場合は，この限りでない。

6　前項の規定により実演の送信可能化を行う者は，第1項において準用する第38条第2項の規定の適用がある場合を除き，当該実演に係る第92条の2第1項に規定する権利を有する者に相当な額の補償金を支払わなければならない。

7　前2項の規定は，著作隣接権の目的となつているレコードの利用について準用する。この場合において，前項中「第92条の2第1項」とあるのは，「第96条の2」と読み替えるものとする。

8　第39条第1項又は第40条第1項若しくは第2項の規定により著作物を放送し，又は有線放送することができる場合には，その著作物の放送若しくは有線放送について，これを受信して有線放送し，若しくは影像を拡大する特別の装置を用いて公に伝達し，又はその著作物の放送について，これを受信して同時に専ら当該放送に係る放送対象地域において受信されることを目的として送信可能化（公衆の用に供されている電気通信回線に接続している自動公衆送信装置に情報を入力することによるものに限る。）を行うことができる。

9　次に掲げる者は，第91条第1項，第96条，第98条又は第100条の2の録音，録画又は複製を行つたものとみなす。

一　第1項において準用する第30条第1項，第30条の3，第31条第1項第1号若しくは第3項後段，第35条第1項，第37条第3項，第37条の2第2号，第41条から第42条の3まで，第42条の4第2項，第44条第1項若しくは第2項又は第47条の6に定める目的以外の目的のために，これらの規定の適用を受けて作成された

実演等の複製物を頒布し，又は当該複製物によつて当該実演，当該レコードに係る音若しくは当該放送若しくは有線放送に係る音若しくは影像を公衆に提示した者
二　第1項において準用する第44条第3項の規定に違反して同項の録音物又は録画物を保存した放送事業者又は有線放送事業者
三　第1項において準用する第47条の4第1項若しくは第2項の規定の適用を受けて同条第1項若しくは第2項に規定する内蔵記録媒体以外の記録媒体に一時的に記録された実演等の複製物を頒布し，又は当該複製物によつて当該実演，当該レコードに係る音若しくは当該放送若しくは有線放送に係る音若しくは影像を公衆に提示した者
四　第1項において準用する第47条の4第3項又は第47条の5第3項の規定に違反してこれらの規定の複製物を保存した者
五　第1項において準用する第30条の4，第47条の5第1項若しくは第2項，第47条の7又は第47条の9に定める目的以外の目的のために，これらの規定の適用を受けて作成された実演等の複製物を用いて当該実演等を利用した者
六　第1項において準用する第47条の6ただし書の規定に違反して，同条本文の規定の適用を受けて作成された実演等の複製物を用いて当該実演等の送信可能化を行つた者
七　第1項において準用する第47条の8の規定の適用を受けて作成された実演等の複製物を，当該実演等の同条に規定する複製物の使用に代えて使用し，又は当該実演等に係る同条に規定する送信の受信（当該送信が受信者からの求めに応じ自動的に行われるものである場合にあつては，当該送信の受信又はこれに準ずるものとして政令で定める行為）をしないで使用して，当該実演等を利用した者
八　第33条の2第1項又は第37条第3項に定める目的以外の目的のために，第3項若しくは第4項の規定の適用を受けて作成された実演若しくはレコードの複製物を頒布し，又は当該複製物によつて当該実演若しくは当該レコードに係る音を公衆に提示した者

12　図書館法（抄）

図書館法
（昭和25年4月30日法律第118号）
（最終改正：平成23年12月14日法律第122号）

（この法律の目的）
第1条　この法律は，社会教育法（昭和24年法律第207号）の精神に基き，図書館の設置及び運営に関して必要な事項を定め，その健全な発達を図り，もつて国民の教育と文化の発展に寄与することを目的とする。
（定義）
第2条　この法律において「図書館」とは，図書，記録その他必要な資料を収集し，整理し，保存して，一般公衆の利用に供し，その教養，調査研究，レクリエーション等に資することを目的とする施設で，地方公共団体，日本赤十字社又は一般社団法人若しくは一般財団法人が設置するもの（学校に附属する図書館又は図書室を除く。）をいう。
2　前項の図書館のうち，地方公共団体の設置する図書館を公立図書館といい，日本赤十字社又は一般社団法人若しくは一般財団法人の設置する図書館を私立図書館という。

13　博物館法（抄）

博物館法
（昭和26年12月1日法律第285号）
（最終改正：平成26年6月4日法律第51号）

（この法律の目的）
第1条　この法律は，社会教育法（昭和24年法律第207号）の精神に基き，博物館の設置及び運営に関して必要な事項を定め，その健全な発達を図り，もつて国民の教育，学術及び文化の発展に寄与することを目的とする。
（定義）
第2条　この法律において「博物館」とは，歴史，芸術，民俗，産業，自然科学等に関する資料を収集し，保管（育成を含む。以下同じ。）し，展示して教育的配慮の下に一般公衆の利用に供し，その教養，調査研究，レクリエーション等に資するために必要な事業を行い，あわせてこれらの資料に関する調査研究をすることを目的とする機関（社会教育法による公民館及び図書館法（昭和25年法律第118号）による図書館を除く。）のうち，地方公共団体，一般社団法人若しくは一般財団法人，宗教法人又は政令で定めるその他の法人（独立行政法人（独立行政法人通則法（平成11年法律第103号）第2条第1項に規定する独立行政法人をいう。第29条において同じ。）を除く。）が設置するもので次章の規定による登録を受けたものをいう。
2　この法律において，「公立博物館」とは，地方公共団体の設置する博物館をいい，「私立博物館」とは，一般社団法人若しくは一般財団法人，宗教法人又は前項の政令で定める法人の設置する博物館をいう。
3　この法律において「博物館資料」とは，博物館が収集し，保管し，又は展示する資料（電磁的記録（電子的方式，磁気的方式その他人の知覚によつては認識することができない方式で作られた記録をいう。）を含む。）をいう。

14　札幌市公文書管理条例

札幌市公文書管理条例
(平成24年6月13日条例第31号)

目次
第1章　総則(第1条・第2条)
第2章　公文書の管理(第3条―第13条)
第3章　特定重要公文書の保存,利用等(第14条―第31条)
第4章　公文書管理審議会(第32条―第38条)
第5章　雑則(第39条―第41条)
第6章　罰則(第42条)
附則

第1章　総則

(目的)
第1条　この条例は,公文書が市民の知る権利を具体化するために必要な市民共有の財産であることに鑑み,公文書管理の基本的事項を定め,公文書の適正な管理並びに市政上重要な公文書の保存及び利用を図ることにより,市民との情報共有を進めるとともに,現在及び将来にわたり市の説明責任を全うし,もって効率的で,公正かつ透明性の高い行政運営を確保すること及び市民が主体となったまちづくりの推進に寄与することを目的とする。

(定義)
第2条　この条例において,次の各号に掲げる用語の意義は,当該各号に定めるところによる。
(1)　実施機関　市長,教育委員会,選挙管理委員会,人事委員会,監査委員,農業委員会,固定資産評価審査委員会,公営企業管理者,消防長及び議会並びに本市が設立した地方独立行政法人(地方独立行政法人法(平成15年法律第118号)第2条第1項に規定する地方独立行政法人をいう。以下同じ。)をいう。
(2)　公文書　実施機関の職員(本市が設立した地方独立行政法人(以下「本市地方独立行政法人」という。)の役員を含む。以下この号,第37条及び第40条において同じ。)が職務上作成し,又は取得した文書,図画,写真,フィルム及び電磁的記録(電子的方式,磁気的方式その他人の知覚によっては認識することができない方式で作られた記録をいう。以下同じ。)であって,当該実施機関の職員が組織的に用いるものとして,当該実施機関が保有しているものをいう。
(3)　法人公文書　公文書のうち,本市地方独立行政法人が保有しているものをいう。
(4)　重要公文書　公文書のうち,市政の重要事項に関わり,将来にわたって市の活動又は歴史を検証する上で重要な資料となるものをいう。
(5)　特定重要公文書　次に掲げるものをいう。
　ア　重要公文書のうち,第8条第1項の規定により市長が引き続き保存の措置を採ったもの及び同条第2項の規定により市長に移管されたもの
　イ　重要公文書のうち,第12条第4項の規定により市長に移管されたもの
　ウ　法人その他の団体(実施機関を除く。)又は個人から市長に対し寄贈又は寄託の申出があった文書で,市政の重要事項に関わり,将来にわたって市の活動又は歴史を検証する上で重要な資料となると市長が認め,寄贈又は寄託を受けた文書

第2章　公文書の管理

（公文書の管理に関する原則）

第3条　実施機関（本市地方独立行政法人を除く。以下この章において同じ。）の職員は，この条例の目的を十分に認識し，公文書の作成，整理，保存等を適切に行わなければならない。

（公文書の作成）

第4条　実施機関の職員は，当該実施機関における審議又は検討の経緯その他の意思決定に至る過程並びに事務及び事業の実績について，合理的に跡付け，又は検証することができるよう，事案が軽微なものを除き，公文書を作成しなければならない。

（公文書の整理）

第5条　実施機関の職員が公文書を作成し，又は取得したときは，当該実施機関は，効率的な事務又は事業の処理及び公文書の適切な保存に資するよう，単独で管理することが適当であると認める公文書を除き，適時に，相互に密接な関連を有する公文書（保存期間を同じくすることが適当であるものに限る。）を一の集合物（以下「簿冊」という。）にまとめなければならない。

2　実施機関は，単独で管理することが適当であると認める公文書及び前項の規定によりまとめた簿冊（以下「簿冊等」という。）について分類し，名称を付するとともに，保存期間及び保存期間の満了する日を設定しなければならない。

3　前項の場合において，実施機関が簿冊等（法令等により作成又は取得から30年を超えて保存することが定められている公文書を除く。）について設定する保存期間は，30年を最長とする。

4　実施機関は，職務の遂行上必要があるときは，その必要な限度において，簿冊等の保存期間及び保存期間の満了する日を延長することができる。

5　市長は，簿冊等について，保存期間（延長された場合にあっては，延長後の保存期間。以下同じ。）の満了前のできるだけ早い時期に，保存期間が満了したときの措置として，重要公文書に該当すると認めるものにあっては特定重要公文書として引き続き保存する措置を，それ以外のものにあっては廃棄の措置を採るべきことを定めなければならない。

6　市長以外の実施機関は，必要に応じて市長と協議を行い，簿冊等について，保存期間の満了前のできるだけ早い時期に，保存期間が満了したときの措置として，重要公文書に該当すると認めるものにあっては市長への移管の措置を，それ以外のものにあっては廃棄の措置を採るべきことを定めなければならない。

7　市長は，前項の規定により市長以外の実施機関が簿冊等について廃棄の措置を採るべきと定めた場合であっても，当該簿冊等が重要公文書に該当すると認めるときは，当該実施機関に市長への移管の措置を採ることを求めることができる。この場合において，当該実施機関は，当該求めを参酌して前項の規定による定めを変更することができる。

（公文書の保存）

第6条　実施機関は，簿冊等について，当該簿冊等の保存期間の満了する日までの間，その内容，時の経過，利用の状況等に応じ，適切な保存及び利用を確保するために必要な場所において，適切な記録媒体により，識別を容易にするための措置を講じた上で保存しなければならない。

2　前項の場合において，実施機関は，当該簿冊等の集中管理の推進に努めなければならない。

（公文書目録）

第7条　実施機関は，簿冊等の管理を適切に行うため，簿冊等の分類，名称，保存期間の満了する日の属する年度，保存期間，保存期間が満了したときの措置その他の必要な事項（札幌市情報公開条例（平成11年条例第41号）第7条各号に掲げる非公開情報

に該当するものを除く。）を記載した目録（以下「公文書目録」という。）を作成しなければならない。ただし，1年未満の保存期間が設定された簿冊等については，この限りでない。
2　実施機関は，公文書目録を電子情報処理組織を使用する等の方法により，一般の閲覧に供しなければならない。
　　（保存期間が満了した公文書の取扱い）
第8条　市長は，保存期間が満了した簿冊等について，第5条第5項の規定による定めに基づき，特定重要公文書として引き続き保存し，又は廃棄しなければならない。
2　市長以外の実施機関は，保存期間が満了した簿冊等について，第5条第6項及び第7項の規定による定めに基づき，市長に移管し，又は廃棄しなければならない。
3　実施機関は，第1項の規定により引き続き保存し，又は前項の規定により市長に移管する簿冊等について，第17条第2項第1号に掲げる場合に該当するものとして市長において利用の制限を行うことが適切であると認める場合には，その旨の記録をし，又は意見を付さなければならない。
　　（管理状況の報告等）
第9条　市長以外の実施機関は，公文書目録の作成状況その他の公文書の管理状況について，毎年度，市長に報告しなければならない。
2　市長は，各実施機関における公文書目録の作成状況その他の公文書の管理状況を取りまとめ，毎年度，その概要を公表しなければならない。
　　（公文書管理体制の整備）
第10条　実施機関は，公文書を適正に管理するために必要な体制を整備しなければならない。
　　（公文書管理規則等）
第11条　実施機関は，公文書の管理が第3条から前条までの規定に基づき適正に行われることを確保するため，公文書の管理に関する定め（以下「公文書管理規則等」とい

う。）を設けなければならない。
2　公文書管理規則等には，公文書に関する次に掲げる事項を記載しなければならない。
　(1)　作成に関する事項
　(2)　整理に関する事項
　(3)　保存に関する事項
　(4)　公文書目録の作成に関する事項
　(5)　移管又は廃棄に関する事項
　(6)　管理状況の報告に関する事項
　(7)　管理体制の整備に関する事項
　(8)　その他公文書の管理に必要な事項
3　実施機関は，公文書管理規則等を設けたときは，これを公表しなければならない。これを変更したときも同様とする。
　　（法人公文書の管理に関する原則）
第12条　本市地方独立行政法人は，第3条から第6条までの規定に準じて，法人公文書を適正に管理しなければならない。
2　本市地方独立行政法人は，法人簿冊等（効率的な事務又は事業の処理及び法人公文書の適切な保存に資するよう相互に密接な関連を有する法人公文書を一の集合物にまとめたもの並びに単独で管理している法人公文書をいう。以下同じ。）の管理を適切に行うため，法人簿冊等の分類，名称，保存期間の満了する日の属する年度，保存期間，保存期間が満了したときの措置その他の必要な事項（札幌市情報公開条例第7条各号に掲げる非公開情報に該当するものを除く。）を記載した目録（以下「法人公文書目録」という。）を作成しなければならない。ただし，1年未満の保存期間が設定された法人簿冊等については，この限りでない。
3　本市地方独立行政法人は，法人公文書目録を電子情報処理組織を使用する等の方法により，一般の閲覧に供しなければならない。
4　本市地方独立行政法人は，保存期間が満了した法人簿冊等について，重要公文書に該当するものにあっては市長に移管し，それ以外のものにあっては廃棄しなければならない。

5　本市地方独立行政法人は，前項の規定により市長に移管する法人簿冊等について，第17条第2項第1号に掲げる場合に該当するものとして市長において利用の制限を行うことが適切であると認める場合には，その旨の意見を付さなければならない。
6　本市地方独立行政法人は，法人公文書目録の作成状況その他の公文書の管理状況について，毎年度，市長に報告しなければならない。
7　市長は，毎年度，前項の規定による報告を取りまとめ，その概要を公表しなければならない。
8　本市地方独立行政法人は，法人公文書の管理が前各項の規定に基づき適正に行われることを確保するため，前条第2項の規定を参酌して，法人公文書の管理に関する定め（次項において「法人公文書管理規則等」という。）を設けなければならない。
9　本市地方独立行政法人は，法人公文書管理規則等を設けたときは，これを公表しなければならない。これを変更したときも同様とする。

（他の制度との調整等）
第13条　この章の規定は，公文書のうち次に掲げるものには適用しない。
(1)　特定重要公文書
(2)　図書館その他の市（本市地方独立行政法人を含む。）の施設において一般の利用に供することを目的として管理しているもの
(3)　官報，白書，新聞，雑誌，書籍その他の刊行物で不特定多数の者に販売することを目的として，実施機関以外のものにより発行されるもの

第3章　特定重要公文書の保存，利用等

（特定重要公文書の保存）
第14条　市長は，特定重要公文書について，第29条の規定により廃棄されるに至る場合を除き，永久に保存しなければならない。

2　市長は，特定重要公文書について，その内容，保存状態，時の経過，利用の状況等に応じ，適切な保存及び利用を確保するために必要な場所において，適切な記録媒体により，識別を容易にするための措置を講じた上で保存しなければならない。
3　市長は，特定重要公文書の分類，名称その他の特定重要公文書の適切な保存及び利用に資するために必要な事項を記載した目録を作成し，電子情報処理組織を利用する等の方法により一般の閲覧に供しなければならない。

（個人情報の漏えい防止等）
第15条　市長は，特定重要公文書に個人情報（生存する個人に関する情報であって，当該情報に含まれる氏名，生年月日その他の記述等により特定の個人を識別することができるもの（他の情報と照合することにより，特定の個人を識別することができることとなるものを含む。）をいう。ただし，法人その他の団体に関して記録された情報に含まれる当該法人その他の団体の役員に関する情報及び事業を営む個人の当該事業に関する情報を除く。）が記録されている場合には，当該個人情報の漏えいの防止のために必要な措置を講じる等適正な管理を行わなければならない。

（利用の促進）
第16条　市長は，特定重要公文書（次条の規定により利用させることができるものに限る。）について，展示その他の方法により積極的に一般の利用に供するよう努めなければならない。

（特定重要公文書の利用請求及びその取扱い）
第17条　何人も，この条例の定めるところにより，第14条第3項の目録の記載に従い，市長に対して特定重要公文書の利用の請求（以下「利用請求」という。）をすることができる。
2　市長は，利用請求があったときは，次に掲げる場合を除き，当該利用請求に応じる

139

ものとする。
(1) 当該特定重要公文書に次に掲げる情報が記録されている場合
　ア　個人に関する情報（事業を営む個人の当該事業に関する情報を除く。）で特定の個人を識別することができるもの（他の情報と照合することにより，特定の個人を識別することができることとなるものを含む。）又は特定の個人を識別することはできないが，公にすることにより，なお個人の権利利益を害するおそれがあると認められるもの。ただし，次に掲げる情報を除く。
　　(ｱ)　法令若しくは他の条例の規定により又は慣行として公にされ，又は公にすることが予定されている情報
　　(ｲ)　人の生命，健康，生活又は財産を保護するため，公にすることが必要であると認められる情報
　　(ｳ)　公務員等（行政機関の保有する情報の公開に関する法律（平成11年法律第42号）第5条第1号ハに規定する公務員等をいう。）の職務の遂行に係る情報（当該情報が当該公務員等の思想信条に係るものである場合で，公にすることにより，当該公務員等の個人としての正当な権利を明らかに害すると認められるときは，当該公務員等の職，氏名その他当該公務員等を識別することができることとなる記述等の部分を除く。）
　イ　法人その他の団体（国，独立行政法人等（独立行政法人等の保有する情報の公開に関する法律（平成13年法律第140号）第2条第1項に規定する独立行政法人等をいう。以下同じ。），地方公共団体及び地方独立行政法人を除く。以下「法人等」という。）に関する情報又は事業を営む個人の当該事業に関する情報であって，次に掲げるもの。ただし，人の生命，健康，生活又は財産を保護するため，公にすることが必要であると認められる情報を除く。
　　(ｱ)　公にすることにより，当該法人等又は当該個人の権利，競争上の地位その他正当な利益を害すると認められるもの
　　(ｲ)　実施機関の要請を受けて，公にしないとの条件で任意に提供された情報であって，当該条件を付することが当該情報の性質，当時の状況等に照らして合理的であると認められるもの
　ウ　公にすることにより，人の生命，身体，財産又は社会的な地位の保護，犯罪の予防，犯罪の捜査その他の公共の安全と秩序の維持に支障を及ぼすおそれがあると認められる情報
　エ　市又は国，独立行政法人等，他の地方公共団体若しくは地方独立行政法人が行う事務又は事業に関する情報であって，次に掲げるもの
　　(ｱ)　監査，検査，取締り又は試験に係る事務に関する情報であって，公にすることにより，正確な事実の把握を困難にし，又は違法若しくは不当な行為を容易にし，若しくはその発見を困難にすると認められるもの
　　(ｲ)　市，国若しくは他の地方公共団体が経営する企業，独立行政法人等又は地方独立行政法人に係る事業に関し，公にすることにより，その企業経営上の正当な利益を害するおそれがあると認められるもの
　オ　法令若しくは他の条例の定めるところにより又は実施機関が法律上従う義務を負う国の機関の指示等により，公にすることができないと認められる情報
(2) 当該特定重要公文書がその全部又は一部を一定の期間公にしないことを条件に実施機関以外のものから寄贈され，又は寄託されたものであって，当該期間が経過していない場合

⑶　当該特定重要公文書の原本を利用に供することにより当該原本を破損し，若しくは汚損するおそれがある場合又は市長が修復作業等のために当該原本を現に使用している場合
3　市長は，利用請求に係る特定重要公文書が前項第1号に該当するか否かについて判断するに当たっては，当該特定重要公文書が作成され，又は取得されてからの時の経過を考慮するとともに，当該特定重要公文書に第8条第3項又は第12条第5項の規定による記録がされ，又は意見が付されている場合には，当該記録又は意見を参酌しなければならない。
4　市長は，第2項第1号又は第2号に掲げる場合であっても，同項第1号アからオまでに掲げる情報又は同項第2号に規定する条件に係る情報が記録されている部分を容易に区分して除くことができるときは，利用請求者に対し，当該部分を除いた部分を利用させなければならない。ただし，当該部分を除くことにより，利用請求の趣旨が損なわれることが明らかであるときは，この限りでない。

　　（本人情報の取扱い）
第18条　市長は，前条第2項第1号アの規定にかかわらず，同号アに掲げる情報により識別される特定の個人（以下この条において「本人」という。）から，当該情報が記録されている特定重要公文書について利用請求があった場合において，本人であることを示す書類で市長が定めるものの提示又は提出があったときは，本人の生命，健康，生活又は財産を害するおそれがある情報が記録されている場合を除き，当該特定重要公文書につき同号アに掲げる情報が記録されている部分についても，利用させなければならない。

　　（利用請求の手続）
第19条　利用請求をしようとするものは，次に掲げる事項を記載した請求書（以下「利用請求書」という。）を市長に提出しなければならない。
⑴　利用請求をするものの氏名又は名称及び住所又は居所並びに法人その他の団体にあっては代表者の氏名
⑵　利用請求に係る第14条第3項の目録に記載された特定重要公文書の名称
⑶　前2号に掲げるもののほか，市長が定める事項

　　（利用請求に対する決定等）
第20条　市長は，利用請求に係る特定重要公文書の全部又は一部を利用させるときは，その旨の決定をし，利用請求者に対し，その旨並びに利用させる日時及び場所を書面により通知しなければならない。
2　市長は，利用請求に係る特定重要公文書の全部を利用させないときは，利用させない旨の決定をし，利用請求者に対し，その旨を書面により通知しなければならない。
3　前2項の規定により利用請求に係る特定重要公文書の全部又は一部を利用させない旨の決定をした場合において，当該特定重要公文書の全部又は一部についての利用が可能となる時期が明らかであるときは，市長は，その旨をこれらの規定による書面に付記しなければならない。

　　（利用決定等の期限）
第21条　前条第1項又は第2項の決定（以下「利用決定等」という。）は，利用請求があった日の翌日から起算して14日以内にしなければならない。ただし，利用請求書に形式上の不備があると認められる場合で利用請求者に対して補正を求めたときは，当該補正に要した日数は，この期間には算入しない。
2　市長は，やむを得ない理由により，前項に規定する期間内に利用決定等をすることができないときは，利用決定等をすべき期限を，同項に規定する期間の満了する日の翌日から起算して30日を限度として延長することができる。この場合において，市長は，速やかに，利用請求者に対し，延長後の期間及び延長の理由を書面により通知し

なければならない。
3　利用請求者は，市長が第１項に規定する期間の満了する日の翌日から起算して30日を経過した後においても，利用請求に係る特定重要公文書の全部又は一部について利用決定等をしないとき（次条第１項の規定による通知があったときを除く。）は，当該利用決定等がされていない特定重要公文書を利用させない旨の決定があったものとみなすことができる。

（利用決定等の期限の特例）
第22条　利用請求に係る特定重要公文書が著しく大量であるため，利用請求があった日の翌日から起算して44日以内にその全てについて利用決定等をすることにより事務の遂行に著しい支障が生ずるおそれがある場合には，前条第１項及び第２項の規定にかかわらず，市長は，利用請求に係る特定重要公文書のうちの相当の部分につき当該期間内に利用決定等をし，残りの特定重要公文書については相当の期間内に利用決定等をすれば足りる。この場合において，市長は，同条第１項に規定する期間内に，利用請求者に対し，次に掲げる事項を書面により通知しなければならない。
(1)　この項の規定を適用する旨及びその理由
(2)　残りの特定重要公文書について利用決定等をする期限
2　利用請求者は，前項の規定による通知があった場合において，市長が同項第２号に規定する期限を経過した後においても，利用請求に係る特定重要公文書の全部又は一部について利用決定等をしないときは，当該利用決定等がされていない特定重要公文書を利用させない旨の決定があったものとみなすことができる。

（第三者に対する意見書提出の機会の付与等）
第23条　利用請求に係る特定重要公文書に次に掲げるもの以外のもの（以下この条，第26条第２項第３号及び第27条第２項において「第三者」という。）に関する情報が記録されているときは，市長は，利用決定等をするに当たって，当該情報に係る第三者に対し，意見書を提出する機会を与えることができる。
(1)　市及び本市地方独立行政法人
(2)　国，独立行政法人等並びに他の地方公共団体及び地方独立行政法人
(3)　利用請求者
2　市長は，第三者に関する情報が記録されている特定重要公文書の利用をさせようとする場合であって，当該情報が第17条第２項第１号ア（イ）又は同号イただし書に規定する情報に該当すると認めるときは，利用させる旨の決定に先立ち，当該第三者に対し，意見書を提出する機会を与えなければならない。ただし，当該第三者の所在が判明しない場合は，この限りでない。
3　市長は，特定重要公文書であって，第17条第２項第１号ウに該当するものとして第８条第３項又は第12条第５項の規定により市長以外の実施機関から意見を付されたものを利用させる旨の決定をする場合には，あらかじめ，当該実施機関に対し，意見書を提出する機会を与えなければならない。
4　市長は，第１項又は第２項の規定により意見書を提出する機会を与えられた第三者が当該特定重要公文書を利用させることに反対の意思を表示した意見書（以下「反対意見書」という。）を提出した場合において，当該特定重要公文書を利用させる旨の決定をするときは，その決定の日と利用させる日との間に少なくとも２週間を置かなければならない。この場合において，市長は，利用決定後直ちに，反対意見書を提出した第三者に対し，利用させる旨の決定をした旨及びその理由並びに利用させる日を書面により通知しなければならない。

（利用の方法）
第24条　市長が特定重要公文書を利用させる場合には，文書，図画，写真又はフィルムについては閲覧又は写しの交付により，電

磁的記録についてはその種別，情報化の進展状況等を考慮して市長が定める方法により行う。

2　市長は，前項の規定により特定重要公文書を閲覧に供し，又はその写しを交付する場合において，当該特定重要公文書の保存に支障を生ずるおそれがあると認めるときその他合理的な理由があるときは，当該特定重要公文書を複写したものを閲覧に供し，又はその写しを交付することができる。

（費用の負担）

第25条　前条の規定により特定重要公文書（これを複写したものを含む。）の写しの交付を受けるものは，その写しの交付に要する費用を負担しなければならない。

（異議申立て及び公文書管理審議会への諮問）

第26条　利用決定等（第21条第3項又は第22条第2項の規定により特定重要公文書を利用させない旨の決定があったとみなされた場合における当該あったものとみなされた決定を含む。）について行政不服審査法（昭和37年法律第160号）による異議申立てがあったときは，市長は，次の各号のいずれかに該当する場合を除き，札幌市公文書管理審議会に諮問しなければならない。

(1)　異議申立てが不適法であり，却下するとき。

(2)　決定で，異議申立てに係る利用決定等の取消し又は変更をして，当該異議申立てに係る特定重要公文書の全部を利用させることとするとき。ただし，当該異議申立てに係る特定重要公文書の利用について反対意見書が提出されているときを除く。

2　市長は，前項の規定により諮問をしたときは，次に掲げる者に対し，諮問をした旨を通知しなければならない。

(1)　異議申立人及び参加人

(2)　利用請求者（利用請求者が異議申立人又は参加人である場合を除く。）

(3)　当該異議申立てに係る利用決定等について反対意見書を提出した第三者（当該第三者が異議申立人又は参加人である場合を除く。）

（異議申立てに対する決定）

第27条　市長は，異議申立てについて決定をする場合は，その諮問に対する札幌市公文書管理審議会の答申を尊重しなければならない。

2　市長は，第三者に関する情報が記録されている特定重要公文書の利用決定等に関する異議申立てについて，次の各号のいずれかに該当する決定をし，特定重要公文書を利用させようとするときは，当該決定の日と利用させる日との間に少なくとも2週間を置かなければならない。この場合において，市長は，直ちに当該第三者に対し，利用させる旨及びその理由並びに利用させる日を書面により通知しなければならない。

(1)　利用決定に対する第三者からの異議申立てを却下し，又は棄却する決定

(2)　異議申立てに係る利用決定等を変更し，当該利用決定等に係る特定重要公文書を利用させる旨の決定（第三者である参加人が当該特定重要公文書の利用に反対の意思を表示している部分に係る変更の決定に限る。）

（実施機関による利用の特例）

第28条　第8条第1項若しくは第2項又は第12条第4項の規定により，特定重要公文書を引き続き保存し，又は移管した実施機関が，それぞれの所掌事務を遂行するために当該特定重要公文書の利用を請求した場合には，第17条第2項第1号の規定は適用しない。

（特定重要公文書の廃棄）

第29条　市長は，特定重要公文書として保存されている文書がその重要性を失ったと認める場合には，当該文書を廃棄することができる。

2　市長は，前項の規定により文書を廃棄するときは，あらかじめ札幌市公文書管理審議会に諮問しなければならない。

（保存及び利用の状況の公表）
第30条　市長は，特定重要公文書の保存及び利用の状況について，毎年度，公表しなければならない。
　　（特定重要公文書の保存，利用及び廃棄に関する定め）
第31条　市長は，特定重要公文書の保存，利用及び廃棄が第14条から第25条まで及び第28条から前条までの規定に基づき適切に行われることを確保するため，特定重要公文書の保存，利用及び廃棄に関する定めを設けなければならない。

第4章　公文書管理審議会

（審議会の設置）
第32条　公文書の管理に係る施策の適正かつ円滑な実施を図るため，札幌市公文書管理審議会（以下「審議会」という。）を置く。
2　審議会は，第26条第1項及び第29条第2項の規定により市長から諮問を受けた事項について調査審議する。
3　審議会は，前項に規定する事項のほか，公文書の管理に係る施策に関する重要な事項について市長に意見を述べることができる。
　　（組織等）
第33条　審議会は，委員7人以内をもって組織する。
2　委員は，学識経験者その他市長が適当と認める者のうちから，市長が委嘱する。
3　委員の任期は，2年とし，補欠の委員の任期は，前任者の残任期間とする。
4　委員は，再任されることができる。
5　委員は，職務上知り得た秘密を漏らしてはならない。その職を退いた後も同様とする。
　　（部　会）
第34条　審議会は，その指名する委員3人以上をもって構成する部会を置くことができる。
2　審議会は，その定めるところにより，部会の決議をもって審議会の決議とすることができる。
　　（異議申立てに係る審議会の調査審議手続等）
第35条　審議会は，必要があると認めるときは，市長に対し，異議申立てに係る特定重要公文書（以下「対象特定重要公文書」という。）の提示を求めることができる。この場合において，市長は，審議会の求めを拒んではならない。
2　前項に定めるもののほか，審議会は，異議申立てに係る事件に関し，異議申立人，参加人又は市長（以下「異議申立人等」という。）に意見書又は資料の提出を求めること，適当と認める者にその知っている事実を陳述させることその他必要な調査をすることができる。
3　審議会は，異議申立人等から申立てがあったときは，異議申立人等の不利益にならないことが明らかである場合等その必要がないと認められる場合を除き，当該異議申立人等に，口頭で意見を述べる機会を与えなければならない。
4　異議申立人又は参加人は，前項の規定により意見を述べるときは，審議会の許可を得て，補佐人と共に出頭することができる。
5　異議申立人等は，審議会に対し，意見書又は資料を提出することができる。ただし，審議会が意見書又は資料を提出すべき相当の期間を定めたときは，その期間内にこれを提出しなければならない。
6　審議会は，必要があると認めるときは，その指名する委員に，第1項の規定により提示された対象特定重要公文書を閲覧させ，第2項の規定による調査をさせ，又は第3項の規定による異議申立人等の意見の陳述を聴かせることができる。
7　異議申立人等は，審議会に対し，審議会に提出された意見書又は資料の閲覧又は複写を求めることができる。この場合において，審議会は，当該閲覧又は複写を求めた異議申立人等以外のものの利益を害するお

それがあると認めるときその他正当な理由があるときでなければ，その閲覧又は複写を拒むことができない。
8　審議会は，前項に規定する閲覧又は複写について，その日時及び場所を指定することができる。
9　この条に規定する調査審議の手続は，公開しない。ただし，審議会が認めた場合は，公開することができる。
10　審議会は，異議申立てに係る諮問に対する答申をしたときは，答申書の写しを異議申立人及び参加人に送付するものとする。
　　（準用）
第36条　前条（第10項を除く。）の規定は，第34条第2項の規定により部会の決議をもって審議会の決議とする場合について準用する。
　　（意見の徴取等）
第37条　審議会は，その所掌事務（異議申立てに係る事務を除く。）を遂行するため必要があると認める場合は，実施機関の職員その他関係者の出席を求めて意見若しくは説明を聴き，又はこれらの者からの資料の提出を求めることができる。
　　（審議会の組織及び運営に関する事項についての委任）
第38条　第32条から前条までに規定するもののほか，審議会の組織及び運営に関し必要な事項は，市長が定める。

第5章　雑　則

　　（市長の調整）
第39条　市長は，この条例による公文書管理制度の円滑かつ統一的な実施を図る上で必要があると認めるときは，公文書の管理について，他の実施機関に対し，報告を求め，又は助言をすることができる。
　　（研　修）
第40条　実施機関は，それぞれ，当該実施機関の職員に対し，公文書の管理を適正かつ効率的に行うために必要な知識及び技能を習得させ，及び向上させるために必要な研修を行うものとする。
　　（委　任）
第41条　この条例に定めるもののほか，公文書の管理に関し必要な事項は，実施機関が定める。

第6章　罰　則

第42条　第33条第5項の規定に違反して秘密を漏らした者は，1年以下の懲役又は50万円以下の罰金に処する。

　　附　則

　　（施行期日）
1　この条例は，平成25年4月1日（以下「施行日」という。）から施行する。
　ただし，次の各号に掲げる規定は，当該各号に定める日から施行する。
⑴　附則第8項の規定　公布の日
⑵　第4章（第35条及び第36条を除く。）及び附則第12項の規定　この条例の公布の日から起算して3月を超えない範囲内において市長が定める日
⑶　第16条から第28条まで，第35条及び第36条の規定　施行日から起算して1年を超えない範囲内において市長が定める日
　　（経過措置）
2　施行日前に作成し，又は取得した公文書の保存期間は，実施機関が現に定めている保存期間とする。
3　前項の規定にかかわらず，施行日前に作成し，又は取得した公文書で，実施機関により10年を超える保存期間が定められているもののうち次に掲げるもの以外のものの保存期間は，当該公文書に係る事案の処理が完結した日（4月1日から5月31日までの間に完結した前年度予算に係る公文書にあっては，同年度の末日）の属する年度の翌年度の4月1日から起算して30年間とする。
⑴　法令等により保存期間の定めのある公

文書
　(2)　時効が完成するまでの間証拠として保存する必要がある公文書
4　前項の規定により施行日の前日前に保存期間が満了することとなる公文書については，施行日の前日を保存期間が満了する日とみなす。
　　（経過措置に係る公文書の保存期間の延長）
5　実施機関は，前2項の規定により施行日の前日に保存期間が満了し，又は同日を保存期間が満了する日とみなす公文書について，職務の遂行上必要があると認めるときは，その必要な限度において，保存期間及び保存期間が満了する日を延長することができる。
　　（経過措置に係る公文書の保存，移管又は廃棄の措置）
6　市長は，附則第2項から第4項までの規定により施行日の前日に保存期間が満了し，又は同日を保存期間が満了する日とみなす公文書（次項において「保存期間満了公文書」という。）について，重要公文書に該当すると認めるものにあっては特定重要公文書として引き続き保存し，それ以外のものにあっては廃棄しなければならない。
7　市長以外の実施機関は，保存期間満了公文書について，重要公文書に該当すると認めるものにあっては市長に移管し，それ以外のものにあっては廃棄しなければならない。
　　（準備行為）
8　第33条第2項の規定による審議会の委員の委嘱のために必要な準備行為は，同項の規定の施行前においても行うことができる。
　　（札幌市情報公開条例の一部改正）
9　札幌市情報公開条例の一部を次のように改正する。
　　第23条及び第24条を次のように改める。
　　（適用除外）
第23条　札幌市公文書管理条例（平成24年条例第31号）第2条第5号に規定する特定重要公文書については，この条例の規定は適用しない。
　　（公開請求に資するための措置）
第24条　実施機関は，公開請求をしようとするものが容易かつ的確に公開請求をすることができるよう，当該実施機関が保有する公文書の特定に資する情報の提供その他公開請求をしようとするものの利便を考慮した適切な措置を講ずるものとする。
　　（札幌市個人情報保護条例の一部改正）
10　札幌市個人情報保護条例（平成16年条例第35号）の一部を次のように改正する。
　　第47条に次の1項を加える。
3　札幌市公文書管理条例（平成24年条例第31号）第2条第5号に規定する特定重要公文書に記録されている個人情報については，この条例の規定は適用しない。
　　（札幌市情報公開・個人情報保護審議会及び札幌市情報公開・個人情報保護審査会条例の一部改正）
11　札幌市情報公開・個人情報保護審議会及び札幌市情報公開・個人情報保護審査会条例（平成16年条例第36号）の一部を次のように改正する。
　　第2条中「属するもの」の次に「及び札幌市公文書管理条例（平成24年条例第31号）第2条第5号に規定する特定重要公文書に関する事項」を加える。
　　（札幌市特別職の職員の給与に関する条例の一部改正）
12　札幌市特別職の職員の給与に関する条例（昭和26年条例第28号）の一部を次のように改正する。
　　別表その他の附属機関の委員の項中
　　「犯罪のない安全で安心なまちづくり等審議会委員」を
　　「犯罪のない安全で安心なまちづくり等審議会委員公文書管理審議会委員」に改める。

15　山口県文書館条例

山口県文書館条例
（昭和39年3月26日山口県条例第56号）
（改正　昭和48年4月27日条例第31号）
（　　　昭和60年3月26日条例第1号）

（設置）
第1条　地方教育行政の組織及び運営に関する法律（昭和31年法律第162号）第30条の規定に基づき，山口県の公文書及び記録並びに県内の歴史に関する文書及び記録（以下「文書」という。）を収集し，及び管理するとともに，これらの活用を図り，もって文化の発展に寄与するため，文書館を設置する。

（名称及び位置）
第2条　前条の文書館の名称及び位置は，次のとおりとする。

名称	位置
山口県文書館	山口市

（業務）
第3条　山口県文書館（以下「文書館」という。）は，次の各号に掲げる業務を行なう。
一　文書の利用に関すること。
二　文書を収集し，整備し，及び保存すること。
三　文書の目録，索引，解題，定本の作成及び配布を行なうこと。
四　歴史の編さん及び配布を行なうこと。
五　文書に関する専門的な調査及び研究を行なうこと。
六　文書の利用に関し参考となる助言及び案内を行なうこと。
七　文書の展示及び文書に関する講習等を行なうこと。

（職員）
第4条　文書館に館長，事務職員その他の職員を置く。

（文書の収集）
第5条　文書館は，次に掲げるところにより文書の収集を行なう。
一　山口県の議会若しくは執行機関又はこれらの管理に属する機関からの受入れ
二　公共団体その他の団体並びに個人からの寄贈及び寄託又は購入
2　前項各号において原本により難い場合には，その複写又は複製による。
　　　　　（昭60条例1・旧第7条繰上・一部改正）

（利用の手続）
第6条　文書館の文書を利用しようとする者は，館長の定める手続によらなければならない。
　　　　　（昭60条例1・旧第8条繰上）

（資料の弁償）
第7条　前条の規定により文書館を利用する者（以下「利用者」という。）は，文書館の文書を亡失し，又は損傷したときは，館長の指示に従い，その負担においてこれを補てんし，若しくは修理し，又は金銭をもってその損害を弁償しなければならない。ただし，館長がやむを得ない理由があると認めるときは，弁償金額の全部又は一部を免除することができる。
　　　　　（昭60条例1・旧第9条繰上）

(利用の取消し)
第8条　館長は，利用者が次の各号の一に該当するときは，文書の利用を取り消すことができる。
　一　この条例又はこの条例に基づく教育委員会規則等に違反したとき。
　二　館長の指示に従わないとき。
　　　　(昭60条例1・旧第10条繰上)

　(その他)
第9条　この条例に定めるもののほか，文書館の管理について必要な事項は，教育委員会規則で定める。

　　　　(昭60条例1・旧第11条繰上)
　　附　則
1　この条例は，昭和39年4月1日から施行する。
2　山口県文書館設置条例(昭和34年山口県条例第4号)は，廃止する。
　　附　則(昭和60年条例第1号)抄

　(施行期日)
1　この条例は，昭和60年4月1日から施行する。

16　神奈川県立公文書館条例

神奈川県立公文書館条例
平成5年神奈川県条例第24号
改正平成8年9月13日条例第35号
　　平成9年3月25日条例第2号
　　平成16年11月30日条例第61号
　　平成16年12月28日条例第80号
　　平成16年11月30日条例第61号
　　平成16年12月28日条例第80号
　　平成26年3月25日条例第7号

（趣旨）
第1条　この条例は，神奈川県立公文書館の設置，管理等に関し必要な事項を定めるものとする。
（設置）
第2条　公文書その他の記録（以下「公文書等」という。）で歴史資料として重要なものを収集し，保存し，及び閲覧に供し，並びにこれに関連する調査研究を行うとともに，県民に文化活動の場を提供するため，神奈川県立公文書館（以下「公文書館」という。）を横浜市旭区中尾一丁目6番1号に設置する。
（公文書等の引渡し）
第3条　県の機関（知事，議会，公営企業管理者，教育委員会，選挙管理委員会，人事委員会，監査委員，労働委員会，収用委員会，海区漁業調整委員会及び内水面漁場管理委員会をいう。）及び県が設立した地方独立行政法人（地方独立行政法人法（平成15年法律第118号）第2条第1項に規定する地方独立行政法人をいう）は，その保存する公文書等が現用でなくなったときは，速やかに当該公文書等を公文書館に引き渡さなければならない。
（公文書等の選別，保存及び廃棄）
第4条　知事は，前条の規定により引き渡された公文書等について，知事が別に定める基準により，歴史資料として重要な公文書等を選別し，保存しなければならない。

2　知事は，前条の規定により引き渡された公文書等のうち，前項の規定により保存する公文書等以外の公文書等を，確実に，かつ，速やかに廃棄しなければならない。
（閲覧の制限）
第5条　知事は，公文書館に保存されている公文書等（以下「公文書館資料」という。）のうち，個人に関する情報その他の規則で定める情報（以下「個人に関する情報等」という。）が記録されている公文書館資料について閲覧を制限することができる。
2　知事は，公文書館資料に個人に関する情報等とそれ以外の情報とが記録されている場合において，当該個人に関する情報等とそれ以外の情報とを容易に，かつ，公文書館資料の閲覧を求める趣旨を失わない程度に合理的に分離することができるときは，前項の規定にかかわらず，当該個人に関する情報等が記録されている部分を除き，当該公文書館資料を閲覧に供さなければならない。
（施設及び設備の利用）
第6条　別表に掲げる公文書館の施設及び設備を利用しようとする者は，知事の承認を受けなければならない。
2　知事は，前項の規定による承認の申請があった場合において，当該申請に係る利用をさせることが次の各号のいずれかに該当すると認めるときは，承認を与えないことができる。
(1)　公文書館における秩序を乱し，又は公益を害するおそれがあるとき。
(2)　公文書館資料，施設及び設備を損傷するおそれがあるとき。
(3)　その他公文書館の管理上支障があるとき。
（使用料）
第7条　前条第1項の規定により公文書館の

施設及び設備の利用の承認を受けた者は，別表に定める額の使用料を納めなければならない。
2　前項の使用料は，前納とする。
　（使用料の減免）
第8条　前条第1項の規定にかかわらず，知事は，次の各号のいずれかに該当する場合には，使用料を減免することができる。
　(1)　国，県又は県内の市町村の機関が公文書等に関する行事に利用するとき。
　(2)　その他知事が特に必要と認めるとき。
　（使用料の不還付）
第9条　既に納付された使用料は，還付しない。ただし，知事が災害その他特別の事情により還付するのを適当と認めたときは，この限りでない。
　（入館の制限）
第10条　知事は，次の各号のいずれかに該当する者には，公文書館への入館を拒否し，又は退館を命ずることができる。
　(1)　他人に危害又は迷惑を及ぼすおそれのある者
　(2)　その他公文書館の管理上支障があると認められる者
　（利用承認の取消し等）
第11条　知事は，第6条第1項の承認を受けた者が同条第2項各号のいずれかに該当するに至ったとき又は知事が必要と認めたときは，同条第1項の承認を取り消し，又は施設及び設備の利用を中止させることができる。
　（委任）
第12条　この条例に定めるもののほか，公文書館の管理等に関し必要な事項は，規則で定める。

　　　附　則

この条例は，平成5年11月1日から施行する。

この条例は，平成8年10月21日から施行する。（平成8年神奈川県条例第35号）

この条例は，平成9年4月1日から施行する。（抄）（平成9年神奈川県条例第2号）
（会館等の使用料に関する経過措置）
3　この条例の施行の際現に会館等の利用の申込みを受理しているものに係る使用料については，第2条から第7条まで，第9条，第22条，第27条及び第28条の規定による改正後の各条例の規定にかかわらず，なお従前の例による。

　　　附　則　　（平成16年11月30日条例第61号）

この条例は，平成17年1月1日から施行する。

　　　附　則　　（平成16年12月28日条例第80号抄）

（施行期日）
1　この条例は，平成17年4月1日から施行する。（後略）

　　　附　則　　（平成26年3月25日条例第7号）

1　この条例は，平成26年4月1日から施行する。
2　この条例の施行の際現に神奈川県立公文書館の利用の申込みを受理しているものに係る使用料については，この条例による改正後の規定にかかわらず，なお従前の例による。

別表（第6条，第7条関係）

1　会議室使用料

区分	使用料の額	
	午前9時から午後5時まで	午後5時から午後9時まで
大会議室	1時間につき1,210円	1時間につき1,380円
中会議室	1時間につき590円	1時間につき770円
小会議室	1時間につき470円	1時間につき650円

2　大会議室設備使用料

種別	単位	使用料の額
ビデオシステム	1回	2,830円
16ミリ映画映写機	1回	2,830円
8ミリ映画映写機	1回	2,830円
ワイヤレスマイクロフォン	1本1回	1,530円
カセットレコーダー	1本	1,290円
資料映写システム	1回	1,290円
スライド映写機	1回	1,290円

備考
1　会議室の利用時間が1時間に満たないとき又はこれに1時間未満の端数の期間を生じたときは，その満たない時間又はその端数の時間を1時間として計算する。
2　1回とは，継続する4時間以内の利用をいう。
3　大会議室設備の利用時間が継続して4時間を超える場合のその超える利用時間に係る使用料は，その超える利用1時間につき，1回の使用料の額に4分の1を乗じて得た額とする。この場合において，その超える利用時間が1時間に満たないとき又はこれに1時間未満の端数を生じたときは，その満たない時間又はその端数の時間を1時間として計算する。

17 寒川文書館条例

寒川文書館条例
(平成18年3月24日条例第2号)

(趣旨)
第1条 この条例は，寒川文書館の設置，管理等に関し必要な事項を定めるものとする。
(設置，名称及び位置)
第2条 郷土の歴史的，文化的価値を有する町の公文書，地域資料，刊行物その他の記録を収集し，保存し，広く利用に供することにより，地域文化の発展に寄与するため，公文書館法(昭和62年法律第115号)第5条第2項の規定に基づき，寒川文書館(以下「文書館」という。)を寒川町宮山135番地の1に設置する。
(職員)
第3条 文書館に館長及び必要な職員を置く。
(文書館運営審議会)
第4条 文書館の運営に関し，町長の諮問に応じて調査審議し，その結果を答申し，又は建議するため，文書館に文書館運営審議会(以下「審議会」という。)を置く。
2 審議会は，委員7人以内をもつて組織する。
3 委員の任期は，2年とする。ただし，委員が欠けた場合の補欠委員の任期は，前任者の残任期間とする。
4 委員は，再任されることができる。
5 その他審議会に関し必要な事項は，規則で定める。
(委任)
第5条 この条例に定めるもののほか，文書館の管理等に関し必要な事項は，規則で定める。

附 則

この条例は，公布の日から起算して8月を超えない範囲内において規則で定める日から施行する。
(平成18年規則第37号で平成18年11月1日から施行)

18 大阪大学アーカイブズ規程

大阪大学アーカイブズ規程
（設置）
第1条　大阪大学（以下「本学」という。）に，大阪大学アーカイブズ（以下「アーカイブズ」という。）を置く。
（目的）
第2条　アーカイブズは，公文書等の管理に関する法律（平成21年法律第66号。以下「法」という。）に基づく特定歴史公文書等及び本学の歴史に関する資料の適切な管理を行い，本学の教職員及び学生並びに一般の利用に供することにより，本学の円滑な管理運営に資するとともに，教育，研究及び社会貢献に寄与することを目的とする。
（業務）
第3条　アーカイブズは，前条の目的を達成するため，次の各号に掲げる業務を行う。
(1)　法に基づく特定歴史公文書等の整理，保存，公開及び調査研究
(2)　法に基づく歴史公文書等の保管，評価選別，移管及び調査研究
(3)　本学の歴史に関する資料の収集，整理，保存，公開及び調査研究
(4)　前3号に掲げるもののほか，前条の目的を達成するために必要な業務
（部門）
第4条　前条各号の業務を行うため，アーカイブズに次の部門を置く。
法人文書資料部門
大学史資料部門
（職員）
第5条　アーカイブズに，次の各号に掲げる職員を置く。
(1)　室長
(2)　専任教員
(3)　兼任教員
(4)　その他必要な職員
（室長）
第6条　室長は，本学の専任教授のうちから総長が指名する者をもって充てる。
2　室長は，アーカイブズの業務を総括する。
3　室長の任期は，2年とし，再任を妨げない。
（運営委員会）
第7条　アーカイブズに，アーカイブズの円滑な運営を図るため，アーカイブズ運営委員会（以下「委員会」という。）を置く。
2　委員会は，次の各号に掲げる委員をもって組織する。
(1)　室長
(2)　アーカイブズの専任教員
(3)　アーカイブズの兼任教員のうちから室長が指名した者3名
(4)　総合学術博物館から選ばれた教授又は准教授1名
(5)　総務企画部長
(6)　附属図書館事務部長
(7)　その他委員会が必要と認めた者
3　前項第4号及び第7号の委員の任期は，2年とし，再任を妨げない。
4　委員会に委員長を置き，第2項第1号の委員をもって充てる。
5　委員長は，委員会を主宰する。
6　委員長に支障のあるときは，あらかじめ委員長の指名する委員がその職務を代行する。
（委員会の議事等）
第8条　委員会は，委員の過半数の出席をもって成立するものとする。
2　委員会の議事は，出席委員の過半数をもって決し，可否同数のときは，委員長の決するところによる。
3　委員会が必要と認めたときは，委員以外の者を委員会に出席させることができる。
4　前条及びこの条に定めるもののほか，委員会の運営に関し必要な事項は，別に定める。

（事務）
第9条　アーカイブズに関する事務は，総務企画部総務課文書管理室で行う。

（雑則）
第10条　この規程に定めるもののほか，アーカイブズに関し必要な事項は，別に定める。

　　　附　則
　この規程は，平成24年10月1日から施行する。

　　　附　則
　この改正は，平成25年4月1日から施行する。

行動規範編

19 アーキビストの倫理綱領

（この倫理綱領（ICA Code of Ethics）は1996年9月第13回 ICA 北京大会において採択されたものである。原文は英語。訳は全国歴史資料保存利用機関連絡協議会 HP のものを転載した。）

アーキビストの倫理綱領

はじめに

A. アーキビストの倫理綱領は，文書館学専門領域の行動に質の高い基準を設けようとするものである。

　この倫理綱領は，新たにこの領域のメンバーとなる人には基準を教示し，また経験を積んだアーキビストにはその専門領域の責任について注意を喚起し，一般人に対してはその領域への信頼を浸透させようとするものである。

B. この倫理綱領においてアーキビストとは，文書館資料の制御，整備，保管，保存及び管理にかかわるあらゆる事柄に関わる者をいう。

C. 所属機関及び文書館当局は，本倫理綱領の実施を可能とすべき方針や実務を採択することが推奨される。

D. この倫理綱領は，この専門領域の構成員に倫理上の指針を与えようとするものであり，特定の諸問題を特に解決しようとするものではない。

E. 主文には全て解説が付されている。倫理綱領は主文と解説とで構成されるものとする。

F. 綱領は，文書館機関や専門家団体がこれを実施したいという希望によって構成されている。これは，教育的努力の形式，及び疑義ある場合の指針の提供や，倫理にもとる行動に関する検討，並びに適切と考えられる場合には制裁の適用のための機構の創設に用いる。

倫理綱領

1. アーキビストは，文書館資料の完全性を保護し，それにより資料が過去の証明として信頼できるものであり続けることを保障しなければならない。

　アーキビストの第一義的な義務とは，アーキビストが管轄し，その収蔵にかかる記録について，現状をそのままに維持管理することである。この義務の遂行にあたり，アーキビストは，雇用者，所蔵者，データ件名，並びに過去・現在・未来の利用者のいずれについても，時には相反することもある権利と利益の正当性を考慮しなければならない。アーキビストの客観性，公平性は，プロ意識の尺度である。アーキビストは，事実を隠蔽，あるいは歪曲するために，証拠を操作するいかなる情報源の圧力にも抵抗すべきである。

2. アーキビストは文書館資料を歴史的，法的，管理運営的な観点からみて評価，選別，維持管理を行い，それにより出所の原則，資料の原秩序の保存と証明を残さねばならない。

　アーキビストは常識的な理念と実務にしたがって行動しなければならない。アーキビストはアーカイブズの理念にしたがって，電子記録やマルチメディア記録を含め，現用及び半現用記録の作成，維持管理及び処分，文書館へ移管する記録の選別と受け入れ，アーキビストが管轄する資料の保安，保存及び修復，並びにそれら資料の整理，記述，出版を含む利用提供につい

155

て考慮しつつ，その義務と機能を果たさなければならない。アーキビストは所属する文書館機関が運営上求める要件，及び受入れ方針について完全な知識を持った上で，これを勘案しつつ記録の評価を行うべきである。アーキビストは文書館の理念（すなわち出所の原則，原秩序尊重の原則）と承認された標準に従い，できる限り速やかに，保存のために選別した記録の整理と記述をすべきである。アーキビストは所属機関の目的及び財源に沿って記録を受け入れるべきである。アーキビストは，記録の現状維持や保安の危機を冒してまで，あえて記録の受入れを模索・承諾すべきではない。アーキビストは，これら記録の最も適切な保存場所での保存を確保するため，相互協力すべきである。アーキビストは，戦時下や占領下に持ち去られた公的資料を，本来の発生国に返還するため，協力すべきである。

3．アーキビストは，資料が文書館で処理，保存及び利用に付される間，損なわれることがないよう保護しなければならない。

アーキビストは電子記録やマルチメディア記録を含め，評価，整理及び記述，修復，利用などの文書館業務のために，記録の資料価値が損なわれることがないよう万全を期するべきである。標本抽出は，必ず注意深く考案された手法と基準にしたがって行うべきである。原本を別のフォーマットで代替する場合は，その記録の法的価値，評価額，情報価値についての検討を必ず行うべきである。閲覧制限のある書類を一時的にファイルから外す場合は，利用者に対してこの事実を周知すべきである。

4．アーキビストは文書館資料が継続的に利用され，理解されるように努めねばならない。

アーキビストは，資料を作成並びに収集した人物又は機関の活動についての，必須の証拠を守り，かつ研究動向の変化を念頭におきつつ，その資料を保存するか廃棄するかの選別を行わねばならない。アーキビストは，出所が疑わしい資料の取得に当たっては，それがいかに興味深い内容のものであれ，不正な商取引に関与する可能性があることを念頭に置かねばならない。アーキビストは，かけがえのない記録を盗んだ容疑者の逮捕・起訴のためには，他機関のアーキビストや法務当局や警察などと協力すべきである。

5．アーキビストは，自らが文書館資料に対して施した行動を記録し，それが正当であることを証明しなければならない。

アーキビストは，資料のライフサイクル全体を通じた良好な記録の管理実務を主唱し，新しいフォーマット及び新たな情報管理実務への取組みについて記録作成者と協力しなければならない。アーキビストは，現存する記録の取得と受入れのみならず，価値ある記録の保存に適切な手続を，情報や記録が発生する時点からはじまる現用情報及び保存システムと合体させることについても，注意を払う必要がある。文書作成部局の職員や記録の所蔵者との交渉に当たるアーキビストは，次の各項目について該当する場合は，これを十分に考慮した上で公正な決定を模索しなければならない：移管，寄贈，売却の当事者；財政取決め及び利益；処理の計画；著作権と閲覧条件。アーキビストは，資料の取得，修復及びあらゆる文書館にかかわる業務について記した永久記録を保管しなければならない。

6．アーキビストは文書館資料に対する最大限の利用可能性を促進し，すべての利用者に対して公平な業務を行わなければならない。

　アーキビストは，管轄するすべての記録について，総合目録と，必要なら個別目録の両方を作成すべきである。アーキビストは，あらゆる方面に対して，公正な助言を行い，バランスのとれる範囲でサービス提供を行うために，利用できる資源を採用すべきである。アーキビストは，所属機関の方針，所蔵資料の保存，関係法令への配慮，個人の権利，寄贈者との覚書などを勘案した上で，所蔵資料に関する常識的な質問にはすべからく，丁寧に，親切心を持って応答し，資料を可能な限り利用するよう，奨励すべきである。アーキビストは，資料を利用する可能性のある人々に対し，非公開の事由を適切に説明し，だれに対しても平等な対応をしなければならない。また，アーキビストは，正当な理由なく閲覧利用が非公開とされている資料を減らすよう，つとめるべきであり，また資料の受入れに当たっては，明確な期限のある非公開である旨を記した，受入れ承諾書を受け取ることを提案することができよう。アーキビストは，資料受入れ時に作成したすべての覚書を，誠実かつ公正な目で観察し，アクセスの自由化の利益のためには，状況の変化に沿って閲覧条件の再交渉を行うべきである。

7．アーキビストは，公開とプライバシーの両方を尊重し，関連法令の範囲内で行動しなければならない。

　アーキビストは，法人及び個人のプライバシー並びに国家安全に関することでは，情報を損なうことなくこれを保護するよう注意を払うべきである。とりわけ，電子記録の場合は，更新や削除が簡単に行えるので，十分な注意を払わねばならない。アーキビストは，記録の作成者又は記録の対象となった個人，とりわけ資料の利用又は処分について声を上げることができない個人のプライバシーを尊重しなければならない。

8．アーキビストは，一般的な利益において与えられた特別な信頼を用い，自らに与えられた地位を利用して，不公正に自らあるいは他者に利益をもたらすことを避けなければならない。

　アーキビストは，専門的な完全性，客観性及び公正性を損ないかねない活動を慎まねばならない。機関，利用者及び同僚を傷つけて，財政的その他個人的な利益を得てはならない。アーキビストは，自らの責任エリアに属する原本資料を個人的に収集すべきではなく，また資料の商取引に関与すべきではない。アーキビストは公衆に利益の衝突を印象づけかねない行動を避けなければならない。アーキビストが所属機関の所蔵資料を用いて個人研究や著作発表を行う場合，その資料を利用できる条件や範囲は，一般利用者と同じでなければならない。アーキビストは，業務の中で得た非公開の所蔵資料にかかわる情報を，漏らしたり利用してはならない。アーキビストは，アーキビストが雇用されている専門的及び管理運営上の義務の適切な遂行を妨害するような，アーキビストの個人的な研究や著作発表の関心を，許容してはならない。所属機関の資料を利用する場合，研究者に対しまずアーキビストがその知識を用いたい旨を通知してからでなければ，アーキビストはその研究者による未発表の知識を用いてはならない。アーキビストは，所属機関の資料に立脚して書かれたその分野の他者の著作のレビューやコメントは，してもよい。アーキビストは，専門外の人々が文書館の実務や責任についての調停を行うことを許容してはならない。

9．アーキビストは，文書館学に関する知識を体系的・継続的に更新することにより専門領域についての熟練を追求し，その研究と経験の結果を実際に還元するよう努めなければならない。

　アーキビストはその専門的理解と熟練をさらに広げ，専門的知識を有する団体に貢献し，アーキビストが管轄する研修や活動が適正な方法でアーキビストの使命を遂行するために用いられるよう，努めなければならない。

10．アーキビストは，同一あるいはその他の専門領域の構成員と協力して，世界の記録遺産の保存と利用を促進しなければならない。

　アーキビストは，文書館の標準と倫理への信念を強めつつ，専門分野の同僚間での協力を高め，紛争を避ける方法を模索しなければならない。

20　ブルーシールドとハーグ条約
文化財を守る青い盾

ブルーシールド[1]

「青い盾」を意味する「ブルーシールド」は戦火から文化財を守る「盾」で，1954年「武力紛争時における文化財の保護に関する条約」，いわゆるハーグ条約が定めた，文化財・文化施設の標識。これを掲げることで，武力紛争時に文化財を戦火から守ることを意図した。しかし，その意図とは逆にこれを標的として攻撃を受けることもある。

（2006年5月14日撮影）
これはポーランドの首都ワルシャワの旧市街を取り囲む城壁に掲げられた掲示板。左上にブルーシールドのマーク（下記）がみえる。世界遺産に指定されたこの城壁は第2次世界大戦時の空襲で破壊され，現在もなお修復活動が続けられている。
http://djiarchiv.exblog.jp/6437295/

ハーグ条約[2]

ハーグ条約は「ブルーシールドが掲げられた紛争地域の文書館・図書館・博物館や歴史的建造物は，すべて国際的な管理の下におかれ，紛争当事者はその保護につとめる義務を負う」と定めている。言うなれば，文化財の赤十字とも言うべき存在である。

「国際ブルーシールド委員会」

世界各地で頻発する武力紛争から文化財を守る活動を行う「国際ブルーシールド委員会」ICBSは，1996年に，ICA（国際文書館評議会），ICOM（国際博物館会議），ICOMOS（国際記念物遺跡会議），IFLA（国際図書館協会連合）の4団体によって結成された。2008年にはICBSの下に各国ブルーシールド委員会を束ねたブルーシールド国内委員会協会が発足した。

ブルーシールドと日本

日本は国民保護法が成立した2007（平成19年）年5月，ブルーシールドを定めたハーグ条約及び2つの議定書を批准した。その直前の2007年4月27日には，これら3条約の国内における適確な実施を確保するために，「武力紛争の際の文化財の保護に関する法律」（平成19年法律第32号）が公布された。

他方，2006年日本では「海外文化遺産保護国際協力推進法」の超党派議員懇談会が立ち上がり，「海外の文化遺産の保護に係る国際的な協力の推進に関する法律[3]」が成立，これを受け文化遺産国際協力コンソーシアムが設立された。これは，東京文化財研究所に事務所をおく組織で，海外の文化遺産の保護に力点が置かれたものである。しかし，2011年3月11日の東日本大震災では，国内の被災地域の多くの文化遺産もまた被災した。これを機に図書館や文書館とその関係者はこぞって国内の被災文化遺産に救いの手を差し伸べ

159

た。このコンソーシアムでも2012年9月「ブルーシールドと文化財緊急活動―国内委員会の役割と必要性―」と題する研究会を開催した。このイベントの後援団体には，ICOM日本委員会，国際図書館連盟資料保存コア活動（IFLA/PAC）アジア地域センター，全国歴史資料保存利用機関連絡協議会，日本ICOMOS国内委員会，（社）日本図書館協会，（財）日本博物館協会が名を連ね，あたかも国際ブルーシールド委員会の構成メンバーの国内カウンターパートが一堂に会したとも見えた。これを契機にブルーシールド国内委員会の設置への動きが見えるかと期待されたが，2014年9月現在，具体化の動きは見られない。

なお，2014年7月23日　国立文化財機構では，文化財防災ネットワーク推進本部を設置した。これは，非常災害時における文化財等の防災に関するネットワークを構築するとともに，そのために必要な人材の育成，情報の収集・分析・発信を行い，それらを踏まえ有事における迅速な文化財等の救出活動を行うための体制を構築することを目指している。ブルーシールドの名称を冠しているわけではないが，方向性はブルーシールド国内委員会を下敷きとした活動を目指していると見ることができる。ブルーシールドとの関連で今後の動きが注目される。

注
1）（http://blueshield-international.org/cms/en/home）
2）ハーグ条約の正式名称は「1999年3月26日にハーグで作成された武力紛争の際の文化財の保護に関する1954年のハーグ条約の第2議定書」，略称・武力紛争の際の文化財保護第2議定書である。全文邦訳は，http://www.mofa.go.jp/mofaj/gaiko/treaty/pdfs/B-H19-011.pdf（2015.3.26確認）。この解説に，可児英里子「「武力紛争の際の文化財の保護のための条約（1954年ハーグ条約）」の考察―1999年第二議定書作成の経緯―」外務省調査月報2002／No.3; http://www.mofa.go.jp/mofaj/press/pr/pub/geppo/pdfs/02_3_1.pdf（2015.3.26確認）がある。なお，1980年10月25日同じくハーグ条約と略称される「国際的な子の奪取の民事上の側面に関する条約」が作成された。また，「弾道ミサイルの拡散に立ち向かうためのハーグ行動規範」（Hague Code of Conduct againstBallistic Missile Proliferation:HCOC）【概要：http://www.mofa.go.jp/mofaj/gaiko/mtcr/hcoc_gai.htm】もある。いずれもハーグを冠しており，紛らわしいが混同しないよう注意する必要がある。2015.3.26確認。
3）http://law.e-gov.go.jp/htmldata/H18/H18HO097.html

（小川千代子）

21　世界アーカイブ宣言

(本宣言は2010年9月，ICA円卓会議オスロ大会で採択されたのち，2011年11月，第36会期ユネスコ総会で採択された。)

世界アーカイブ宣言

アーカイブは，意思決定，行動，記憶を記録する。アーカイブは世代から世代へ引き継がれる唯一無二にしてかけがえのない文化遺産である。アーカイブはその作成段階からそれ自身の価値と意味を保存するために管理される。アーカイブは説明責任の義務及び透明性ある行政経営活動の支えとなる，権威ある情報源である。アーカイブは個々人及び共同体の記憶を保護し，それに寄与することによって，社会の発展に重要な役割を担う。アーカイブへの自由なアクセスは，人間社会の知識を豊かにし，民主主義を促進し，市民の権利をまもり，生活の質を向上させる。

この趣旨のため，私たちは以下のことを認識する

- 行政的，文化的，知的な活動の信頼できる根拠として，さらに社会の発展を表すものとして，アーカイブがもつ**独自の特質**。
- 事業効率，説明責任，透明性の支援のため，市民の権利の保護のため，個々人及び集合的記憶の確立のため，過去の理解のため，さらに将来の行動の方向付けのために現在を記録するために，アーカイブは**必要不可欠なもの**。
- 人間の活動のあらゆる分野を記録することで生まれるアーカイブの**多様性**。
- 紙媒体，電子媒体，視聴覚媒体およびその他のタイプを含む，アーカイブを作成する**フォーマットの多様性**。
- 記録の作成の支援，選別，維持管理，利用に供するようにすることにより，基礎教育及び継続的教育を受けた専門家として，社会で果たすべき**アーキビストの役割**。
- アーカイブ管理におけるすべての関係者，すなわち市民，行政担当者，政策決定者，公的私的なアーカイブの所有者または所蔵者，アーキビスト，その他情報専門家が担う**共同責任**。

私たちは，それゆえ，以下のことを目的に，共に活動することを約束する。

- 適切な国家的アーカイブ政策と法令を採択し，施行すること。
- 公私にかかわりなく，業務遂行過程でアーカイブを作成，利用するすべての機関において，アーカイブ管理の意義を高く評価し，遂行すること。
- アーカイブ管理の適切な支援のため，教育を受けた専門家の雇用を含め必要とされる資源を割り当てること。
- アーカイブを真正性，信頼性，完全性，有用性を保証する方法で，管理，保存すること。
- アーカイブを関連法令及び個人，作成者，所有者，利用者の権利を尊重しながら，何人も利用できるようにすること。
- アーカイブは責任ある市民の育成に貢献するために用いられること。

《付録》1　アーカイブ関連施設

(独立行政法人国立公文書館のHPにある関連リンクより施設名を転記した。
同HPの施設名をクリックするとURLはじめ詳細内容が見られる。)

◎国立公文書館に類する機能を有するものとして，公文書管理法に基づき定められた施設
宮内庁宮内公文書館
外務省外交史料館
日本銀行金融研究所アーカイブ
東北大学学術資源研究公開センター
　史料館公文書室
東京大学文書館
東京工業大学博物館資史料館部門公文書室
名古屋大学大学文書資料室
京都大学大学文書館
大阪大学アーカイブズ
神戸大学附属図書館大学文書史料室
広島大学文書館
九州大学大学文書館

◎国の保存利用期間
防衛省防衛研究所戦史研究センター
国立国会図書館 憲政資料室
衆議院憲政記念館

◎類縁機関・大学アーカイブズ等
アジア経済研究所図書館
沖縄戦関係資料閲覧室
国立教育政策研究所教育研究情報センター
　(教育図書館)
国土地理院
国文学研究資料館
しょうけい館
昭和館
国立女性教育会館女性アーカイブセンター
税務情報センター租税史料室
鉄道博物館
国際日本文化研究センター
国立ハンセン病資料館

平和祈念展示資料館
防災科学技術研究所
国立民族学博物館
国立歴史民俗博物館
小樽商科大学緑丘アーカイブズ
北海道大学大学文書館
東京外国語大学大学文書館
滋賀大学経済学部附属史料館
奈良教育大学学術情報研究センター教育資料館

◎全国公文書館
(都道府県立)
　北海道立文書館　宮城県公文書館
　秋田県公文書館　福島県歴史資料館
　茨城県立歴史館　栃木県立文書館
　群馬県立文書館　埼玉県立文書館
　千葉県文書館　東京都公文書館
　神奈川県立公文書館　新潟県立文書館
　富山県公文書館　福井県文書館
　長野県立歴史館　岐阜県歴史資料館
　愛知県公文書館　三重県総合博物館
　滋賀県県政史料室　京都府立総合資料館
　大阪府公文書館　兵庫県公館県政資料館
　奈良県立図書情報館　和歌山県立文書館
　鳥取県立公文書館　島根県公文書センター
　岡山県立記録資料館　広島県立文書館
　山口県文書館　徳島県立文書館
　香川県立文書館　福岡共同公文書館
　佐賀県公文書館　大分県公文書館
　沖縄県公文書館
(市町立)
　札幌市公文書館　川崎市公文書館
　相模原市立公文書館
　名古屋市市政資料館　大阪市公文書館
　神戸市文書館　広島市公文書館

北九州市立文書館
福岡市総合図書館
常陸大宮市文書館　小山市文書館
芳賀町総合情報館
中之条町歴史と民俗の博物館「ミュゼ」
久喜市公文書館　八潮市立資料館
板橋区公文書館　ふるさと府中歴史館
藤沢市文書館　寒川文書館
武蔵野市立武蔵野ふるさと歴史館
上越市公文書センター　富山市公文書館
長野市公文書館　松本市文書館
小布施町文書館　高山市公文書館
磐田市歴史文書館　守山市公文書館
尼崎市立地域研究史料館
高松市公文書館　三豊市文書館
西予市城川文書館　太宰府市公文書館
天草市立天草アーカイブズ
北谷町公文書館

◎公文書館の国際機関
　国際公文書館会議（ICA）
　国際公文書館会議東アジア地域支部（EAS-TICA）

◎海外の国立公文書館
　アメリカ国立公文書記録管理局
　EUEU 歴史公文書館
　イギリス国立公文書館［英連邦，イングランド，ウェールズ］
　スコットランド国立公文書館
　北アイルランド国立公文書館
　イタリア（国立公文書館システム）
　オーストリア国立公文書館
　オーストラリア国立公文書館
　オランダ国立公文書館
　カナダ国立図書館公文書館
　韓国国家記録院
　シンガポール国立公文書館
　スペイン国立公文書館
　中華人民共和国中華人民共和国国家档案局
　香港政府档案処
　マカオ歴史档案館
　ドイツ国立公文書館
　フランス国立公文書管理局
　国立公文書館
　マレーシア国立公文書館
　ロシア連邦公文書館

◎関連国際機構・団体
　ARMA インターナショナル
　国際図書館連盟（IFLA）
　国際博物館会議（ICOM）
　国際記念物遺跡会議（ICOMOS）
　文化財保存修復研究国際センター（ICCROM）
　ユネスコ（UNESCO）

《付録》2　アーカイブ関連法年表

西暦	年号	事項
1945	昭和20	8月敗戦
1946	21	日本国憲法11月3日公布
1947	22	教育基本法3月31日公布・施行法律第25号
1948	23	国立国会図書館法公布・施行 ICA（国際公文書館会議）発足
1949	24	社会教育法公布・施行法律第207号
1950	25	図書館法4月30日法律第118号，改正平成11年12月22日公布・施行法律第160号
1950	25	文化財保護法5月30日法律第214号，最終改正平成8年6月12日法律第66号
1951	26	博物館法12月1日公布法律第285号，改正平成13年7月11日法律第105号
1953	28	学校図書館法公布
1964	39	山口県文書館条例公布・施行
1987	62	公文書館法12月15日法律第115号，最終改正：平成11年12月22日公布法律第161号
1993	平成5	神奈川県立公文書館条例
1996	8	ICA アーキビストの倫理網領，ICA 北京大会で採択
1999	11	情報公開法5月14日公布法律第42号 独立行政法人国立博物館法公布 国立公文書館法6月23日法律第79号；最終改正：平成12年5月26日公布法律第84号
2003	15	個人情報保護法5月30日公布法律第58号
2006	18	寒川町文書館条例施行11月1日
2009	21	公文書管理法7月1日公布法律第66号
2010	22	世界アーカイブ宣言，ICA 円卓会議で採択
2011	23	公文書管理法施行 行政文書の管理に関するガイドライン4月1日 特定歴史公文書等の保存，利用及び廃棄に関するガイドライン4月1日
2012	24	札幌市公文書管理条例6月13日 大阪大学アーカイブス規程施行10月1日
2014	26	特定秘密保護法施行12月10日（2013年12月13日法律第108号）

《付録》3　公文書管理条例制定状況

〈自治体名〉 条例名称	制定年月日 施行年月日 最終改正年月日	保存期間が満了した文書の移管先	公文書館の有無
〈熊本県宇土市〉 宇土市文書管理条例	平成13年3月23日 平成13年4月1日 平成22年9月13日	教育委員会	無
〈北海道ニセコ町〉 ニセコ町文書管理条例	平成16年12月17日 平成16年12月17日	町長	無
〈大阪府大阪市〉 大阪市公文書管理条例	平成18年3月31日 平成18年4月1日 平成25年9月30日	市長	大阪市公文書館
〈島根県〉 島根県公文書等の管理に関する条例	平成23年3月11日 平成23年4月1日	公文書センター	島根県公文書センター
〈熊本県〉 熊本県行政文書等の管理に関する条例	平成23年3月23日 平成24年4月1日	知事	無
〈鳥取県〉 鳥取県公文書等の管理に関する条例	平成23年10月14日 平成24年4月1日	公文書館	鳥取県公文書館
〈広島県安芸高田市〉 安芸高田市公文書等の管理に関する条例	平成23年12月22日 平成24年4月1日	教育委員会	無 （安芸高田市歴史民俗博物館）
〈埼玉県志木市〉 志木市公文書管理条例	平成24年3月22日 平成24年4月1日 平成25年12月20日	市長	無
〈北海道札幌市〉 札幌市公文書管理条例	平成24年6月13日 平成25年4月1日	市長	札幌市公文書館
〈滋賀県草津市〉 草津市市政情報の管理に関する条例	平成24年12月27日 平成25年3月31日	実施機関	無
〈秋田県秋田市〉 秋田市公文書管理条例	平成24年12月27日 平成25年4月1日	市長	無

〈香川県〉 香川県公文書等の管理に関する条例	平成25年3月22日 平成26年4月1日	文書館	香川県立文書館
〈長野県小布施町〉 小布施町公文書管理条例	平成25年3月25日 平成25年4月1日	公文書館	小布施町文書館
〈香川県高松市〉 高松市公文書等の管理に関する条例	平成25年3月27日 平成26年4月1日	市長	高松市公文書館
〈神奈川県相模原市〉 相模原市公文書管理条例	平成25年12月24日 平成26年4月1日	市長	相模原市立公文書館

大阪市公文書管理条例は，平成23年2月28日，公文書等の管理に関する法律制定に伴い条例改正。平成23年4月1日施行。

小川　千代子（おがわ　ちよこ）
　国際資料研究所代表，藤女子大学教授，米国アーキビストアカデミー公認アーキビスト
　『文書館用語集』（共編著　大阪大学出版会，1997）
　『アーカイブ事典』（大阪大学出版会，2003，共著）
　『電子記録のアーカイビング』（日外アソシエーツ，2003）
　『アーカイブを学ぶ』（岩田書院，2007）
　『デジタル時代のアーカイブ』（岩田書院，2008）ほか

菅　真城（かん　まさき）
　大阪大学アーカイブズ教授，日本アーカイブズ学会登録アーキビスト
　広島大学五十年史編集室，広島大学文書館設立準備室，広島大学文書館，大阪大学文書館設置準備室勤務を経て現職。
　『大阪大学の歴史』（共編著，大阪大学出版会，2009）
　『大学アーカイブズの世界』（大阪大学出版会，2013）ほか

　本書の企画から出版に至るまで，大阪大学出版会の大西愛さんには大変お世話になりました。記して深甚の謝意を表します。

アーカイブ基礎資料集

2015年4月30日　　初版第1刷発行　　　　［検印廃止］

編　著　　小川千代子・菅　真城
発行所　　大阪大学出版会
　　　　　代表者　三成賢次
　　　　　〒565-0871 吹田市山田丘2-7
　　　　　　　　大阪大学ウエストフロント
　　　　　電話(代表) 06-6877-1614
　　　　　FAX　　　06-6877-1617
　　　　　URL　　　http://www.osaka-up.or.jp
印刷・製本　亜細亜印刷株式会社

ⒸC. Ogawa & M. Kan　　　　2015　Printed in Japan
　　　　ISBN978-4-87259-495-9　C3000

Ⓡ〈日本複製権センター委託出版物〉
本書を無断で複写複製(コピー)することは，著作権法上の例外を除き，禁じられています。本書をコピーされる場合は，事前に日本複製権センター(JRRC)の承諾を受けてください。

関連書

阪大リーブル 048
アーカイブ・ボランティア
国内の被災地で、そして海外の難民資料を
大西 愛 編
定価（本体 1,700 円＋税）／ 184 頁／四六判／ 978-4-87259-430-5

人間の活動記録の積み重ねがアーカイブとなるが、ただ遺されて積み上げただけではゴミとなる。これらを整理し、長く遺せる環境を整え、誰もが閲覧できるアーカイブを残すためにかかわったボランティア活動を紹介する。

大学アーカイブズの世界
菅 真城 著
定価（本体 4,200 円＋税）／ 296 頁／ A5 判／ 978-4-87259-457-5

大学アーカイブズとは何か、その社会的使命や理論についての研究と大学文書館での経験から本書は書き下ろされた。国立大学アーカイブズの設立からその業務、大学の自己点検や評価そして教育研究にも資することを紹介する。また公文書管理法施行により国立大学アーカイブズがこれとどのように対応し、どんな課題が生まれたか、今後、大学アーカイブズがどのように活用されて利用者と関わるのかを試論する。

アーカイブ事典
小川千代子・高橋 実・大西 愛 編著
定価（本体 2,500 円＋税）／ 318 頁／ A5 判／ 978-4-87259-174-3

アーカイブとは人間の作成した記録・文書を保存して将来のために公開するシステム―文書館―とドキュメントそのもののことである。あふれる情報の中から何を残し伝えるか、その文化遺産をどう利用するかの指針を示す。

写真集　適塾アーカイブ
貴重資料 52 選
適塾記念会 編
定価（本体 700 円＋税）／ 42 頁／ A5 判／ 978-4-87259-088-3

大阪大学および適塾記念会は、この半世紀あまり、緒方家や塾生の子孫の方々をはじめ、多くの方々から洪庵や塾生ゆかりの資料の寄贈を受けてきた。現在、大学・記念会が所蔵する適塾関連資料は千点余りを数えるにいたる。本書は、これら資料のうち主なもの 52 点を選出し、一点ごとに写真を掲載して解説を加えることで、適塾 150 年の歴史をたどる。日本近代史に興味がある一般の方々にも手軽に楽しんでいただける小冊子。

懐徳堂アーカイブ
懐徳堂の歴史を読む
湯浅邦弘・竹田健二 編著
定価（本体 1,000 円＋税）／ 60 頁／ B5 判／ 978-4-87259-190-3

本書は、平成 15 年に公開された「大阪大学懐徳堂文庫」や「アーカイブ講座」開催などの成果を受けて、アーカイブという観点から懐徳堂の歴史とその魅力をまとめたものである。今回は、大正天皇に献上された懐徳堂の編年史『懐徳紀年』を初めて詳細に紹介した。また、懐徳堂の主要人物や主要資料を解説し、また、報道機関や一般の方からよく質問される事項を問題集としてまとめるなど、懐徳堂を知るための諸情報を記す。

大阪大学出版会